A memória e o guardião

Juremir Machado da Silva

A memória e o guardião

(em comunicação com o presidente da República: relação, influência, reciprocidade e conspiração no governo João Goulart)

1ª edição

Rio de Janeiro
2020

Copyright © Juremir Machado da Silva, 2020

Correspondência reproduzida na capa e no caderno de imagens: © Unimed Federação/RS/Acervo Wamba Guimarães

CIP-BRASIL. CATALOGAÇÃO NA PUBLICAÇÃO
SINDICATO NACIONAL DOS EDITORES DE LIVROS, RJ

Silva, Juremir Machado da
S58m   A memória e o guardião: (em comunicação com o presidente da República: relação, influência, reciprocidade e conspiração no governo João Goulart) / Juremir Machado da Silva. – 1ª ed. – Rio de Janeiro: Civilização Brasileira, 2020.

Inclui bibliografia
ISBN 978-85-2001-398-4

1. Goulart, João, 1918-1976. 2. Brasil – Política e governo – 1945-1964. 3. Brasil – História – 1945-1964. I. Título.

19-60487
CDD: 981.06
CDU: 94(81)"1945/1964"

Vanessa Mafra Xavier Salgado – Bibliotecária – CRB-7/6644

Direitos de edição da obra em língua portuguesa no Brasil adquiridos pela EDITORA CIVILIZAÇÃO BRASILEIRA. Todos os direitos reservados. Nenhuma parte desta obra pode ser apropriada e estocada em sistema de bancos de dados ou processo similar, em qualquer forma ou meio, seja eletrônico, de fotocópia, gravação etc., sem a permissão do detentor do copyright.

EDITORA CIVILIZAÇÃO BRASILEIRA
Um selo da
EDITORA JOSÉ OLYMPIO LTDA.
Rua Argentina, 171 – Rio de Janeiro, RJ – 20921-380 – Tel.: (21) 2585-2000.

Seja um leitor preferencial Record.
Cadastre-se no site www.record.com.br e receba
informações sobre nossos lançamentos e nossas promoções.

Atendimento e venda direta ao leitor:
sac@record.com.br

Texto revisado segundo o novo Acordo Ortográfico da Língua Portuguesa.

Impresso no Brasil
2020

Sumário

1. História de Wamba 7
2. Segredos de um arquivo 13
3. Políticos articulam e pedem 23
4. Governadores indicam e pedem 31
5. Magalhães Pinto pede, indica e trama 71
6. JK também pede 83
7. Tancredo Neves pondera, presidente do STF agradece nomeação para a Petrobras 87
8. Políticos alertam, pedem e indicam 91
9. Filho de Oswaldo Aranha prevê o golpe 133
10. Uma relação com Kennedy 143
11. Tentativas de golpe em relatos 153
12. Religiosos pedem ou denunciam comunismo 167
13. Militares pedem 173
14. Como se faz um discurso 189
15. Filinto Müller pede, Olivetti faz lobby 209
16. Cidadãos "comuns" escrevem e pedem 223
17. Jango despacha 235

18. Adolpho Bloch oferece empréstimo 241

19. Troca de congratulações 253

20. Jango pede ao papa 259

21. Roberto Marinho indica – laços com a imprensa 263

22. Sinais do golpe fatal e informes secretos 279

23. Reforma agrária, uma ideia revolucionária 287

24. Todos escrevem ao presidente 291

25. Diplomata agradece 299

26. Um maestro faz seu pedido 303

27. Juízes escrevem e também pedem 307

28. Agradecimentos, homenagens, conselhos 311

29. O que se discute no Conselho de Ministros? 319

30. Carta de uma estrela 327

31. Afonso Arinos observa, general Kruel se despede 331

32. General Jair Dantas Ribeiro reivindica 339

33. Guardião até o fim 349

Agradecimentos 355

Referências bibliográficas 357

1. História de Wamba

Há homens que encontram a sua missão quando tudo se perde. Entram para a história sem fazer alarde na posição que sempre ocuparam sem jamais se queixar: coadjuvantes. Por um momento, estiveram junto ao poder ou a serviço de um poderoso destinado a permanecer no imaginário por sua sorte. Depois, no ocaso de uma época, no crepúsculo de um projeto, na aurora de um pesadelo, apagam-se totalmente para melhor guardar seus pequenos ou grandes segredos. Recuperar o tempo de um desses homens à sombra do poder, mesmo que isso tenha sido há pouco mais de cinquenta anos, remete, de certo modo, ao mapeamento de uma cosmologia. Tudo está muito próximo e ao mesmo tempo tão distante. Pode-se reconstruir parte do tecido oficial da história nos seus rastros. Quanto mais escapam certas motivações, porém, mais o personagem se encorpa com mistérios e obsessões.

A primeira referência sobre Wamba Guimarães, entre os documentos que ele mesmo guardou com zelo e obstinação, data de 9 de agosto de 1945, no Rio de Janeiro. O presidente da República, que pouco mais de dois meses depois seria derrubado por alguns dos seus velhos amigos militares da revolução de 1930, nomeia-o para "exercer, interinamente, o cargo da classe E da carreira de Guarda-Livros do quadro permanente

A MEMÓRIA E O GUARDIÃO

do Ministério da Fazenda". O original orgulhosamente guardado exibe a assinatura, inclinada para a direita de quem olha, do ainda poderoso gaúcho Getúlio Vargas. O personagem Wamba Guimarães emerge como um peixe conservado num grande bloco de gelo.

Quem é? Quem foi? Por que guardou até a morte a correspondência enviada ao presidente João Goulart por políticos, militares, religiosos, diplomatas, autoridades estrangeiras e cidadãos brasileiros ditos comuns? Havia um erro na resolução assinada por Vargas. A nomeação vinha assentada num decreto-lei de 16 de julho de 1945. Uma correção apostilada na sequência esclarece que o funcionário fora nomeado para o cargo criado por decreto-lei de 13 de agosto de 1945. Seria um sinal? Designado para um cargo que ainda não existia e que só seria criado num 13 de agosto, o mês que marcaria a queda definitiva de Getúlio e a breve ascensão de Jango! O 13 de agosto de 1945, num tempo de superstições, foi uma segunda-feira.

O segundo documento sobre Wamba Guimarães é de 29 de outubro de 1946. O interventor federal nomeia-o em estágio probatório para o cargo de oficial administrativo do Tesouro do Estado, "visto ter sido aprovado em concurso". O gaúcho de Uruguaiana estava de volta ao Rio Grande do Sul. Nos anos seguintes, Wamba frequentaria as nomeações para cargos públicos com assiduidade: em 20 de março de 1947 é transferido pelo interventor federal e pelo secretário do Interior do quadro da Secretaria da Fazenda para o do Tribunal de Contas do Estado, onde exercerá também a função de oficial administrativo. Fica-se sabendo que ele é bacharel em Ciências Econômicas. Em 1949, o presidente do TCE promove-o de "Oficial Administrativo padrão x, do quadro extinto", a "Oficial Técnico padrão xv". É citado como "economista". Ainda em 1950 é autorizado a assinar "certificados de empenho", com o aval do presidente do TCE, com a expressão "pelo diretor". O personagem avança na vida a passos seguros.

Em 18 de maio de 1951, chamado de contador e economista, é designado pelo presidente em exercício do TCE, Moysés Vellinho, para integrar a comissão de inquérito "instaurada para apurar a responsabilidade do Delegado de Polícia, Bacharel Rodolfo Pierri, quando titular da Diretoria Geral de Trânsito". O personagem ganha confiança. Vê-se no centro de uma investigação. Vellinho era intelectual, escritor, homem de sensibilidade. Terá percebido outras competências em Wamba? O passo, no entanto, terá sido grande demais? Em 24 de agosto de 1951, cedido pelo Tribunal de Contas do Estado, Wamba é nomeado assessor contábil da direção do Departamento Autônomo de Estradas de Rodagem (DAER). Mais um salto. Em 27 de outubro de 1952, passa a assessor administrativo da direção do DNER.

Em 1964, ano em que o Brasil despencará do sonho reformista para o pesadelo da ditadura instaurada por um golpe midiático-civil--militar, encontramos o sempre dinâmico Wamba Guimarães em Brasília, a nova capital federal, servindo no gabinete do presidente da República sob o comando de Eugênio Cailar Ferreira, secretário particular de João Goulart. Wamba cuida da correspondência enviada ao chefe da nação e das suas respostas. Antes de se reencontrar com Jango, amigo de infância nas estâncias de São Borja e de boemia dos tempos de faculdade em Porto Alegre, fizera concurso para o Banco do Brasil. Parecia buscar a segurança do emprego público sem abrir mão das oportunidades surgidas nos altos escalões administrativos por suas boas relações.

A carreira de Wamba Guimarães poderia servir para um estudo sobre o perfil do assessor de burocratas em cargos de confiança a serviço de políticos avançando das margens da sociedade até os bastidores do poder. O golpe de 1964, contudo, interromperia a sua ascensão, que chegou a ser bastante sólida como oficial de gabinete, posto para o qual fora nomeado por decreto de 12 de setembro de 1961, menos de uma semana depois da posse de Jango, habilitado até mesmo a responder em nome do presidente da República. Em 20 de março de 1964, por exemplo, ele envia telegrama ao estudante goiano Ibrahim Chediak, presidente do Centro Acadêmico Clóvis Beviláqua, que escrevera fazendo críticas ao governo: "Lamentando ilustrado dirigente agremiação estudantil assuma atitude parva ante esforço governamental criar condições equacionar solução graves problemas brasileiros, mesmo assim presidente João Goulart me autoriza dar objetiva resposta a seu telegrama." A linguagem é forte e engajada. O assessor assume o governo como seu. Defende agressivamente as reformas do "Senhor presidente" da sanha dos "insensíveis ao clamor do povo" que, "consciente ou inconscientemente", servem de "instrumentos aos poderosos interessados na manutenção de privilégios que as sociedades cristãs modernas não podem mais tolerar".

Está numa posição privilegiada. Militares, políticos, empresários e diplomatas escrevem-lhe para que interceda junto ao presidente Goulart em relação aos mais diversos assuntos, muitas vezes de natureza pessoal. Nas fotos que compõem o acervo de documentos que protegeu até morrer, Wamba não exibe a imaginável figura de um auxiliar tímido e discreto. Vê-se, ao contrário, um homem de físico impositivo, rosto franco e semblante de quem parece comunicar-se com facilidade e muito gosto. É esse homem que, em 3 de abril de 1964, quando o golpe já está consumado, parte com duas malas contendo a correspondência endereçada a João Goulart sob a forma de cartas, telegramas, relatórios, informes, cartões de Natal, de aniversário, de ano-novo e outras congratulações. Até morrer, em 2003, Wamba Guimarães será guardião dessa memória numa missão que, garantia, lhe fora atribuída por telefone pelo próprio presidente da República na manhã em que tudo se perdeu para sempre.

Não seria improdutivo voltar ao passado para reconstituir passo a passo a trajetória de Wamba Guimarães da pequena Uruguaiana, na fronteira oeste do Rio Grande do Sul, às margens do rio Uruguai, na divisa com a Argentina, onde nasceu em 1925, até morrer em Arujá, a 43 quilômetros da gigantesca e populosa capital paulista, passando por Porto Alegre, Rio de Janeiro e Brasília. Pode-se imaginar as dificuldades dessa longa e sinuosa caminhada, embora não seja este o ofício do historiador, muito menos do historiador visto como um repórter que cobre o passado em busca do descobrimento daquilo que o tempo encobre, recobre e oculta. Pode-se imaginar esse trajeto como

HISTÓRIA DE WAMBA

o percurso de um desbravador, o percurso de um combatente vencendo obstáculos, contornando barreiras, conquistando posições, tentando queimar etapas, procurando não recuar depois de ter saltado algumas casas e repentinamente vendo-se engolfado por uma catástrofe histórica – um golpe de Estado –, obrigado a retirar-se de cena e a reposicionar-se até se tornar uma sombra num labirinto de lembranças e sonhos.

Não é impossível imaginar Wamba passando os anos sem promoção no Banco do Brasil, tão próximo e tão distante de tudo, tão próximo da trepidante cidade de São Paulo e tão longe dos ambiciosos planos da juventude, tocando o seu pequeno negócio de proximidade, a sorveteria Picolé do Bolicho, em Arujá, dividindo a vida com a mulher Hilda Elsa, com os filhos e os netos, entre os quais Ricardo, que se encarregaria das duas malas de memórias depois da morte do avô. Não é impossível imaginar Wamba recordando-se de histórias que em algum momento semeou ou deixou escapar: o bisavô Eurico Pereira Guimarães, domador de cavalos e veterinário autodidata, trabalhando nas terras de Getúlio Vargas; o encontro de Wamba com o menino Janguinho em algum momento dos anos 1920; a entrada, aos 17 anos de idade, no Exército, em Porto Alegre; o telefonema de João Goulart, depois da renúncia de Jânio Quadros e da campanha da Legalidade, comandada por Leonel Brizola, pela qual se evitou o golpe militar em 1961, convidando-o, após alguns anos de silêncio, para ser seu assessor; as funções que exerceu como oficial de gabinete: leitor de cartas, organizador de pastas, responsável por algumas respostas, rastreador de sinais de golpe no meio militar quando o tempo começou a se tornar nublado; guardião de papéis e de moedas comemorativas feitas para a cerimônia da posse de Jango no sempre tão próximo e tão distante 7 de setembro de 1961. Tudo se pode imaginar. Nada é obrigatório. Wamba Guimarães já é um personagem com seu cenário e sua aura.

2. Segredos de um arquivo

O que esconde o arquivo guardado por Wamba Guimarães por cinco décadas como uma relíquia venerada? O guardião da memória manteve no seu quarto as duas malas com os papéis de João Goulart. O uso da palavra "arquivo" dá evidentemente uma dimensão especial ao conjunto de documentos preservados pela fidelidade de um homem. Wamba viu, sem revelar seu segredo, a ditadura instalar-se, endurecer-se, enfraquecer-se e terminar. No primeiro ano depois do golpe, escondeu--se, separado da família. Só depois desse estágio na clandestinidade é que se fixou com os seus em Arujá para viver discreta e pacificamente.

As malas que legou ao neto Ricardo continham cartas, ofícios, relatórios, informes, memorandos, cartões e telegramas enviados a Jango por autoridades e cidadãos comuns ou pelo presidente da República aos seus correspondentes. Na maioria, pedidos ou reclamações cujas respostas revelam o desejo e o interesse do chefe da nação de atender a tudo o que lhe pedem. O que se vê nesse manancial de informações sobre uma época de contradições e tensões? Um *modus operandi*, o espírito de um tempo marcado por relações de influência, de cumplicidade, de reciprocidade e de clientelismo. O que todos parecem esperar do poder? Favores. Nada mais.

A caixa de correspondências com pedidos de ajuda é suprapartidária e sem restrição de classes sociais. Esse aspecto não pode ser ignorado sob pena de produzir-se uma distorção na análise. Feita essa observação, associada ao fato de que o arquivo não contém apenas solicitações de favorecimentos, embora estas predominem, mas também informações de outras ordens e acertos sobre alianças políticas e partilhas de cargos ou alertas sobre uma ruptura institucional, a questão central não pode ser outra: por que tantos pedem tanto ao presidente da República? Mais do que isso: o que pedem? Como pedem? Quanto pedem? Por que pedem? Quem pede? Quem pede mais? Às vezes, o pedido ressurge como cobrança, ameaça, insistência, crítica ou lamentação. Com uma caneta azul de tinta espessa, João Goulart faz nos papéis que recebe anotações dirigidas aos seus assessores mais diretos.

A leitura dos 927 itens com textos acaba por gerar um efeito impressionante: o presidente da República parece cercado por uma matilha voraz de pedintes. Todos pedem. Incansavelmente. Pede um ex-presidente da nação, pedem militares, pedem deputados, pedem senadores, pedem governadores, pedem sargentos, pedem generais, pedem os aliados, pedem adversários, pedem antigos e futuros golpistas, pedem prefeitos, pedem homens, pedem mulheres, pedem velhos, pedem jovens, pedem anônimos, pedem conhecidos, pedem religiosos, um cardeal arcebispo, um bispo, um padre, pedem estudantes, artistas, músicos, todos, enfim, de todos os lugares, de todas as regiões, de todos os quadrantes, a qualquer hora, todo o tempo.

Ao final da leitura, ressoa imaginariamente uma pergunta: qual a função de um presidente da República? A resposta se impõe como uma anedota insidiosa: atender a pedidos. As fotos que integram o acervo exibem o presidente no corpo a corpo com a nação que lhe pede isto ou aquilo. Imagens do primeiro mandatário do país por toda parte, das reuniões palacianas aos banhos de multidão, distribuindo abraços e sorrisos. Uma época se descortina nesse modo de ser que as elites chamam de populismo e a população rotula simplesmente de poder. É o Brasil do começo dos anos 1960, o gigante da América do Sul no

SEGREDOS DE UM ARQUIVO

contexto cada vez mais vertiginoso da Guerra Fria, opondo o bloco comunista da União Soviética ao bloco capitalista comandado pelos Estados Unidos da América.

Que mundo é esse no qual o jovem fazendeiro gaúcho natural de São Borja, João Belchior Marques Goulart, herdeiro político de Getúlio Vargas, vê-se, depois da enigmática renúncia de Jânio Quadros, em 25 de agosto de 1961, guindado à condição de presidente da República depois de duas eleições consecutivas para a vice-presidência da nação, a primeira ao lado de Juscelino Kubitschek, o famoso JK, o construtor de Brasília? É o mundo do também jovem e poderoso John Kennedy nos Estados Unidos, que será assassinado em 1963, e do surpreendente Nikita Serguêievitch Khrushchov na União das Repúblicas Socialistas Soviéticas (URSS), o dirigente que denunciou, em 1956, no histórico XX Congresso do Partido Comunista da União Soviética, os crimes do stalinismo na consolidação da ditadura do proletariado. Um mundo em que se sonhava pôr os pés na lua, em que se vivia com a cabeça cheia de utopias e que passava por revoluções tecnológicas sem precedentes. O arquivo de Wamba Guimarães contém elementos que permitem reconstruir essa época como se ela fosse um inacreditável quebra-cabeça.

O mundo de João Goulart, carinhosa e popularmente chamado de Jango, é o das intrincadas relações tecidas ao longo do tempo entre padrinhos políticos e afilhados, numa troca de votos por favores materiais ou oportunidades, um mundo tradicional em que para receber algo é preciso dar alguma coisa, e em que para se obter proteção é necessário se colocar à sombra do poder ou de alguém poderoso. Um mundo, porém, em que se tenta duramente alargar o espaço de participação dos mais desfavorecidos na vida política e econômica, contrariando interesses seculares das elites urbanas e especialmente das rurais. Um mundo convulsivo.

Por que tantos pedem? A resposta teria a ver com a situação brasileira de país atrasado, de maioria analfabeta e política baseada no patrimonialismo, no cartorialismo e no coronelismo. O que se pede?

A MEMÓRIA E O GUARDIÃO

Autorização para obter empréstimos no Banco do Brasil ou na Caixa Econômica Federal, fundos para a compra da casa própria, empregos, nomeações de afilhados, transferência de funcionários públicos, cargos, passagens aéreas, promoções de militares, interferências de todo tipo, recomendações e abertura de portas e janelas para o futuro. As duas malas zelosamente guardadas por Wamba Guimarães arquivaram um retrato do Brasil relacional.

Certos documentos seriam considerados hoje ingênuos ou obscenos, ainda que os mesmos acertos sejam feitos com mais ganância e contrapartidas? Eles explicitam acordos eleitorais assentados em futura partilha de cargos. A figura de João Goulart aparece discretamente nesse cenário epistolar. Em alguns casos, cartas de sua autoria ou redigidas para levar a sua assinatura abrem uma fenda nessa parede do passado. É o caso da correspondência com John Kennedy. Boa parte do tempo, contudo, Jango pode ser acompanhado pelos rastros que deixou: despachos, anotações, rabiscos, garranchos.

É sabido que documentos funcionam como indícios, pistas para a compreensão de uma época, não se podendo atribuir-lhes o caráter de reveladores de qualquer verdade indiscutível. Só um positivista ressuscitado de alguma geleira da história seria capaz de ainda crer na verdade absoluta do texto exumado. Tudo depende de interpretação e contexto. A qualidade do arquivo de Wamba Guimarães é a homogeneidade dos vestígios acumulados. Como se fosse um sítio arqueológico cheio de fósseis recobertos por alguma lava protetora, ele permite retraçar um ambiente amplamente delineado. De certo modo, cristaliza aquilo que se sabe com a violência das situações concretas normalmente dissimuladas ou retiradas da vista das pessoas comuns para evitar constrangimentos.

Que personagens se podem extrair desse passado tão próximo e tão distante fixado em páginas amareladas? O político oportunista, o militar cansado de guerra, o estudante de dedo em riste, o governador astuciosamente cortês, o ex-presidente à espera do reencontro com o poder, o colecionador de autógrafos, o filho de uma personalidade política de primeira linha diagnosticando os problemas do presente e prevendo sem margem de erro os desfechos do futuro, o ministro em busca de recursos, a cidadã que pede um cavalo, o general que pede dinheiro para quitar a compra da sua casa, o jornalista famoso aliado do presidente que se interroga sobre os passos a dar, o diretor de jornal que faz indicações para altos cargos, os informantes das tentativas de golpe ainda não esquecidas e dos golpes ainda em preparação, os assessores fiéis que elaboram discursos e minutas de projetos capazes de abalar o conservadorismo dominante. Esses e muitos outros.

Que fatos podem ser desenterrados desse depósito de histórias mantido em prisão domiciliar por meio século? Um plano de bombardear o Congresso Nacional? Relatórios sobre reuniões secretas, ou nem tanto, de insatisfeitos com o governo? Articulações nebulosas para salvar o país do espectro comunista que rondaria o regime com a conivência do presidente da República e a participação efetiva de alguns dos seus colaboradores? Tudo isso e muito mais. O essencial, porém, pode estar nos pequenos elementos, esses pequenos rastros reveladores do espírito da época, do *modus vivendi*, do imaginário socialmente dominante.

Muitas são as cartas manuscritas de cidadãos ditos comuns, gente simples ou nem tanto. O que elas dizem? O que eles pedem? Tudo e nada. Muito e pouco. Maria Cordeiro, em 20 de agosto de 1963, escreveu de Curitiba ao presidente da República para agradecer-lhe pelo emprego conseguido como auxiliar de dietética no Hospital de Clínicas:

> Recebi sua resposta carimbada com o número 18.326, datada de 19.04.63. E graças a Deus e a Vossa Excia comecei a trabalhar dia 10 de junho [...]. A recompensa que lhe ofereço pela caridade que [...] me fez é minhas preces pedindo a Deus que vos proteja em todos os passos da sua vida [...]. Me perdoe pelos erros pois meu estudo é apenas o curso primário.

O que se vê aí? Um sistema bem azeitado de classificação e de respostas. Tudo é comunicação nessa relação diferida com o presidente do país. Uma comunicação que pode ser mais ou menos distante, mais ou menos íntima, mais ou menos intermediada pelo próprio Wamba Guimarães. Exemplo: um bilhete manuscrito, em papel timbrado do Ministério da Guerra, sem data, assinado por E. Resende, pede a Wamba que entregue a carta, remetida junto com o recado, ao Hermes – certamente Hermes Lima, que foi primeiro-ministro de Jango, seu ministro das Relações Exteriores, do Trabalho e chefe do Gabinete Civil. Instrui: "Peça a ele que a leia na tua residência. Assim poderá ele conversar contigo mais à vontade sobre o assunto da INDOL." Que fato poderia ser puxado com essa pista?

O leitor que imagine. Não será difícil encontrar algum subsídio para servir de combustível a uma trama indo da conspiração aos interesses escusos costurados nos bastidores. É essa teia de contatos, de articulações, de pequenas ou grandes cumplicidades, de amizades e de ligações que mais chama a atenção no acervo de Wamba e que, mesmo evidente em toda estrutura, ainda mais de poder, sobressai como uma narrativa, um discurso, uma descrição do passado que se repete em qualquer tempo como herança maldita ou parte do DNA das relações de poder.

O presidente funciona como um polo de atração de mensagens. Todos que tentam se comunicar com ele passam pelo filtro da sua assessoria treinada para não demorar. Há uma filosofia por trás da gestão da correspondência: não deixar sem resposta. Muitos casos simples chegavam até Jango. Em certo sentido, o chamado "populismo", essa relação direta com o povo tida pelos seus críticos como negativa, demagógica ou perigosa, alimentava e se alimentava dessa atualização constante. Boa parte do tempo, porém, a intermediação era feita pelos parlamentares. Eles é que pediam e geriam os benefícios da concessão dos favores numa relação piramidal precisa.

Jango não tinha saída. Operava dentro de uma estrutura consolidada. Precisava melhorar as condições de vida das maiorias secularmente desfavorecidas e se defrontava com as tradicionais resistências dos setores privilegiados. A sua visão de mundo não refugava a ajuda pessoal, muitas vezes tirada do próprio bolso, para resolver casos mais urgentes. Se praticava o infamante populismo, era para se contrapor ao elitismo dominante. Em certo sentido, o populismo sempre fora praticado em favor das elites, que dosavam as contribuições aos mais pobres segundo as retribuições eleitorais almejadas. O passo em falso de João Goulart, que o levaria ao cadafalso do golpe midiático-civil-militar, foi articular o favor pessoal direto ou intermediado por parlamentares com projetos de mudanças estruturais, as chamadas reformas de base. Ao tentar alterar a métrica consagrada, Jango despertou a ira da imprensa conservadora que mobilizou contra ele militares e empresários treinados nos Estados Unidos e conflagrou a classe média mais manipulável nessas situações extremas de ideologização simplificada. Em pouco tempo, a imprensa transformou Jango em perigoso representante da ameaça comunista e num homem apresentado como vacilante, despreparado, negligente e inculto.

A correspondência preservada nas malas de Wamba Guimarães revela nos seus múltiplos fragmentos aparentemente desconexos as contradições e tensões enfrentadas por Goulart no seu curto governo parte parlamentarista, parte presidencialista. Não havia tempo a perder e tudo se apresentava como perdido. As pessoas mais simples pediam-lhe empregos. Os políticos estendiam-lhe tapetes vermelhos para a prática da influência e da reciprocidade. Contratos implícitos de suserania e vassalagem eram assinados a cada demanda atendida. O desafio era resolver os casos mais graves, dar unidade às alianças em torno do governo e manter a autonomia para as reformas de base. Jango oscilou ao longo do tempo, tentando não ser tragado pelos mais apressados nem freado pelos mais temerosos. A estratégia esgotou-se e ele foi obrigado a aceitar a aceleração dos fatos e dos lances.

O presidente da República estava imerso num jogo político perpassado por um viés de comunicação. Precisava ganhar a guerra dos jornais, comunicar-se com a massa, discutir com os poderosos,

A MEMÓRIA E O GUARDIÃO

acalmar os radicais, estimular os hesitantes, mostrar diplomacia com os Estados Unidos, colocar-se ao lado de países reformistas, responder aos pedidos que lhe eram feitos diariamente por toda sorte de gente, encontrar as palavras certas para não travar o processo de reformulação do país sem bater de frente com os adversários de qualquer transformação que implicasse perda de privilégios. Sem o magnetismo de seu mestre Getúlio Vargas, Jango tinha de estar em comunicação com o Brasil.

O ofício de Wamba Guimarães no gabinete do presidente da República consistia em ser mais um elo na cadeia de comunicação entre o topo do poder e a sua base. Cabia-lhe triar, organizar, classificar, catalogar e arquivar as correspondências. Um trabalho como esse, tão próximo e tão distante do poder supremo, desperta atenção, atrai olhares, possibilita relações, força encontros, descobertas, fortalece ou enfraquece vínculos, gera ocasiões jamais ao alcance de outros integrantes da máquina administrativa. Wamba também tinha seus poderes.

Imagine-se o personagem desta história, o guardião das malas da memória, na sua labuta cotidiana, recebendo recados manuscritos em letra vermelha como o seguinte, vindo do Gabinete Civil: "Wamba. Importante arquivar na pasta particular pessoal do Cleofas." O conteúdo separou-se da recomendação. O tempo é implacável e desorganiza mesmo aquilo que foi meticulosamente anexado. Terá Wamba nos seus longos anos de vida discreta em Arujá relido cada peça, cada papel, e tentado reaproximar o que devia estar junto? Ou simplesmente abria as malas vez ou outra para se lembrar de Jango, de Cailar e de todos que fizeram parte desse capítulo da sua vida antes da grande mudança?

Cada homem tem o seu labirinto. João Goulart terminou o seu breve governo acossado por tanques, jornais e pedidos de toda sorte. Era atacado por ceder de mais ou de menos. Homem sociável e de boa conversa, conheceu a solidão do poder. Se não viveu uma situação inédita, deu-lhe uma marca pessoal com seu enorme poder de escuta e de resposta. Wamba Guimarães foi o gestor da massa de demandas que diariamente desaguavam no gabinete presidencial. Na sua discrição, desempenhou o poder da proximidade com o poderoso. Não há qualquer vestígio de vaidade sua no material velado por tanto tempo. As respostas que deu em nome do presidente exibem um formalismo técnico contido e elegante. Mais do que respondente, ele se mostra como mensageiro. Nem sempre de boas-novas. Em 16 de agosto de 1962, ao deputado Rubens Rangel, que pedira em 23 de novembro de 1961 a nomeação dos seus apadrinhados Dirçon Pinto da Costa e Mozart Geaquinto para vagas de estatísticos no IBGE, em Ecoporanga, e Jerônimo Monteiro, no Espírito Santo, Wamba teve de mostrar a impossibilidade de atender o pedido por já estar publicado no Diário Oficial "o edital de concurso para a referida carreira", o que vedava "as admissões interinas" enquanto não fossem "realizadas e homologadas as provas". Havia um limite legal para tudo. O país se modernizava. A lei n. 4.054, de 2 de abril de 1962, regulava os concursos para cargos públicos.

3. Políticos articulam e pedem

Sabe-se que a política é a arte de negociar. Jango formou-se na escola de Getúlio Vargas a partir de uma convivência nos campos de São Borja durante o exílio voluntário do ex-ditador após a queda do poder em 1945. Talvez impressione o brasileiro do século XXI, cansado de articulações de bastidores, o fato de que os acordos eram documentados sem qualquer constrangimento num tom que poderia ser avaliado atualmente como cínico, obsceno, franco ou até ingênuo. Tudo era fixado, como se dizia, em letra de forma, da partilha de cargos ao financiamento da campanha. Em 12 de março de 1955, de Belo Horizonte, Juscelino Kubistchek, o JK, escreve a João Goulart, reconhecido como principal herdeiro do presidente que se matara em 24 de agosto de 1954, para formalizar o que fora costurado por eles em conversas preliminares:

> De acordo com os entendimentos verbais que mantivemos, visando o *[sic]* apoio do Partido Trabalhista Brasileiro à minha candidatura à presidência da República, venho declarar-lhe que assumo perante o amigo e o PTB os seguintes compromissos:

A MEMÓRIA E O GUARDIÃO

1º – O candidato à Vice-Presidência da República, na chapa por mim encabeçada, será indicado pelo Partido Trabalhista Brasileiro.

2º – Se eu for eleito Presidente da República, o Ministério do Trabalho com as Autarquias ligadas à sua atividade, o Ministério da Agricultura e a Carteira Agrícola do Banco do Brasil caberão ao Partido Trabalhista Brasileiro.

3º – O Partido Trabalhista Brasileiro terá participação nas nomeações para os cargos públicos federais, na proporção de 1/3 (um terço).

4º – A política do Estado do Rio Grande do Sul será realizada através do Partido Trabalhista Brasileiro e da dissidência local do PSD que vier se somar ao PTB para efeito da campanha eleitoral e do apoio ao futuro Governo Federal no mesmo Estado.

5º – A mesma condição do item anterior prevalecerá com relação à política dos Estados de Pernambuco e Santa Catarina.

6º – Os recursos financeiros para a campanha eleitoral do Partido Trabalhista Brasileiro para a próxima sucessão presidencial serão proporcionados pelos órgãos centrais diretores de minha campanha à Presidência da República.

Assim se fazia política naqueles anos agitados em que disputas ideológicas e críticas de jornalistas podiam terminar em atentado, como o que ferira Carlos Lacerda, crítico de Vargas e do trabalhismo, em agosto de 1954, na rua Tonelero, no Rio de Janeiro, e em que questões de honra podiam acabar em suicídio no palácio presidencial. Cerca de um mês antes da carta citada amarrando a aliança eleitoral com o PTB, em 6 de julho de 1955, JK havia escrito a Jango para tratar do mesmo tema:

Confirmando nosso entendimento pessoal, venho declarar ao prezado amigo que estou inteiramente de acordo com os entendimentos estabelecidos entre você e o Deputado Mário Palmério com relação ao seguinte:

POLÍTICOS ARTICULAM E PEDEM

1 – Todas as nomeações federais no Triângulo Mineiro serão sempre feitas de comum acordo com o Deputado Palmério.

2 – Todas as subvenções e auxílios de qualquer natureza possibilitados pela iniciativa do Governo Federal às entidades culturais, educacionais e assistenciais em funcionamento na região do Triângulo Mineiro serão sempre proporcionados de comum acordo com o Deputado Mário Palmério.

Não tendo achado o texto datilografado suficiente, JK anota à mão um complemento que já não se dirige formalmente a João Goulart, mas cordialmente a Jango: "Quanto ao Valter, você sabe quanto desejo aproveitá-lo. É um excelente amigo e companheiro..." O futuro presidente brasileiro aguardava sugestão de setor para encaixar o amigo comum. O mineiro Mário Palmério ficaria mais conhecido pelos seus romances *Vila dos Confins* e *Chapadão do Bugre*. Vê-se que foi escritor, como tantos outros, à margem de atividades mais prosaicas como a política pragmática da partilha de cargos, das alianças fisiológicas e das conveniências eleitorais bem claras.

Jango ainda não era presidente da República. Em 1955, quando as eleições para presidente e vice ainda eram separadas, Jango obteve mais votos do que JK. Naquele momento, ele pavimentava o seu caminho. Pilotava o PTB com as ferramentas da época, que incrivelmente parecem não ter mudado muito sessenta anos depois. Instalado na presidência em 1961, depois de ter sido reeleito vice-presidente em chapa de oposição a Jânio Quadros, passa a conviver intensamente com a rotina de pedidos tanto no período parlamentarista quanto no presidencialista. Vigora a lógica da troca frutífera.

Em 13 de setembro de 1961, recém-empossado, Jango recebe uma carta com a cristalina letrinha azul do deputado Amílcar da Silva Pereira, que lhe pede para nomear Raul Montero Valdez governador do "território federal do Amapá" e Clóvis Penna Teixeira secretário-geral do Tribunal Federal. Uma única palavra à mão revela o desfecho da operação: "atendido". Eleito deputado pelo Partido Social Democrá-

A MEMÓRIA E O GUARDIÃO

tico (PSD), Amílcar era nacionalista, simpático a reformas estruturais, defensor de uma forte participação do Estado na economia, do monopólio estatal do petróleo e da reforma agrária, tendo votado favorável à emenda que instituiu o parlamentarismo e liberou o caminho para Jango assumir a presidência.*

Em 15 de julho de 1963, a rotina segue no mesmo ritmo. Jango despacha, com a indicação "urgente" para seu secretário Cailar, aprovando a nomeação, "entre 38 aprovadas anteriormente", de quatro indicados pelo deputado Milton Reis, três delas para fiscal da Previdência, a quarta para oficial de administração. Ao lado de cada nome aparece um "sim" e a rubrica do presidente da República. Os agraciados chamam-se Miguel Vita Filho, Gabriel Contrucci dos Santos, Aparecida Salibi e Hélio Meneles Rezende. O pedido para Miguel Vita Filho postulava que ele fosse lotado em "qualquer dos institutos em Minas Gerais" ou como almoxarife para "servir em Pouso Alegre". Lê-se num parêntesis datilografado: "Autorizo no IAPI-Rio." O deputado que solicita o cargo para Miguel Vita tem por nome completo Milton Vita Reis. Nada que cause espanto. Essa coincidência de sobrenomes se chama moeda corrente. Nascido em Pouso Alegre, Minas Gerais, Milton Vita Reis, deputado pelo PTB, assinou a primeira emenda constitucional propondo plebiscito para a questão do regime de governo, presidencialismo ou parlamentarismo, com o objetivo de devolver a Jango seus plenos poderes tirados em 1961. O plebiscito foi realizado em 6 de janeiro de 1963 com esmagadora vitória do presidente.**

Quando, por alguma razão muito particular, o pedido não era atendido, a reclamação não se fazia esperar. Um cartão manuscrito de um deputado, cuja assinatura se perdeu, marcava posição com incontida ansiedade: "Cumprimentando-o permito-me reiterar a

---

* Ver <http://www.fgv.br/cpdoc/acervo/dicionarios/verbete-biografico/amilcar-da--silva-pereira>.
** Ver <http://www.fgv.br/cpdoc/acervo/dicionarios/verbete-biografico/milton-vita-reis>.

POLÍTICOS ARTICULAM E PEDEM

necessidade de nomeação de Ruy da Costa Mendes para representante do governo no conselho de administração do IAPC." O Instituto de Aposentadorias e Pensões dos Comerciários, criado por Getúlio Vargas em 1934, foi atacado muitas vezes como cabide de empregos do "populismo trabalhista".

A política tem seus atalhos e vaivéns traçados com esmero. Se o caminho mais reto não funciona, desvios são adotados, de preferência com suposta naturalidade para melhor pressionar, simulando justamente o oposto, aquele que deve tomar uma decisão muito aguardada. Em 5 de outubro de 1961, sete deputados mostram a Jango como chegar ao ponto mais próximo pelo trajeto mais longo:

> Havendo esta bancada reivindicado, para o PTB do Paraná, a Carteira de Crédito Agrícola e Industrial do Banco Brasil, com a manifestação de sua simpatia pelo colega Miguel Buffara para exercer aquele cargo, vem por este meio, data vênia, insistir naquela reivindicação. Como a manifestação de solidariedade em torno de um único colega possa trazer a V. Ex. situação de constrangimento e com o objetivo de proporcionar maior liberdade de escolha a V. Ex., resolveram os Deputados que este subscrevem indicar qualquer um dos colegas da Bancada do PTB do Paraná para exercício do referido cargo, ficando V. Ex., destarte, inteiramente à vontade para decidir por qualquer um dos seus componentes [...]. Na certeza de que a Bancada será prestigiada por V. Ex., saindo dela o novo Diretor da Creai, com os nossos protestos com alta estima e distinção...

Miguel Buffara* foi um nacionalista bastante afinado com o imaginário político que dominou o período de Jango no poder. O que já se

---

* Ver <http://www.fgv.br/cpdoc/acervo/dicionarios/verbete-biografico/buffara-
-miguel>: "Empossado em fevereiro de 1959, nessa legislatura, foi membro da Comissão de Economia e Justiça da Câmara dos Deputados. Defendeu a ação estatal na economia, principalmente na iniciativa privada, a manutenção do monopólio estatal das riquezas minerais, das telecomunicações e dos transportes marítimos, o direito de voto dos analfabetos e praças de pré, a desapropriação dos latifúndios improdutivos, uma reforma agrária cooperativista, com plena assistência estatal aos

vê nesses primeiros exemplos citados? A tradicional movimentação política baseada na articulação de interesses e na ocupação do aparelho público com vistas à sua gestão a partir de uma rede de contatos com objetivos intercambiáveis. Vê-se também o transbordamento do sistema. Não se trata apenas da alocação de aliados nos cargos de comando, mas também da colocação em empregos de pessoas próximas aos que têm acesso ao ponto máximo da cadeia de comando, o presidente da República. Estabelece-se uma relação piramidal. Da ampla base ao ápice todos têm algo a dar e a receber.

As reclamações não demoravam. Havia urgência em servir certamente para melhor ser servido. Os pedidos podiam ser ao mesmo tempo precisos e suficientemente amplos para facilitar o atendimento. Em 21 de novembro de 1961, um bilhete em papel timbrado da Câmara dos Deputados, assinado por Régis Pacheco, dava o tom de informalidade exigente: "Relembro ao ilustre presidente o caso do Sr. Laurindo de Oliveira Régis Filho, cujo pedido de um cargo de chefia, desde os primeiros dias do seu governo, fora feito por mim e até o momento está sem solução." O padrinho pedia um cargo de chefia para o afilhado. Sem os detalhes quase sempre previstos em conversas preliminares durante um evento político ou social. Régis Pacheco era médico. Deputado pelo PSD, governador da Bahia de 1951 a 1955, era tio de Laurindo de Oliveira Régis Filho, ex-deputado pelo PSD, que seria agraciado com o cargo de diretor do Instituto do Mate. Favor feito não era, porém, gratidão sempre refeita. Em 1964, Régis Pacheco apoiou a deposição de Jango. Em 1977, deu entrevista gabando-se de ter dado o "primeiro grito de contestação ao governo de João Goulart".*

---

lavradores, o reatamento das relações diplomáticas e comerciais com a União Soviética, a cédula única em todos os pleitos e as reformas bancária, administrativa e tributária. Foi favorável à Emenda Constitucional n. 5, que ampliou a participação dos municípios na renda tributária nacional, aprovada em novembro de 1961."

* Ver <http://www.fgv.br/cpdoc/acervo/dicionarios/verbete-biografico/luis-regis-pacheco-pereira>.

POLÍTICOS ARTICULAM E PEDEM

Justificou-se dizendo que a ideia era "restituir o estado de direito" logo depois de extirpada a "desordem". Restou-lhe entrar no MDB e participar da oposição legal ao regime militar. Muitas seriam as infidelidades em 1964.

4. Governadores indicam e pedem

O sistema impõe, o presidente dispõe, dentro do quadro possível, o aliado propõe, o documento depõe, a história repõe cada ator em cena. Em certas situações, contudo, mais do que sugerir o correligionário ou sócio de ocasião, o presidente exige o que julga ser direito adquirido de acordo com o código de acertos políticos mais discretos do que secretos ou mais ou menos encobertos. Num bilhete manuscrito, pomposamente intitulado "Nota do governador do Ceará sobre as indicações para o Banco do Nordeste e o Departamento de Obras Contra a Seca", Parsifal Barroso* baseia-se em sólidos argumentos retrospectivos:

> As indicações representam o pensamento das forças políticas que apoiam o governador e são majoritárias no Estado e no Congresso Nacional (maioria na Assembleia e na Câmara) e se destinam a cargos oferecidos ao Partido Social Democrático e ao governador pelo *snr.* Presidente do Conselho, com apoio do *snr.* Presidente da República.

---

* Ver <http://cpdoc.fgv.br/producao/dossies/JK/biografias/Parsifal_Barroso>.

A MEMÓRIA E O GUARDIÃO

Citados os indicados, José Waldemar de Alcântara e Silva, para a presidência do banco, e Marcelo Sanford Barros, para a diretoria-geral do órgão, o governador assina o recado e observa em tom derradeiro e sincero de quem nada tem a esconder, dado que o jogo é em casa: "O governador permutou o banco pelo DNOCS." E precisa com inusitado orgulho: "Foi motivo de força maior: honra e dignidade do PSD cearense." Barroso governou o Ceará de 1959 a 1963. Foi ministro do Trabalho, Indústria e Comércio de JK. Advogado, jornalista e político, eleito senador pelo PTB em 1954, reunia as habilidades dos três campos que dominavam o país em parceria ou em nome de latifundiários e de industriais. Como ministro de JK, trabalhou para frear ações das esquerdas e controlar os sindicatos. Em 1970, depois de uma temporada discreta, ressurgiu na política como deputado pela Arena, sustentáculo parlamentar da ditadura que derrubou Jango.

Nada de espantoso num cenário político marcado por um arco de alianças ideologicamente esdrúxulo. O varguismo, ou trabalhismo, escorou-se, por articulação do próprio Getúlio Vargas, desde a criação do PSD e do PTB, ao fim do Estado Novo, numa relação aparentemente improvável entre capital e trabalho, equilibrando contrários num tabuleiro singular de jogadas políticas. Depois da queda de Jango, o PTB migrou para a oposição, para as prisões ou para o exílio, enquanto o PSD arranjou assentos confortáveis nas hostes do novo regime apoiado pela mídia. A imprensa custaria a perceber a realidade.

Se os mais distantes não se constrangiam em cobrar, os mais próximos sentiam-se na obrigação de participar. Mauro Borges, governador de Goiás, levantou-se contra a decisão dos ministros militares de não dar posse a João Goulart depois da renúncia de Jânio Quadros, em 1961. Participou da campanha da Legalidade lançada por Leonel Brizola, cunhado de Jango e então governador do Rio Grande do Sul. Em 31 de agosto de 1961, quando a crise ainda ensombrecia o país, embora rumando para o desfecho, Mauro Borges declarou em carta a sua sintonia com o novo presidente do Brasil e seu destemor quanto aos perigos:

GOVERNADORES INDICAM E PEDEM

Senhor Presidente:

Tenho o prazer de apresentar a Vossa Excelência os deputados Celestino Filho e Venerando de Freitas Borges, que vão representar-me na sua chegada, impossibilitado que estou de ausentar-me do Estado, onde me encontro absorvido pela tarefa de manter a ordem pública e estruturar a resistência legalista e democrática.

Desejo a Vossa Excelência um governo de paz e tranquilidade, capaz de mobilizar toda a família brasileira para a tarefa máxima da nossa geração – vencer o subdesenvolvimento, que agrilhoa o nosso povo, submetendo-o a um processo de degradação biológica e social, inferiorizando-o perante às outras nações.

Os acontecimentos dos últimos dias, quando as forças mais vivas da nacionalidade se levantaram para garantir o empossamento de Vossa Excelência, vieram demonstrar, à saciedade, que já não somos apenas um ajuntamento humano, mas constituímos um povo consciente de seu destino, com personalidade definida.

Espero que Vossa Excelência faça uma política externa que convenha aos reais interesses do povo brasileiro, sem contemporizar com o que a nação demonstrou repudiar, nesse verdadeiro plebiscito que foram os dias de crise.

Caso deseje, temos condições de segurança para sua permanência em Goiás.

Sirvo-me da oportunidade para, augurando-lhe uma gestão fecunda de benefícios à coletividade, reiterar a Vossa Excelência as expressões do meu respeito e da minha admiração.

Era um termo de adesão e, ao mesmo tempo, um manifesto nacionalista. O governador apresentava as suas expectativas. Será em função disso que se permite, em 30 de outubro de 1961, menos de dois meses depois da posse do gaúcho em Brasília, fazer uma indicação tão aberta?

Senhor Presidente: Tomo a liberdade de vir perante Vossa Excelência recomendar-lhe o nome do Sr. NELSON TABAJARA para uma das nove vagas de Embaixadas existentes no Itamaraty. Trata-se de pessoa de

A MEMÓRIA E O GUARDIÃO

particular merecimento e com grandes serviços prestados ao país no exterior, pelo que se lhe fará justiça, em aproveitando-o.

Jornalista, autor de vários livros, seguidor de Isidoro Dias Lopes na Coluna Prestes, exilado em 1928, Nelson Tabajara de Oliveira começou a trabalhar no Serviço de Relações Exteriores em 1931. Serviu em Xangai, Hong Kong e Yokohama como cônsul. Atuou também em Montevidéu, Buenos Aires e Bogotá. De 1954 a 1959, foi embaixador em Tel-Aviv. Em 3 de outubro de 1936, enviou uma curiosa carta a Getúlio Vargas na qual relata uma conversa tida com o historiador alemão Emil Ludwig, famoso pelas biografias de Beethoven e Napoleão. Tabajara entregava as impressões que Ludwig tivera de Vargas:

> Ele notou que suas respostas continham sempre o mínimo de expressões possível. Eram em geral diretas e – diz ele – "num tom de amargura", revelando o homem que tem sofrido grandes decepções. Acha Ludwig que V. Excia. está numa fase de melancolia, numa indisfarçável impaciência "por fazer o que ainda não lhe foi possível realizar". O seu aspecto é "duma preguiçosa energia" e com capacidade para a maior bravura que um homem possa ter: "a coragem de parecer fraco."*

Ludwig espantara-se com o fato de que Vargas, ao contrário de Mussolini, não mudara de atitude, procurando mostrar autoridade, quando o mordomo entrara na sala. O que isso pode ter significado na história? A história não disse. Há enigmas que persistem à espera de quem os decifre. Seria Getúlio, no ano anterior à implantação do seu Estado Novo, um quase ditador tropical mais descontraído, informal e afetuoso? Talvez. Nelson Tabajara foi embaixador no Haiti de 1962 a 1964.

---

* Carta de Nelson Tabajara Oliveira a Getúlio Vargas transmitindo as impressões do historiador Emil Ludwig sobre sua pessoa. CPDOC: Arquivo Getúlio Vargas. Classificação GV c 1936.10.03/1.

Não se poderia acusar Mauro Borges de lentidão ou de falar por meias palavras. Em 6 de setembro de 1961, em papel timbrado do gabinete da vice-presidência da República, mostrando um corpo a corpo marcante, um dia antes da posse de João Goulart como presidente do país, quando ainda corriam rumores de que ele seria bloqueado pelos militares mais empedernidos, aqueles que o consideravam um comunista temível, o governador goiano já se apresentava no balcão de cargos com uma manobra retórica para lembrar o valor de seus préstimos recentes:

> Sem o propósito de valorizar os nossos modestos, mas leais, serviços à causa da preservação do regime democrático em nossa Pátria, venho, em nome do Estado de Goiás, solicitar a Vossa Excelência que reserve no seu governo alguns postos, que nos são essenciais na luta pelo desenvolvimento do Brasil Central: 1 – O Ministério de Minas e Energia ou o Ministério de Viação e Obras Públicas. 2 – Departamento Nacional de Estradas de Rodagem – DNER. 3 – Prefeitura de Brasília. 4 – SPVEA ou Banco de Crédito da Amazônia. 5 – Uma diretoria do Banco do Brasil.

A lógica do veloz e destemido Mauro Borges não poderia ser chamada de aristotélica nem de cartesiana, como se constata neste pedido de 3 de janeiro de 1962:

> Tomo a liberdade de solicitar a Vossa Excelência o aproveitamento do engenheiro eletromecânico ALMIR DE OLIVEIRA TELLES para membro do Conselho do Banco Nacional de Desenvolvimento Econômico.
>
> Trata-se de um profissional jovem, mas já com bastante tirocínio, além de haver feito seu curso com brilhantismo, reunindo, assim, todas as credenciais para prestar bons serviços ao país, naquele setor.
>
> Na certeza de que Vossa Excelência levará o assunto na devida consideração e não regateará a oportunidade ao merecimento, sirvo-me da oportunidade para reiterar-lhe os protestos da minha admiração e do meu apreço.

A MEMÓRIA E O GUARDIÃO

Menos de um mês depois, em 30 de janeiro de 1962, Mauro Borges atacava novamente, pedindo por telegrama a "fineza" da nomeação de Francisco Santa Ana e Nirson Carneiro Lobo para funções técnico--administrativas na Caixa Econômica de Brasília e de Heloísa de Jesus Pereira para oficial administrativo. Tudo passava pelo presidente, especialmente aquilo que por ser menor exigia um empurrão maior para satisfazer os grandes intermediários vorazes.

Não passava muito tempo sem novos ou velhos pedidos de Mauro Borges. Cada demanda era mais objetiva e direta no uso das palavras. Em junho de 1962, o governador de Goiás fez pressão: "Peço-lhe o obséquio de recomendar ao ministro Moreira Sales nos fornecer mais quinhentos milhões do montante de letras do tesouro que o senhor nos prometeu." De quebra, mudava de assunto e fazia uma indicação: "Caso o senhor não tenha compromisso, peço-lhe, com muito empenho, o aproveitamento do general Américo Braga para vaga no Superior Tribunal Militar." Braga avançou durante o governo João Goulart de general para marechal, em julho de 1962, e auxiliar de gabinete do ministro da Guerra, em agosto de 1963, onde só ficou um mês. A ditadura concedeu-lhe a aposentadoria em 1965.*

Em política, como se sabe empiricamente, tudo tem preço. O não atendimento de um favor pode ser cobrado mais tarde. Em certos casos, nessa época em que tudo parecia possível, os pedidos evitavam qualquer curva. Como este: "O governador do Espírito Santo, sr. Francisco Lacerda de Aguiar, solicita a Vossa Excelência examinar a possibilidade de nomear seu filho, sr. dr. Paulo Vianna de Aguiar, para administrador do Parque Nacional do Caparaó." Jango mandou remeter o pedido ao Ministério da Agricultura. Falar em nepotismo seria um anacronismo?

Personagem de percurso errático e pragmatismo certo, Francisco Lacerda de Aguiar elegeu-se deputado, em 1950, pelo PTB. Em 1954, chegou ao governo do Espírito Santo numa coligação envolvendo PTB,

---

* Ver <http://www.fgv.br/cpdoc/acervo/dicionarios/verbete-biografico/braga-americo>.

GOVERNADORES INDICAM E PEDEM

PR (Partido Republicano), PRP (Partido de Representação Popular) e PSP (Partido Social Progressista). Em 1962, conseguiu voltar ao governo do seu estado aliando na sua Coligação Democrática PTB, UDN (União Democrática Nacional), PSP, PSB (Partido Socialista Brasileiro), PRT (Partido Republicano Trabalhista), PTN (Partido Trabalhista Nacional), PRP e PDC (Partido Democrata Cristão). A partir daí, deu vazão à sua inclinação ideológica mais forte: subscreveu em 1963 o "Manifesto dos Governadores Democratas", junto com Carlos Lacerda, Adhemar de Barros e mais cinco, contra João Goulart. Em 1964, uniu-se a Magalhães Pinto, governador de Minas Gerais, colocando à disposição o porto de Vitória para operações militares, e ao coronel Newton Reis para depor João Goulart. Acusado pela elite mais conservadora ainda de seu estado, alguns dos seus antigos amigos, que o viam como populista e com ideias subversivas, de "enriquecimento ilícito e de prática de irregularidades administrativas", teve de renunciar em 5 de abril de 1966, objeto de um Inquérito Policial Militar (IPM), mesmo tendo antes nomeado três generais para o seu reformulado secretariado. Derrubado, refugiou-se na Arena e na produção de café e leite.*

Conhecido como dr. Chiquinho, Francisco Lacerda de Aguiar fez o gênero rico amigo do povo. A música da sua primeira campanha ao governo do Espírito Santo dava o tom: "Chiquinho vem aí/ Chiquinho já ganhou/ O povo quer Chiquinho pra governador/ Chiquinho andou a pé, andou de bonde, andou de trem/ Apertou mão de preto/ De branco apertou também/ Chiquinho é amigo do povo trabalhador".**

---

* Ver <http://www.fgv.br/cpdoc/acervo/dicionarios/verbete-biografico/aguiar-francisco-lacerda-de>. Outra leitura sobre o assunto pode ser encontrada em "A fórmula para o caos: o golpe de 64 e a conspiração contra o governador Francisco Lacerda de Aguiar, no Espírito Santo (1964-1966)", de Ueber José de Oliveira, artigo publicado na *Revista Crítica Histórica* (Maceió, Universidade Federal de Alagoas, ano V, n. 10, dez. 2014).
** Uma boa fonte sobre esse personagem é a autobiografia *Dr. Chiquinho por Francisco Lacerda de Aguiar: a trajetória pública e privada de um ex-governador.* A obra, organizada pelo coordenador do Laboratório de Extensão e Pesquisa em Artes da Universidade Federal do Espírito Santo, José Cirilo, e pelos mestrandos em Artes e História Bruna Wandekoken e Marcos Vertelo, foi relançada em 2015.

A MEMÓRIA E O GUARDIÃO

O governador eleito como protetor e amigo dos pobres, que pedia a Jango emprego privilegiado para o filho, não hesitaria em se distanciar do presidente em 1964 invocando o valor sagrado do seu trabalho contra as propostas que incluíam a reforma agrária, terror dos latifundiários detentores de capitanias hereditárias.

> Eu estava no Rio de Janeiro quando Jango fez aquele comício da Central do Brasil, ele me telefonou para eu ir e eu não fui ao comício dele. Todos que foram acabaram cassados, eu fui o único que não fui porque eu não concordava com aquilo. Dividir meu suor, meu trabalho, um absurdo!*

Paulo Vianna de Aguiar, nascido em Guaçuí, na Serra do Caparaó, onde o pai fora interventor e prefeito, obteve seu registro de engenheiro agrônomo em 1962. O governador zelava pelo presente e pelo futuro do filho em começo de carreira buscando alojá-lo na direção de um parque nacional criado em 24 de maio de 1961 por decreto de Jânio Quadros. A Serra do Caparaó, onde se situa o Pico da Bandeira, seria palco, na divisa do Espírito Santo com Minas Gerais, entre 1966 e 1967, de um movimento guerrilheiro incipiente, com o apoio de Leonel Brizola e treinamento em Cuba, contra o regime militar.

A instalação de um governo parece ser o melhor momento para a apresentação de pedidos, especialmente de cargos, embora as contingências da política deixem o balcão funcionando em permanência. A posse de Jango na presidência da República desencadeou uma saraivada de indicações para todo tipo de posto. O governador do Piauí, em 20 de setembro de 1961, em papel timbrado do seu estado, com uma letra sofrível, disparou quatro "solicitações": Benedito Raimundo Alves Pereira para superintendente da Estrada de Ferro Central do Piauí; Paulo Henrique Marcos dos Santos para chefe da Comissão do Alto Parnaíba; Lívio Fortes dos Santos para delegado da Marinha

---

* AGUIAR *apud* BORGNETH, 2009, p. 69.

Mercante no Piauí; e Emanuel Marques Sérvio para chefe do distrito do DNER. Por alguma razão, o governador cancelou a última sugestão, barrando cada palavra e acrescentando um "item 4º sem efeito".

Dois dos quatro cargos deveriam ser exercidos em Parnaíba, cidade natal do governador e seu curral político. Em 2 de outubro de 1961, o político repetiria o pedido relativo aos dois primeiros indicados acrescentando uma nota sobre a importância de substituir o superintendente da Estrada de Ferro Central do Piauí: "O atual é o ex-prefeito da cidade, ex-deputado estadual, chefe da oposição ao governador e ao atual prefeito." Nenhuma razão poderia certamente ser mais forte e clara.

Eleito deputado federal pela UDN, em 1950, Chagas Rodrigues encantou-se com o nacionalismo de Getúlio Vargas e apoiou a estatização do petróleo. Migrou para o PTB. Em 1958, mostrando-se hábil equilibrista, elegeu-se, ao mesmo tempo, conforme a legislação vigente, governador do Piauí e deputado federal pelas "oposições coligadas", aliança entre dois inimigos nacionais, PTB e UDN. Depois do golpe de 1964, foi para a oposição ao regime militar até ser cassado, no âmbito do Ato Institucional n. 5, e perder seus direitos políticos. Outro "troféu" da sua carreira foi ter votado, na Câmara dos Deputados, em 1957, pela abertura de processo contra Carlos Lacerda, o guru intelectual da UDN, o grande algoz do varguismo, por vazamento de documentos sigilosos do Itamaraty. Em 1992, como senador pelo PMDB, deu o voto que selou o impeachment de agonizante Fernando Collor de Mello.*

Indicações de governantes fazem parte do jogo na medida em que cargos precisam ser preenchidos e dependem da "confiança" dos novos detentores do poder. Em 21 de maio de 1962, porém, o governador da Bahia, Cristovam Colombo, em papel oficial datilografado, com os devidos acentos acrescentados à mão, descobriu o Brasil e a América de uma só vez tornando tudo muito mais claro:

---

* Ver <http://www.fgv.br/cpdoc/acervo/dicionarios/verbete-biografico/francisco--das-chagas-caldas-rodrigues>.

Há pedidos cuja formulação pressupõe confiança e franqueza recíprocas de postulante a solicitado. É um desses que lhe dirijo agora. Tenho conhecimento da possibilidade de nomeação ao cargo de Tesoureiro para vagas ocorrentes em instituições previdenciárias, v.g., IPASE e IAPI e na Delegacia Fiscal do Ministério da Fazenda na Bahia.

Seria para mim de fundamental importância, por motivos de explanação desnecessária à sua argúcia, o aproveitamento de minha esposa, AIDIL CARDOSO SAMPAIO (contadora), numa dessas vagas.

Tendo adquirido nos poucos dias de exercício do governo uma profunda experiência dos espinhos que o poder oferece, compreendo o problema que certas injunções e demandas oferecem ao espírito e à ação do administrador.

Por isto, faço paralelos dois empenhos: do chefe, o de ver preenchida minha solicitação, muito que me significa; do amigo, de que se ponha inteiramente à vontade para apreciá-la, sem melindres à sua conveniência objetiva, e com razão maior, ao seu íntimo discernimento.

Assim equaciono o problema, com a lealdade que me imponho no trato do preclaro líder. Na sua solução, conto por certo a franqueza e a boa vontade com que sempre me tem distinguido. Com tais razões, e com toda a cordialidade, abraço-o ao dispor de suas ordens.

O homem, aparentando ou simulando constrangimento, tenta equalizar público e privado, passado, presente e futuro, assim como um pretenso sentimento de honra com o pragmatismo exigido pela situação. O que terá querido dizer com "explanação desnecessária à sua argúcia"? Que Jango, homem num mundo dominado pelos homens, saberia entender a sua necessidade de satisfazer um pedido da esposa? Transferia a responsabilidade para a mulher?

Advogado, procurador do Instituto de Aposentadoria e Pensões dos Comerciários (IAPC), deputado estadual eleito pelo PTB (1959-1963), Colombo governou a Bahia interinamente, na condição de presidente da Assembleia Legislativa, durante o mandato de Juracy Magalhães. Seria a interinidade que o fazia ter pressa de instalar a esposa num cargo público? Cristovam Colombo Maia Sampaio foi reeleito deputado estadual pelo PTB para o quadriênio 1963-1967. Faleceu de infarto,

GOVERNADORES INDICAM E PEDEM

aos 36 anos de idade, em 2 de abril de 1964. Não viveu para ver a grande noite da ditadura militar, que duraria mais de duas décadas.

Nem sempre os pedidos eram atendidos com a celeridade esperada. O beneficiário em potencial certamente pressiona o padrinho, que reclama com quem de direito aciona o seu intermediário mais bem posicionado. Ou, sem saída, refresca a memória do presidente da República em nome de quem deveria. Em papel timbrado da Câmara dos Deputados, Francisco Leite Neto, parlamentar do PSD, avisa com pretensa justificativa:

> O governador de Sergipe – Seixas Dorea – relembra ao Presidente o pedido de nomeação que fez para o agrônomo – Aloisio Aciole Leite – chefiar o Fomento Agrícola de Sergipe. Desejava que ao tomar posse a nomeação já estivesse feita para facilitar os entendimentos sobre o plano de ação.

João de Seixas Dória teve um percurso sinuoso: udenista, vice-líder de Jânio Quadros na Câmara dos Deputados, membro da "Bossa Nova" da UDN após a renúncia de Jânio Quadros, apoiou as reformas de Jango e acabou preso em Fernando de Noronha logo depois do golpe de 1964 por ter ousado resistir em pronunciamento em rádio.* A "bossa nova" foi a "esquerda" da UDN – lançada pelo jovem maranhense José Sarney e pelo mineiro José Aparecido de Oliveira. Enfrentou a "Banda de Música", a direita udenista tradicional desde o último governo de Getúlio Vargas, a qual, em determinado momento, teve em Carlos Lacerda o ídolo máximo e como foco o combate à corrupção, a moralização da política e a caça aos comunistas. Os bossanovistas eram rotulados pelos seus adversários internos de chapas-brancas e de filocomunistas, terríveis insultos em tempos de Guerra Fria e de paixões políticas extremas e incontidas. Como em política nada é tão sólido que não possa se diluir ou transformar em pouco tempo,

---

* Ver <http://www.fgv.br/cpdoc/acervo/dicionarios/verbete-biografico/doria-seixas>.

A MEMÓRIA E O GUARDIÃO

o mineiro Magalhães Pinto "tocou" na "bossa nova", mas marchou orgulhosamente com a "banda de música" em 1964.*

Leite Neto nunca esteve totalmente em sintonia com João Goulart: em 1961, votou pelo parlamentarismo, que ceifou os poderes presidencialistas aos quais Jango tinha direito ao suceder o demissionário Jânio Quadros. Já como senador pelo Partido Republicano Trabalhista (PRT), opôs-se à principal reforma de base de Goulart, a desapropriação de terras sem, como previa a Constituição de 1946, o pagamento prévio em dinheiro aos proprietários.** Mesmo assim, era um aliado de ocasião ligado a um governador que brigava com os seus para defender Jango. Por tabela, Leite Neto podia pedir, lembrar, relembrar e fazer-se de ponte. A prova é que João Goulart, em 25 de janeiro de 1963, anotou à mão abaixo do texto da carta: "Evandro, desejo atender."

O nome do indicado consta no Diário Oficial da União pouco mais de dois meses depois. Leite Neto, usando o nome do governador Seixas Dória, agia por seu sobrenome. Aloisio Accioly Leite era membro da sua querida família. Basta dizer que Francisco Leite Neto, filho de Sílvio César Leite e Lourença Rollemberg Leite, tinha como avós Francisco Rabelo Leite e Maria Virginia Accioly Leite. Outra anotação lacônica mostra a onipresença do sergipano. Manuscrito: "Ulysses Guimarães." Datilografado: "Hugo Mazzilli e um candidato do dep. Leite Neto Pres. da Comissão de Orçamento da Câmara Deputados." Manuscrito em complemento: "Sílvio Leite Franco." Um clã insaciável.

Seixas Dória reaparece, ao mesmo tempo solene e coloquial, em 13 de janeiro de 1964, pedindo, por estar "informado através de noticiário da intenção do insigne presidente de reformular seu ministério no próximo mês de fevereiro", um cargo de ministro para o deputado Euvaldo Diniz, apresentado como "capaz e atuante" e "meu prezado

---

* Ver <http://www.fgv.br/cpdoc/acervo/dicionarios/verbete-biografico/bossa-nova--da-udn>.
** Ver <http://www.fgv.br/cpdoc/acervo/dicionarios/verbete-biografico/leite-neto--francisco>.

GOVERNADORES INDICAM E PEDEM

amigo". O governador faz a indicação por crer na "chance" de emplacar a sugestão na medida em que "há quase meio século" o povo sergipano "não tem o privilégio de ter um dos seus filhos como ministro". Pedia do jeito que podia.

Seis meses antes, em 22 de julho de 1963, Seixas Dória fizera o mesmo pedido em bilhete escrito à mão.

> Informado pelo meu eminente amigo, deputado Euvaldo Diniz, da possibilidade de afastamento do atual sr. ministro da Indústria e Comércio (q. disputaria a prefeitura de Porto Alegre) e da "chance" do referido deputado para o citado posto, apresso-me a levar a V. Excia. todo o meu apoio e entusiasmo ao nome do parlamentar sergipano. E não o faço por se tratar de um coestaduano capaz e atuante, mas, também, por ter sido ele um baluarte da minha campanha e um amigo querido. Repito, portanto, e repiso que dou o meu mais integral apoio ao dep. Euvaldo Diniz.
>
> Sendo o q. se me enseja no momento, apresento a V. Excia. os agradecimentos e a solidariedade do amigo certo...

Na primeira tentativa, o governador de Sergipe, num surto de sinceridade, colocava a amizade com o indicado e o papel desempenhado por ele na sua campanha eleitoral acima do fato de ser um "coestaduano capaz e atuante". O mérito pessoal perdia para o mérito relacional. Na segunda tentativa, talvez pelo não atendimento na primeira, ajustava o foco e realçava a "sergipanidade" do afilhado, assim como seu dinamismo. Nas duas demandas, um termo em comum: chance. Dória via chance onde Jango certamente encontrava um quebra-cabeça para resolver. Fica evidente que Euvaldo Diniz queria muito ser ministro e avisava o padrinho para que interviesse sempre que pressentia o surgimento de uma vaga em função de algum remanejo. Fica também claro que a correspondência entre um governador e um presidente da República podia ser informal, datilografada ou manuscrita, e com economia de sinais gráficos. Dória poderia ser precursor do Twitter.

Euvaldo Diniz nunca foi ministro. A "chance" não lhe sorriu, apesar da insistência despudorada de Seixas Dória. Ligado ao udenismo, embora refratário à ala radical lacerdista, ele oscilou entre o combate à ameaça comunista disseminada no contexto da Guerra Fria e o apoio a medidas como o restabelecimento de relações com a União Soviética. Faleceu em 4 de setembro de 1964 num acidente aéreo. Não teve tempo de perder o seu mandato.*

Um tempo se conta por si mesmo quando, por exemplo, deixa rastros sob a forma ordenada de relações pessoais confundidas com atribuições públicas registradas de maneira epistolar. Não havia pudor em pedir entre aliados políticos ou mesmo entre aqueles que, não sendo aliados, podiam ter algo para trocar. Nem sequer existia muita dissimulação quanto a adotar artifícios para chegar a algum objetivo almejado. Tampouco havia temor em escrever e assinar embaixo daquilo que era demandado. Pedir favores não era visto como corrupção, mas, como se viu no pedido do governador interino da Bahia, havia consciência plena da inconveniência de certas demandas. Ninguém duvidava de que já se vivia na base do que seria resumido como "é dando que se recebe". Quem pedia, ficava devedor. Quem concedia, sabia esperar o momento de cobrar. Concedia-se para depois poder pedir ou cobrar.

Alguns elogios tinham o dom de tentar antecipar o acontecimento. Em 7 de agosto de 1962, Pedro Gondim, governador da Paraíba, alegando estar "seguramente informado", envia telegrama a João Goulart para aplaudi-lo pela intenção de nomear o "industrial e banqueiro" Newton Rique diretor do Banco do Brasil. Fundador do PSD, Gondim sobreviveu inicialmente ao golpe militar, chegando a concorrer em 1966 a deputado federal pela Arena. Foi abatido em pleno voo pelos ditadores que cortejava, perdendo seus direitos políticos por dez anos. Ressurgiu na política, já anistiado, como candidato ao Senado pelo PMDB. Não se elegeu. Era tarde para voltar.

---

* Ver <http://www.fgv.br/cpdoc/acervo/dicionarios/verbete-biografico/euvaldo-
-diniz-goncalves>.

GOVERNADORES INDICAM E PEDEM

A Confederação Nacional da Indústria (CNI) também enviou mensagem apoiando o nome de Newton Rique com "grande satisfação e felicidade". Um dos proprietários do Banco Industrial de Campina Grande, Newton Rique, diretor do Banco Nacional de Desenvolvimento Econômico (BNDE) no Rio de Janeiro de 1960 a 1962, foi deposto pelo golpe militar de 1964 do cargo de prefeito de Campina Grande. Era visto como banqueiro de esquerda. Alijado do poder, apostou nos negócios e não se arrependeu: tornou-se proprietário do Shopping Center Iguatemi, em Porto Alegre e em Salvador. Para diversificar, produziu o filme *Dona Flor e seus dois maridos*. Morreu de meningite em 18 de agosto de 1986.*

Nem só de pedidos para familiares e de indicações de amigos se constitui a correspondência enviada a João Goulart. Às vezes, o pedido assume o tom de uma crítica ou de uma virulenta denúncia. Em 23 de maio de 1962, o presidente da República teve de responder por telegrama a uma reclamação de Parsifal Barroso, governador do Ceará: "Dispensei toda atenção já havendo tomado providências respeito telegrama ilustre governador me endereçou propósito distribuição leite alimentos para paz." Parsifal é aquele mesmo que havia cobrado a nomeação para vagas prometidas ao PSD. Desta vez, em atitude agressiva e indignada, reclamava de "hostilidades ou mesmo de provocação" ao seu governo pelo ministro da Saúde, que, em "gesto arbitrário", "exorbitando de suas funções", teria ordenado a retenção de "partidas de leite" para distribuição aos necessitados. Barroso sugeria que a razão da medida criticada seria uma "vingança" por causa de sua "denúncia acerca manobra eleitoral" que pretenderia "consumar com alimentos para paz favor grupo político Jereissati". O ministro da Saúde era o médico e deputado petebista pernambucano Estácio Gonçalves Souto Maior. O Programa Alimentos para a Paz, financiado pelos Estados Unidos da América, teria investido mais de 1 bilhão de dólares em seis meses para atender populações carentes no Nordeste do Brasil,

---

* Cf. *Veja*, 27 ago. 1986.

A MEMÓRIA E O GUARDIÃO

sendo que parte do leite em pó enviado ao Ceará teria se deteriorado no depósito das Pioneiras Sociais em função de disputas políticas.*

O jornal nacionalista *O Semanário* defendeu o ministro Souto Maior, atacou Parsifal Barroso, em reportagem intitulada "O leite em pó dos ianques é comida para porcos nos EUA",** e caracterizou o projeto como uma esmola de John Kennedy para Jânio Quadros. Carlos Jereissati, eleito deputado federal pelo PTB, em 1954, defensor da estatização do petróleo, serviu de instrumento do varguismo contra adversários políticos no Ceará. Reelegeu-se em 1958. Em 1962, elegeu-se senador. Em sua carreira empresarial e política foi acusado de contrabando e, pelo deputado Esmerino Arruda (PSP), de usar o leite em pó americano, por intermédio da Legião Brasileira de Assistência, como moeda de troca eleitoral. Leite por votos. Morreu em 9 de maio de 1963, no Rio de Janeiro, de infarto do miocárdio, a mesma doença que mataria João Goulart em 1976. Deixou fortuna e seis filhos, um dos quais, Tasso, seria o seu herdeiro político.***

Em 28 de dezembro de 1962, por telegrama, Carlos Jereissati pede a Jango que "promova" para São Paulo o "agente fiscal do imposto Otacílio Fernando Nunes". Era uma questão de "máximo empenho". O presidente da República via-se obrigado a tomar decisões sobre transferências até no andar mais baixo da administração.

Certas correspondências escancaram contradições com mais clareza do que densos relatórios e soam como diagnósticos de situações de descalabro. O Brasil se descortina repetindo seus erros, acumulando suas artimanhas, produzindo ou consolidando suas hierarquias, usando e abusando das mesmas estratégias de poder, explicitando sua estrutura secular de rede de relações, acobertando uns, execrando outros, de acordo com as conveniências e as alianças ocasionais ou permanentes, reproduzindo um sistema de hierarquia social. Aquilo

---

* Cf. *Correio da Manhã*, Rio de Janeiro, 12 mai. 1962, p. 12.
** Cf. *O Semanário*, Rio de Janeiro, n. 279, 3 mai. 1962, p. 5.
*** Cf. *Correio da Manhã*, Rio de Janeiro, 10 mai. 1963, p. 2.

GOVERNADORES INDICAM E PEDEM

que um governador não diz, um vice pode expressar francamente. Em 19 de outubro de 1961, com Jango ainda se acomodando na cadeira presidencial, o deputado federal e vice-governador de Goiás, Antônio Resende Monteiro, escreve-lhe com extrema contundência e suave trato:

> Agrava-se, a cada dia que passa, a situação do abastecimento de Goiânia, com a falta no mercado dos gêneros de primeira necessidade e a elevação contínua dos preços. Entre os gêneros que escasseiam, encontra-se o arroz de que o estado de Goiás é um dos maiores produtores. Há, entretanto, em estoque na Capital do Estado, mais de 100 mil sacas daquele produto, adquiridas pelo Banco do Brasil e armazenadas à ordem da Comissão de Financiamento à Produção.
>
> A liberação de parte daquele estoque, para beneficiamento "in loco" e venda à população, viria, com certeza, minorar sensivelmente os efeitos da crise.
>
> Dirigimo-nos a V. Excia. nesse sentido solicitando suas determinações junto a quem de direito para que seja adotada a providência em apreço.
>
> Reiterando-lhe os protestos da nossa mais elevada consideração, apresentamos a V. Excia. os agradecimentos da população goianiense pela atenção que for destinada a esta sugestão.

O grande produtor de arroz não tinha arroz no prato. Franz Kafka não faria melhor em termos de absurdo. No reino da burocracia estatal, porém, não chegava a ser algo impressionante. Não há ironia na carta, que se limita a apresentar uma solução realista ao presidente da República. Petebista de quatro eleições, vice do governador legalista Mauro Borges, capaz de ser incisivo e cordial, Monteiro bandeou-se para o partido da ditadura militar, a Arena, em 1965.* Os saltos ideológicos e as incongruências partidárias não foram inventados na pós-modernidade brasileira. Faziam parte de uma época tão ferrenhamente pragmática quanto apaixonadamente ideológica. Os contrários

---

* Ver <http://www.fgv.br/cpdoc/acervo/dicionarios/verbete-biografico/antonio-
-resende-monteiro>.

conviviam por algum tempo e se revelavam em situações extremas. Não foram poucos os que traíram Jango, o PTB e uma suposta sensibilidade social.

Há pedidos tão fortes que Jango se preocupa em acelerar os procedimentos. Pedir e receber integram um complexo sistema de hierarquia política: "Desejando atender ao pedido do Governador Virgílio, autorizo a designação do Sr. dr. RAYMUNDO EDILSON PESSOA EVANGELISTA [sic] para o Serviço de Expansão e Propaganda Comercial do Brasil (SEPRO), em Beiruth – Líbano." A autorização está datada assim: Fortaleza, 21 de dezembro de 1963. À mão, já em Natal, no mesmo dia, Jango anotou: "Sen. Nelson Maculan. Desejo atender o pedido do nosso gov. do Ceará em Beiruth [sic] ou noutro lugar..." Anotou mais: "Caillar, reitere p/telefone atendimento." O secretário pessoal do presidente despachou: "Transmitido em 23.1.64." Nelson Maculan começou a carreira política na UDN, migrou para o PTB, foi presidente do Instituto Brasileiro do Café (IBC) no governo Jango e, já na ditadura, entrou no MDB.* Tinha cacife junto a Goulart.

Udenista convicto, dirigente nacional da sua sigla liberal e anticomunista de carteirinha, Virgílio Távora, por indicação do seu partido, foi ministro da Viação e Obras Públicas no primeiro gabinete do governo parlamentarista de Jango. Nessa função, em 20 de junho de 1962, enviou telex a Cailar pedindo que informasse o presidente da necessidade imediata de liberar, para levar "tranquilidade à família ferroviária", "oito bilhões de cruzeiros para atender pagamento aumento dado até julho além do duodécimo normal de quatro bilhões et duzentos milhões que a partir de agosto passará para ser de seis bilhões et duzentos milhões de cruzeiros". Aguardava resposta no mesmo dia para que o "titular desta pasta próximo gabinete possa satisfazer esse compromisso a fim de evitar situações de incontentamento". Um estilo.

---

* Ver <http://www.fgv.br/cpdoc/acervo/dicionarios/verbete-biografico/maculan--nelson>.

GOVERNADORES INDICAM E PEDEM

Os caminhos de Jango e Virgílio teriam de separar-se. O cearense tomou a iniciativa de partir quando percebeu que a permanência significaria uma contradição embaraçosa. Em 11 de junho de 1962, declinou convite:

Eminente amigo Presidente Goulart:

Diante da decisão do Partido a que pertenço, cujo mérito não desejo apreciar no momento, estou, neste instante, ao agradecer sua sugestão de meu nome para integrar, como titular da pasta do Ministério da Viação e Obras Públicas, o segundo Gabinete Parlamentarista da República, desta honra declinando.

Para mim, particularmente, esta lembrança constitui motivo de dupla satisfação. Se, por um lado, representa mais uma prova de consideração especial pela minha pessoa, por parte do amigo, por outro lado, no plano mais alto das cogitações do Governo, evidencia ter havido uma identidade de propósitos entre as minhas ações desenvolvidas à frente daquela Secretaria de Estado e as intenções do Presidente da República, tendo o bem público como objetivo comum.

Fatores de outra ordem, no entanto, inteiramente fora de qualquer consideração pessoal, impedem-me de ir ao encontro do reiterado desejo do Presidente amigo, de minha participação neste segundo Conselho, ora em formação. Há um imperativo de consciência a me mostrar o caminho a seguir e, como tenho pautado a minha conduta pelos padrões morais comuns aos homens de bem, não desejo apenas sobreviver, mas sim me conduzir coerentemente com a minha formação de homem público e nos estritos limites da minha disciplina política.

Grandes são as responsabilidades e maiores ainda os encargos atribuídos à pasta da Viação, por si só representativa de apreciável parcela do Governo da República. A um Oficial de Engenharia, estudioso dos problemas nacionais, não poderia ser oferecida nem maior nem melhor oportunidade do que aquela que se me abriu após a crise de 25 de agosto último e nos dez meses que se lhe seguiram.

Diz-me a consciência ter dado de mim todo o possível para honrar a confiança de que fui alvo por parte da agremiação a que pertenço e do ilustre amigo. Os frutos deste labor começam a sazonar. Que não se percam, são os meus votos.

Já governador do Ceará, eleito em outubro de 1962, Virgílio Távora, ainda solícito com o presidente, enviou-lhe telegrama, em 15 de janeiro de 1964, agradecendo pela honra que tivera, na ausência de dois deputados, de representá-lo na chegada da eletricidade de Paulo Afonso ao município de Iguatu. Para um político o elogio não podia ser maior nem mais simbólico:

> Nesta oportunidade é me grato acentuar que marcha eletrificação Ceará recebida no Iguatu com entusiasmo população local representa para nosso povo cumprimento perfeito promessa V. Excia. fazer chegar Fortaleza dezembro próximo energia Paulo Afonso marco indispensável redenção econômica nosso Estado.

Jango prometera, num pronunciamento em Natal, que a energia de Paulo Afonso chegaria a Fortaleza em 21 de dezembro de 1964. Complexo ou paradoxal, o elogioso Távora trabalhou pelo plebiscito de retorno ao presidencialismo, que devolveu, em janeiro de 1963, poderes a João Goulart, mas apoiou abertamente o golpe que o tirou do poder e o obrigou a exilar-se no Uruguai. Em agosto de 1963, Távora telegrafou a Jango informando que fizera uma solicitação junto à bancada no Senado. Cailar Ferreira agradeceu em nome do presidente. A mensagem de Virgílio Távora dizia: "Peço informar Dr. João que cabografei bancada Senado aprovação Evandro." Possivelmente se referia à aprovação de Evandro Cavalcanti Lins e Silva, ex-chefe da Casa Civil e até então ministro das Relações Exteriores de João Goulart, para o cargo de ministro do Supremo Tribunal Federal.

Tudo se articulava. Jango dialogava com os mais diversos setores. Depois viria o tempo da ruptura. Virgílio Távora faria longa e sólida carreira na Arena.* A energia de Paulo Afonso chegou em tempo ao destino.**

---

* Ver <http://cpdoc.fgv.br/producao/dossies/Jango/biografias/virgilio_tavora>.

** Ver <http://www.fortalezaemfotos.com.br/2011/09/energia-de-paulo-afonso.html>.

GOVERNADORES INDICAM E PEDEM

Tão perto de alguns dos inimigos que o derrubariam e tão longe de uma solução conciliadora que pudesse evitar a queda, João Goulart praticou a política possível num tempo de fisiologismo, clientelismo, nepotismo e relações de reciprocidade estabelecidos como um modo de articulação e de sustentação no poder. Nada que pareça novidade na era do "presidencialismo de coalizão". A leitura de cada carta recebida por Jango aciona uma série de links. Cada um desses pontos de emulação acessa uma parte do quebra-cabeça que é o Brasil de 1961 a 1964.

A artilharia dos pedidos nunca para. O presidente é surpreendido por demandas comoventes ou pitorescas. Em 23 de novembro de 1963, Hildete Pinto Lomanto, esposa do governador Lomanto Júnior, da Bahia, dispara um petardo:

> Desejando levar, no próximo Natal, um pouco de alegria às crianças menos favorecidas pela sorte, considerando o lastimável grau de pobreza do povo baiano e o avançado número de crianças sem assistência, programei uma distribuição de presentes a 40.000 crianças, nos bairros mais pobres de Salvador.
>
> A parte culminante dos festejos será, porém, uma festa circense na praça de esportes do estádio local com uma já muito anunciada chegada triunfal do Papai Noel em helicóptero. Recebendo entretanto uma resposta negativa do Ministério da Aeronáutica no sentido de ceder-me o helicóptero e não querendo decepcionar estes milhares de crianças que anciosas [sic] esperam por este espetáculo venho solicitar a V. Excia. o inestimável obséquio de obter-me a aeronave em questão, para estar em Salvador no dia 21 dezembro, pois a festa será 22.
>
> O alto espírito humanitário e a tão conhecida sensibilidade de V. Excia. aos problemas infantis garantem o pronto atendimento que terá meu pedido.
>
> Muito agradecida, em meu nome e no das 40.000 crianças pobres de Salvador, subscrevo-me, atenciosamente.
>
> Senhora Governador Lomanto Jr.

O que diz essa carta para além da sua mensagem explícita? Trata-se literalmente de um documento de época. Uma época em que fazia parte da etiqueta assinar "Senhora Governador". Descontado um pequeno deslize ortográfico, vê-se uma habilidade retórica sinuosa. Ela procura convencer Jango destacando o seu "alto espírito humanitário" e sua "conhecida sensibilidade aos problemas infantis". Exagera? Constata? Ampara-se em fatos? A primeira-dama ocupa-se dos assuntos sociais. Enfatiza a pobreza real de grande parte da população de Salvador e tenta mostrar-se positiva quanto ao "pronto atendimento do seu pedido". O estilo é bastante diferente daquele apresentado pelos tantos textos masculinos já mostrados aqui. Hildete não pede para si. Fala pelas crianças.

A "Senhora Governador" sempre foi mais conhecida como dona Detinha. Na falta de helicóptero, subia num caminhão, ao lado do marido, para distribuir presentes nos bairros da periferia ou em grandes festas no estádio da Fonte Nova. Morreu em 2017, aos 93 anos de idade.* Antônio Lomanto Júnior conseguiu a façanha de se eleger governador da Bahia (1963-1967) a bordo de uma coligação formada pelo Partido Libertador (PL), o PTB e a UDN. Recebeu a visita de João Goulart em março de 1964. Apesar da recepção cortês, "elaborou um documento de apoio ao movimento político-militar que, no dia 31 desse mesmo mês, depôs o presidente". Empreendeu voo na Arena.**

Se o discurso de dona Detinha era sinuoso, o do seu marido, o "Senhor Governador", era direto, confiante, impositivo, de cobrança dissimulada em altivez. A mensagem evidentemente depende do emissor e do seu lugar de fala. Em carta de 8 de junho de 1963, Antônio Lomanto Júnior vociferava em nome dos interesses do seu estado:

---

* Ver < https://g1.globo.com/ba/bahia/noticia/ex-primeira-dama-da-bahia-detinha-
-lomanto-morre-aos-93-anos-em-jequie.ghtml>.
** Ver <http://www.fgv.br/cpdoc/acervo/dicionarios/verbete-biografico/antonio-
-lomanto-junior>.

GOVERNADORES INDICAM E PEDEM

As responsabilidades do meu cargo fazem que me dirija a Vossa Excelência para lhe expressar os sentimentos da Bahia e do seu Governo relativamente à renovação da Diretoria da Petrobras. Embora integrando um esquema das forças majoritárias do Estado, entre as quais se inclui o nosso Partido, tenho-me conservado distante de lutas por cargos ou posições por compreender que não devo interferir em atos da competência do Chefe da Nação, sobretudo em se tratando de postos da sua confiança. Nunca abdiquei, entretanto, nem o farei, do meu dever de estar vigilante quanto aos interesses do meu Estado, em cujo favor não me cansarei de pleitear, principalmente por entender que direitos a ele assistem pela sua contribuição, constante e efetiva, ao progresso nacional.

Referentemente à recomposição da Diretoria da Petrobras, quero e devo fazer sentir-lhe a minha estranheza, tanto maior quanto Vossa Excelência, além das provas de apreço e apoio que lhe tenho manifestado, honrou-me com a declaração de que nada resolveria, em definitivo, sem a palavra do Governador da Bahia.

Há de Vossa Excelência, portanto, bem compreender que não estou a apreciar cargos ou nomes, mas a dissentir do processo da escolha por ter colocado a Bahia e o seu Governo à margem da Deliberação do Governo Federal, quanto à sua representação na Diretoria da Empresa.

Embora os desconheça, motivos há de ter Vossa Excelência para a orientação que adotou. Quanto a minha posição, entretanto, a justificativa está implícita na consciência do dever para com o meu Estado, cujas prerrogativas me cumpre preservar.

No particular da Petrobras, bem alto falam os interesses da Bahia, já que a vitoriosa empresa estatal encontra, no solo desta grande terra, a razão de ser da sua existência.

Certo de que Vossa Excelência, homem de esclarecida visão, dará às minhas palavras o verdadeiro sentido que as inspirou, renovo-lhe neste ensejo os protestos do meu elevado apreço.

A partilha de cargos na Petrobras nunca deixaria de ser um problema. Uma questão de Estado. Uma diretoria da petroleira nacional criada por Getúlio Vargas depois de intensa luta contra os interesses estrangeiros associados ao udenismo mexia com a sensibilidade política de cada ator envolvido. A Bahia era estado produtor de petróleo. O seu governador só podia se sentir alijado pela União ao não ser consultado sobre nomeações tão importantes. Não queria falar de nomes, embora os nomes nunca estejam distantes das discussões supostamente de princípios.

Uma leitura mais coloquial dos dois últimos documentos citados poderia ser feita em tom de cantiga popular: pede a mulher, pede o marido, pede a senhora, pede o senhor, cada qual com o seu louvor, cada um o seu favor. O governador destaca o pertencimento a uma coligação ampla, talvez demais, que inclui o seu partido e, embora ele não se refira a isso nominalmente, o partido do presidente da República. Estão no mesmo barco. A questão é saber quem controla o leme. O político baiano não quer ser um bote à deriva nem um porto de ocasião. O governo central parece considerá-lo um mero passageiro.

A linguagem de cada época revela o seu imaginário. Em 18 de setembro de 1961, quando Jango ainda estava assentando sua equipe, o governador do Rio de Janeiro, Celso Peçanha, telegrafou: "Reivindico junto ilustre amigo presidência Instituto Açúcar e Álcool e espero seu patrocínio." O nome virá mais tarde. A mensagem, embora escorada na cordialidade do termo "amigo", não faz um pedido: "reivindica". E conta com o "patrocínio" do presidente da República. Descartado o sentido comercial hoje atribuído predominantemente a essa palavra, resta uma ideia encoberta: o chefe da nação não impõe: influencia. O preenchimento dos cargos resulta de uma engenharia de relações, composições, acordos e ajustes. Até 1960, o presidente do Instituto Açúcar e Álcool (IAA) era indicado diretamente pelo presidente da República. A partir daí, passou ao controle do Ministério da Indústria, Comércio Exterior e Serviços. Jango, portanto, podia "patrocinar" um nome, mas não impô-lo.

No telegrama recebido, João Goulart anotou apenas: "Voltar." Celso Peçanha, eleito deputado federal pelo PTB em 1964, tornou-se vice-governador do Rio de Janeiro em 1958, na legenda do PSD, tendo assumido o governo, em 1961, depois da morte do titular, Roberto Silveira.* O cargo foi destinado a Edmundo Pena Barbosa da Silva,

---

* Ver <http://www.fgv.br/cpdoc/acervo/dicionarios/verbete-biografico/pecanha-celso>.

GOVERNADORES INDICAM E PEDEM

diplomata, amigo do ex-presidente Juscelino Kubitschek e produtor de açúcar no norte do estado do Rio de Janeiro.*

Governadores não escrevem somente para reivindicar cargos ou reclamar por não terem sido ouvidos na hora de definir a ocupação de importantes diretorias de empresas como a Petrobras. Enviam telegramas também para pedir socorro. Se, em 2017, Natal enfrentou uma greve policial e vários estados brasileiros declararam-se quebrados no período de Michel Temer no Palácio do Planalto em função de dívidas com a União, durante o governo João Goulart o caos tomou conta do Rio Grande do Norte. O governador Aluízio Alves enviou telegrama, em 24 de setembro de 1963, clamando por ajuda: "Sei suas preocupações esta hora. Mas espero que possa receber até amanhã secretário finanças. Coronel Manoel Leão Filho exporá situação. Polícia militar continua quartel ocupado. Exército e tropa sem voltar serviço. Situação financeira desesperadora. Só tenho apelar Vossa Excelência."**

A tropa estava em situação de penúria. Chegava-se a passar fome nos quartéis. A inflação devorava os salários. Movimentos grevistas pipocavam no país. O homem que se desesperava em telegrama a João Goulart tinha trabalhado na *Tribuna da Imprensa*, de Carlos Lacerda, no Rio de Janeiro, fundado sua *Tribuna do Norte*, em Natal, entrado na política nas hostes da UDN, passado para o PSD e chegado ao governo do seu estado. A sua vida política daria um folhetim: filiou-se à Arena, no regime militar, foi cassado em 1969, acusado de corrupção, sofreu no ostracismo até ter o seu processo arquivado nos anos 1970 e, principalmente, até ver a ditadura agonizar. Acabou no PMDB e nos ministérios de Tancredo Neves, que morreu antes de tomar posse, José Sarney e Itamar Franco. Teve um filho que lhe seguiu os passos na política, sendo eleito para onze mandatos federais. Henrique

---

* Ver <http://cpdoc.fgv.br/producao/dossies/JK/biografias/edmundo_barbosa_da_silva>.
** Cf. NASCIMENTO, Wellington. *O movimento reivindicatório da polícia militar no Rio Grande do Norte em 1963.*

A MEMÓRIA E O GUARDIÃO

Eduardo Alves ocupou a presidência da Câmara dos Deputados por duas vezes e comandou o Ministério do Turismo sob a presidência de Dilma Rousseff e brevemente com a ascensão de Michel Temer ao poder depois do impeachment da presidente. Foi preso em 2017 acusado de corrupção.*

Que tempos de clareza e de cobrança, aqueles! Tudo se escrevia com aparente formalidade e profunda objetividade, tudo se dizia com alguns volteios e muita linha reta, tudo se reclamava como direito adquirido no tabuleiro político das alianças inevitáveis e pragmáticas, para tudo se invocava o testemunho privilegiado de alguém interessado e para quase tudo se falava com pompa em mais elevados protestos de estima e consideração. Uma carta de Aluízio Alves datada de 3 de janeiro de 1964, terceiro dia do último ano de Jango no poder, apresenta-se como uma aula de ciência política aplicada ao seu tempo e ao seu contexto histórico.

> Ao assumir o Governo, em setembro de 1961, V. Excia. revelou a disposição de preencher os cargos federais no Rio Grande do Norte com a participação de representantes das forças políticas que, na esfera nacional, apoiam V. Excia.
>
> Motivos supervenientes não permitiram, até agora, a realização do desejo de V. Excia. Mas, há três meses, anunciada a possível vaga de Presidente do Instituto Brasileiro do Sal – cujos interesses se localizam, principalmente no Rio Grande do Norte – V. Excia. me assegurou e ao deputado Clovis Mota, que, não desejando provocar a substituição do atual Presidente, por motivos de ordem pessoal, se, porventura, ocorresse a vaga, o preenchimento seria feito com a colaboração do PTB do Rio Grande do Norte, através do deputado Clovis Mota, e do Governador do Estado.
>
> Informo a V. Excia. que, dentro de alguns dias, chegará às suas mãos o pedido de demissão do atual Presidente, cuja atuação política não lhe permitiu diálogo com o Governo do Estado, apesar de duas

---

* Cf. TRINDADE, Sérgio Luiz Bezerra. *Aluízio Alves: populismo nos anos 60.*

GOVERNADORES INDICAM E PEDEM

vezes solicitado, com real prejuízo para a indústria do sal na hora de
sua transformação técnica e econômica.

Venho, assim, por estes motivos e precedentes, manifestar a V.
Excia., com fundamentos em interesses do Estado, que muito me
agradaria poder colaborar na escolha do novo Presidente do IBS, que
é o único cargo de confiança, na esfera do Rio Grande do Norte, no
Governo atual.

O informante antecipava acontecimentos para largar na frente em
termos de demandas e indicações. Para evitar mal-entendidos, refrescava
a memória do presidente da República. Tratava de cercá-lo para que
não pudesse escapar da concessão do benefício exigido. Sublinhava
o compromisso assumido quanto ao compartilhamento das decisões
sobre cargos federais na área de influência do remetente. Ficava claro
que o apoio concedido previamente havia sido negociado em troca de
cargos posteriores. Chegado o momento do acerto de contas, a nota
vinha sem margem para descontos. Era pagar pelo recebido. Não se
perguntava pelo surgimento da vaga almejada. Informava-se que ela
ficaria livre em tais e quais circunstâncias.

Tudo, no caso em questão, exemplo cristalino de uma prática
corrente, podia ser confirmado por Clóvis Mota, político com um pé no
PTB e outro no PSD. Apesar de sua origem trabalhista e de seu grande
apreço por João Goulart, que chegou a visitar no exílio uruguaio, Mota
foi mais um a cerrar fileiras na Arena depois do golpe.*

A correspondência de João Goulart arquivada por Wamba
Guimarães, embora centrada naquilo que o presidente recebeu, permite
vislumbrar o homem e a sua época. Como se costuma afirmar sem
hesitação, Jango foi um grande ouvinte. Sabia escutar como poucos e
gostava de encontrar soluções para pequenas e grandes demandas. Não
ouvia apenas para se desembaraçar das pessoas. Tentava compreender
o que lhe era pedido. No plano político, como revelam muitas das

---

* Ver <http://www.fgv.br/cpdoc/acervo/dicionarios/verbete-biografico/clovis-
-coutinho-da-mota>.

respostas dadas a quem escreveu para ele, procurava manter coeso o universo intricado de alianças do qual dependia, em princípio, a sua permanência no poder. Tentava ampliar o leque de apoios formando novas lealdades à base de favores concedidos.

Jango sabia perfeitamente que a política não é uma ciência exata. Precisava de muita sensibilidade para medir o peso de cada evento. Parecia, contudo, ter uma métrica para determinados tipos de situação. Por exemplo, não deixar governador sem resposta imediata. Em 3 de maio de 1962, o governador do Paraná, Ney Braga, enviou telegrama de aplausos ao presidente da República. A assessoria de Goulart resumiu a mensagem nestes termos:

> Aplaude o pronunciamento do Sr. Presidente sobre a suspensão de nomeações durante o período pré-eleitoral, confia na condução do pleito, reitera seu apoio e confiança do povo em sua serenidade no caso de renovação do Gabinete, certo de que o Sr. Presidente saberá orientar a escolha do primeiro-ministro visando a [sic] atenção dos interesses Nacionais.

O presidente mandou responder. Era-lhe certamente prazeroso ler frases cristalinas e auspiciosas como esta: "Expresso minha confiança sua conduta pleito." A política exibe fartamente os seus paradoxos retóricos em manifestações supostamente triviais. Braga sublinhava que o parlamento escolheria um primeiro-ministro "que opte por administrar antes fazer política dentro alto gabarito Brasil seus homens públicos". O político negava a política. O mito da superioridade da técnica sobre a ideologia da política já impregnava o tecido social e até mesmo a consciência dos políticos. A expressão de confiança de Ney Braga, contudo, não era ingênua, e Jango sabia disso. Tratava-se de uma forma de fazer pressão.

A resposta do presidente joga com a mesma astúcia cortês: "Tive satisfação receber seu telegrama [...] vindo agradecer eminente Governador e prezado amigo suas palavras confiança e apoio este Governo." Em momento algum o telegrama de Braga expunha apoio ao "governo".

GOVERNADORES INDICAM E PEDEM

Limitava-se a suspostamente aplaudir uma decisão do presidente da República com o claro intuito de fazer ver ao chefe da nação o que dele se esperava e o que não encontraria respaldo caso ele optasse por caminho diferente. No jargão da política, Braga dera seu recado. Jango absorvera a mensagem e se permitira uma ironia.

Ney Braga aparece no arquivo de Wamba Guimarães com mais uma singela "sugestão" e uma discreta reivindicação: sugeria manter Cândido Mader na presidência do Instituto Nacional do Mate e reivindicava a presidência do Instituto Nacional do Pinho ao Paraná, ressalvando que não era por "empenho político", mas "em favor do Estado". Jango mandou responder ao "ilustre" governador que tinha o "maior interesse" em atender à solicitação.

Cada personagem carrega uma biografia que parece só esperar os momentos extremos para se manifestar como se tudo dependesse das circunstâncias para ganhar corpo. Tancredo Neves deixou o cargo de primeiro-ministro em junho de 1962. Para o seu lugar foi eleito, por 215 votos a 58, o gaúcho Francisco de Paula Brochado da Rocha, secretário do Interior e Justiça do Rio Grande do Sul, estado governado por Leonel Brizola.* Escolhido em 10 de julho de 1962, Brochado renunciou em 14 de setembro do mesmo ano. Não resistiu às pressões sindicais em torno do aumento do salário mínimo, que se queria de cem por cento, das reformas de base e da antecipação do plebiscito sobre o regime de governo, que aconteceria em 6 de janeiro de 1963. Ney Braga defendeu a posse de Jango depois da renúncia de Jânio Quadros, mas conspirou contra o presidente em 1964, segundo o general Ítalo Conti, que fora secretário de Segurança do governador do Paraná.** Braga participou de reunião com Magalhães Pinto, governador de Minas Gerais e chefe civil da operação, na véspera do golpe. Coronel do Exército, foi um dos primeiros governadores a se

---

* Ver <https://cpdoc.fgv.br/producao/dossies/Jango/artigos/NaPresidenciaRepublica/Os_gabinetes_parlamentaristas>.
** Ver <http://www.gazetadopovo.com.br/vida-publica/ney-braga-conspirou-contra--jango-em-1964-diz-general-da-reserva-bi6fltg5r0rn3bjz8bqjxymha>.

A MEMÓRIA E O GUARDIÃO

manifestar favoravelmente à tomada do poder pelos militares depois do 31 de março.

Poderia Brochado da Rocha, secretário do considerado incendiário Leonel Brizola, o intrépido cunhado de João Goulart, ser uma escolha técnica para o ideologizado Ney Braga? Não. O tempo se fecharia a cada dia e não haveria espaço para novos aplausos, simulados ou não. As necessidades do Paraná obrigariam Braga a fazer jogo duplo até o momento em que os dados estivessem lançados. Derrubado Jango, Ney Braga tornou-se ministro da Agricultura no governo do ditador Castelo Branco. Entre 1974 e 1978, seria ministro da Educação de Ernesto Geisel. Ainda voltaria ao governo do Paraná em 1979.

Cada político um estilo? Cada raposa uma pelagem? Cada homem uma abordagem, um jeito, uma estratégia? Uma das táticas para tentar fazer passar um pedido com certa leveza era o uso da "franqueza". Em certos casos, porém, a franqueza podia ser surpreendentemente verdadeira. Em 30 de março de 1963, um ano antes do fim, doze meses antes de os tanques do general Olímpio Mourão Filho descerem de Juiz de Fora rumo ao Rio de Janeiro para depor João Goulart, precipitando um golpe minuciosamente planejado por militares e civis, com apoio dos Estados Unidos da América e da imprensa brasileira, o governador do Rio Grande do Sul, Ildo Meneghetti, velho adversário do trabalhismo de Getúlio, Brizola e Jango, escrevia ao presidente da República para saudar a permanência de um gaúcho no Banco Nacional de Desenvolvimento Econômico.

Saúde,

Venho, com muita satisfação, congratular-me com o honrado Presidente pelo fato, que reputo auspicioso para o nosso Estado, da permanência, na presidência do Banco Nacional de Desenvolvimento Econômico, do ilustre Dr. Leocadio Antunes.

Homem de partido adversário, mas dotado de elevado espírito público, muito poderá contribuir, nessa elevada função, para que sejam atingidos os nobres objetivos do seu governo, de compreensão e colaboração, em benefício do Brasil e, logo, do Rio Grande do Sul.

Queira aceitar meus cumprimentos muito cordiais.

GOVERNADORES INDICAM E PEDEM

Um ano depois não haveria mais cumprimentos cordiais nem elogios à diversidade ideológica. O petebista Leocádio Antunes comandara em 1954 a campanha de Alberto Pasqualini ao governo do Rio Grande do Sul contra Ildo Meneghetti. A vitória coubera ao candidato da coligação Frente Democrática do Rio Grande do Sul, que aglutinava o PSD, a UDN e o PL. Novamente governador do estado, eleito em 1962, Meneghetti faria oposição cerrada a Jango ao longo dos anos 1963 e 1964. Assinou manifesto de governadores contra o governo João Goulart em 1963 e vociferou em telegrama a Auro de Moura Andrade, presidente do Senado, golpista de primeira hora, e Ranieri Mazzilli, presidente da Câmara dos Deputados, eterno substituto de presidentes vacantes, propalando a suposta "indignação e o protesto do povo rio-grandense frente aos ataques ao Congresso Nacional" e alertando em tom alarmista "para a inquietação e insegurança que vinham tomando conta de todos os setores da vida nacional, pondo em risco as instituições democráticas".*

No momento do golpe, retirou-se (fugiu?) para a cidade de Passo Fundo, no Rio Grande do Sul, de onde continuou a prestar seu apoio incondicional à ruptura constitucional e aos militares que odiavam as reformas de base e viam no governo de João Goulart um espectro comunista a rondar uma pátria de liberdade. Já não havia lugar para termos como "saúde" e expressões como "honrado presidente". João Goulart tornara-se para Ildo Meneghetti apenas o chefe de um país que precisava ser violentamente libertado da "demagogia, da inflação e da miséria política". O governo de Jango já não era de "compreensão e colaboração em benefício do Brasil", mas de ódio e desordem em nome de poucos. O antes ilustre e saudado Leocádio Antunes passaria onze tenebrosos dias nas famigeradas "dependências" do Dops, no Rio de Janeiro.**

---

* Ver <http://www.fgv.br/cpdoc/acervo/dicionarios/verbete-biografico/meneghetti-ildo>.
** Ver <http://www.fgv.br/cpdoc/acervo/dicionarios/verbete-biografico/leocadio-de-almeida-antunes>.

Na presidência do Banco Nacional de Desenvolvimento Econômico, Antunes lidava com as demandas e pressões dos poderosos. Recebeu a indicação de Mauro Borges, governador de Goiás, para instalar no Conselho de Administração do BNDE o engenheiro Almir de Oliveira Telles. Respondeu com franqueza: "Se dependesse de mim, mais do que nomeado, teria 'empossado' o Dr. Almir. Nada mais justo do que a participação de Goiás em nossas coisas." Havia, porém, um obstáculo: "A escolha e a nomeação são da alçada do Sr. Presidente da República, com quem, pois, deve o prezado amigo falar." Antunes dava o chamado caminho das pedras: "Permita-me opinar-lhe que o faça com urgência. Se fosse possível, seria vantajoso para o bom encaminhamento que falássemos previamente." Mauro Borges merecia toda a consideração: "Receba o testemunho de toda a minha admiração pessoal e a segurança da minha colaboração." A demanda foi obviamente submetida a Jango, que anotou: "Urgente. Para eu falar com Tancredo." O mineiro Tancredo Neves foi o primeiro-ministro na largada do governo parlamentarista, em 1961.

Se Leocádio Antunes cumpria o papel que lhe cabia, colaborando com os colaboradores do governo, o seu admirador no Palácio Piratini, sede do governo do Rio Grande do Sul, não andava longe em pragmatismo. Em 16 de agosto de 1963, apenas sete meses antes de declarar-se em guerra contra o populismo janguista, que supostamente assolava a nação, o governador Ildo Meneghetti, de retorno de uma viagem a Brasília, desmanchava-se em elogios ao presidente da República: "De regresso ao nosso Estado, na certeza de que Vossência está sempre atento aos problemas gaúchos, quero apresentar-lhe agradecimentos pelas providências que determinou favor RGS e pela acolhida e atenção que me dispensou." Era um estridente reconhecimento, não uma forma de pressão.

O mesmo Ildo Meneghetti enviava por telegrama, em outubro de 1963, quando tudo se precipitava, mas o tempo ainda não se tinha fechado, "vivos agradecimentos" ao presidente da República pelo envio do ministro da Viação ao Rio Grande do Sul como observador num momento de calamidade pública. Uma enchente devastara o Estado, atingindo principalmente a "classe humilde"; "trabalhadores e agricultores perderam tudo" e "moradias ficaram bastante danificadas" apesar da ajuda recebida do "glorioso exército nacional", da "valorosa Aeronáutica", da Cruz Vermelha, da Legião Brasileira de Assistência e da Petrobras, criada menos de dez anos antes. O governador gaúcho, "certo do apoio" do presidente num momento de "angústia e desespero", com grandes estragos e "recuperações avaliadas em mais de dois bilhões de cruzeiros", apresentava as suas "atenciosas saudações".

Não se esperaria de um governador de estado nem de um presidente da República atitudes e palavras diferentes em situações tão extremas. A antipatia de Meneghetti pelo governo de Goulart, contudo, já estava formada nessa altura do jogo. Como a enchente arrasadora que submergira especialmente a capital gaúcha, a crise política que viria com as águas de março e as nuvens de abril produziria danos de longa duração. A tempestade que se abateria sobre o Brasil em 1964 teria a participação do "glorioso Exército nacional" e da "valorosa Aeronáutica", assim como o beneplácito do atencioso Ildo Meneghetti.

Nem tudo era mau tempo nesses tempos de incerteza e grandes ambições políticas, época em que a política ainda desafiava a economia e pretendia impor sua visão de mundo com o objetivo de criar novos mundos muitas vezes improváveis ou impossíveis. Certas correspondências possivelmente alegravam Jango como se representassem a promessa de um imediato futuro melhor para o Brasil sofrido. Chegavam como anúncios de que o país encontraria o seu rumo e marcharia, enfim, para o progresso, ainda que precisasse de reformas estruturais. O presidente vibrou com uma carta, de 15 de março de 1962, do governador de São Paulo, Carlos Alberto Alves de Carvalho Pinto:

> Tenho a honra de encaminhar a Vossa Excelência, em anexo, 10 exemplares da mensagem por mim apresentada à Assembleia Legislativa de São Paulo, em 14 de março corrente, em cumprimento ao que determina a Constituição Estadual, mensagem essa relativa às atividades dos vários setores da Administração do Estado, durante o exercício de 1961.

A resposta de João Goulart destacava o aspecto "substancioso" do documento anexo, que refletiria a "notável administração" do governador paulista. Terá nascido aí o interesse do presidente pela capacidade de gestão econômica de Carvalho Pinto, político conservador, com raízes no integralismo de Plínio Salgado, ligado a Jânio Quadros? Em junho de 1963, ele se tornaria ministro da Fazenda de Jango com a missão gigantesca de estancar a crise, debelar a inflação, jugular o déficit público, promover crescimento e colocar o país nos trilhos. No curto período em que esteve à frente da economia brasileira, Carvalho Pinto enfrentou a resistência crítica de Leonel Brizola, deputado pelo Rio de Janeiro, que exigia outra política econômica para arrancar o país das suas desigualdades. Carvalho Pinto renunciou em dezembro de 1963. Em março de 1964, já integrava as forças golpistas. Em 1966, entraria para a Arena.*

Um relatório manuscrito, de 23 de julho de 1963, dá conta de um despacho de Carvalho Pinto com Jango. O ministro executava uma missão que dificilmente aplaudia.

> O ministro da Fazenda iniciou suas considerações aludindo às declarações do sr. Presidente da Rep. sobre a inadiabilidade das reformas de base, notadamente a agrária, que considera inseparáveis da política econômico-financeira, pois dos problemas de produção e de produtividade, há o de melhor distribuição social da riqueza para que o desenvolvimento econômico leve seus frutos a todas as classes sociais.

Todo o projeto de João Goulart está nessas poucas linhas: fazer o desenvolvimento econômico levar seus frutos a todas as classes sociais. Carvalho Pinto tinha de transformar essa utopia em realidade. Um dos instrumentos dessa realização era o Plano Trienal, concebido pelo ministro do Planejamento, Celso Furtado, centrado no controle da inflação por meio da redução do déficit público. Carvalho Pinto analisava o andamento do Plano Trienal com cautela e recomendava flexibilidade:

---

* Ver <http://cpdoc.fgv.br/producao/dossies/Jango/biografias/carvalho_pinto>.

GOVERNADORES INDICAM E PEDEM

> Iniciando a análise dos resultados do Plano Trienal em seus primeiros três meses completos de aplicação, mostrou que essa aplicação requer uma constante revisão de estimativas e providências [...] e anunciou os novos níveis fixados para o déficit do tesouro (Cr$ 316 bilhões em vez de Cr$ 300 bilhões), as ampliações de recursos para o setor privado através das Carteira de Crédito Geral e Crédito Aplicado e Industrial de acordo com as necessidades da produção e o balanço dos recursos necessários ao equilíbrio do orçamento monetário federal.

Para distribuir era preciso vontade política, crescimento econômico e redução do déficit público. Carvalho Pinto deteve-se ainda sobre comércio exterior, taxa de câmbio e no fato de que o governo estaria conseguindo implantar "uma política econômica coerente e uniforme em que o ministério da Fazenda e o Banco do Brasil obedecem a uma só orientação". O ministro admitia que ainda não era possível, nem o seria a curto prazo, dar a inflação por contida, mas julgava "inegável que a inflação se acha sob controle e que as altas de preços verificáveis são decorrentes da incorporação de custos".

Era uma ginástica retórica. A inflação não estava contida, mas sob controle, embora os preços aumentassem. Rapidamente Carvalho Pinto perceberia que entre o possível e o provável havia o concreto do cotidiano com suas resistências, imposições e divergências. O déficit e a inflação não pareciam dispostos a seguir o planejado.

A relação com Carvalho Pinto teve, porém, momentos de muita cordialidade e de interesses comuns. Em 22 de maio de 1962, o governador paulista convidou Jango para a abertura da VI Exposição Feira de Gado Leiteiro e de Cavalos Marchadores, no Parque da Água Branca, em São Paulo, "acontecimento do mais alto interesse para a economia agropecuária nacional" e do maior apreço pessoal do presidente, um eterno homem do campo no poder. Um compromisso pessoal obrigou Jango a recusar o convite.

Em algumas ocasiões a letra de Jango parece mais robusta e determinada. Em 22 de maio de 1962, abaixo de um telegrama de uma semana antes do governador de Goiás, o sempre presente e sentencioso Mauro Borges Teixeira, ele anotou: "Caillar falar Leocádio e responder." Leocádio Antunes, como se viu, era o presidente do BNDE. Borges queixava-se da falta de estradas para escoar a produção do seu estado: "Lamento informar [...] produtores grande território goiano e população Brasil seriamente prejudicados, retenção na fonte produtos básicos, alimentação, virtude falta estradas seu escoamento." O sobrenome do secretário pessoal de Jango era grafado de três formas: Cailar, Caillar e Caillard. Ele deixava.

O contundente governador trata de lembrar que nunca se pensou de fato numa solução para o problema rodoviário de Goiás e que não se pode ficar na dependência do capricho de um funcionário do BNDE. Indignado com um elo da cadeia por alguma razão não explicitada, mas imaginável, Borges recorre ao topo da hierarquia para buscar a saída que reputa urgente. Assegura não confiar em solução alguma sem a "interferência decisiva" do presidente da República. Jango sente a pressão e manda acionar o presidente do Banco Nacional de Desenvolvimento Econômico. O secretário Cailar Ferreira responde a Mauro Borges em 30 de maio de 1962. Busca tranquilizá-lo. O presidente deu orientação para que providências sejam tomadas. O Brasil é um gigante atolado em si mesmo.

O homem no seu labirinto, de um palácio a outro, de uma necessidade a outra, de uma carência a outra, de uma decepção a outra, precisa fazer muito, pode pouco. João Goulart conhece cada vez mais o Brasil depois que saltou da vice-presidência para o comando da nação. A cada dia, recebe uma profusão de cartas e telegramas que o informam do que não funciona, do que precisa ser construído ou reparado, do que é urgente ser feito ou refeito, do que a burocracia entrava ou ignorava, do que a falta de vontade política bloqueia ou dissimula, do que a população espera desde sempre e não vê surgir no horizonte do seu mandato. O presidente aprende sobre o país nas suas viagens, nas suas conversas e nas mensagens que lhe chegam. Reflete.

Lê correspondências à noite, despacha a qualquer hora, tenta ser justo, eficiente e estratégico. Precisa acalmar um Mauro Borges, aquietar um Aluízio Alves, cortejar um Virgílio Távora, receber um Ildo Meneghetti, aplaudir um Carvalho Pinto, driblar um Seixas Dória, satisfazer de alguma maneira os tantos pedidos de governadores, sempre fervorosos. Acusam-no na imprensa de não estar preparado para governar um país tão complexo. Ele não cessa de se preparar: viaja, recebe todo tipo de gente, lê, ouve, discute, examina, pede conselhos, pareceres, opiniões, comentários, indicações, palpites. Está cercado por uma equipe de ministros de grande capacidade intelectual. Mesmo assim, não dorme tranquilo.

Vive num turbilhão de emoções e de cobranças, de expectativas e de alertas, de perigos e de riscos a correr. A esquerda quer que acelere as mudanças. A direita exige que se contenha. Para uns, reforma é revolução. Para outros, nenhuma revolução basta. O cunhado Leonel Brizola o acossa. Tancredo Neves ainda o aconselha a ter calma. Tenta escutar mais do que fala, mas todos querem que se manifeste. Um presidente não tem direito ao silêncio. A sua palavra é aguardada para ser elogiada ou criticada, aplaudida ou destruída, valorizada ou ridicularizada. Um exército de jornalistas vive à espreita. Por qualquer coisa, vira charge, piada editorial. Há algo de ritual na fala do presidente. Ele recebe discursos prontos dos colaboradores, mas sabe que precisa improvisar. Cada palavra sua é dissecada como um rato de laboratório. Não pode errar. Não tem tempo para acertar.

Quando pode, busca o silêncio de uma pescaria ou a paz numa das suas fazendas. A natureza tem o dom de repor-lhe as energias. Carrega, contudo, correspondências para ler. Nunca consegue realmente desligar. Sabe que é presidente 24 horas por dia. Já aprendeu que nada do que diz é esquecido. Não ganha tempo empurrando o futuro com promessas. Elas batem e voltam em arrazoados obsequiosos e taxativos: todo aliado é um cobrador nato. Aprendeu com seu mestre Getúlio Vargas a arte da aproximação e do afastamento. A sua personalidade, porém, é menos enigmática e mais afetiva. Joga menos. Entrega-se mais.

Nas suas anotações, procura ser objetivo. Acaba sendo lacônico. Não perde tempo com ressentimentos ou com reclamações. Quando

A MEMÓRIA E O GUARDIÃO

necessário, pede informações aos seus assessores para que suas respostas sejam claras. Sabe mandar. Não precisa ser violento ou deselegante. Acusam-no de ser vacilante ou fraco. Não costuma tratar publicamente desse tipo de assunto. Oscila entre o temperamento caloroso e a introspecção. Em palanques, consegue atingir uma elevada temperatura discursiva. Tem algo do homem do campo, do homem da campanha, do fronteirista gaúcho, uma mescla de reserva e determinação, de retraimento e expressividade, de prazer na solidão e de alegria contagiante no convívio social. Mas também tem muito do homem que estudou e incorporou as regras do jogo social com suas artimanhas e modalidades.

A presidência da República é uma vitrine de tempo integral. Mesmo assim, tenta encontrar uma zona de sombra para proteger-se. Convive com os homens e mulheres mais importantes do país, tem acesso aos grandes do mundo, vive na alta esfera de uma sociedade cada vez mais exposta ao olhar do espetáculo. Apesar disso, continua a ser o que sempre foi, acessível a todos, espontâneo, intuitivo, afável. Deve sentir isso quando lê cartas com pedidos de gente simples e se sente compelido a atender. Deve saber que escutar é, ao mesmo tempo, um modo de realmente respeitar o outro e também de ganhar tempo.

Não é inocente. Joga o jogo como pode, tentando ganhar. Faz parte de um sistema, de um *modus operandi*, de uma série histórica, daquilo que se chama com certo realismo ou cinismo de política ou de poder. Um jogo no qual não se pode dizer tudo a qualquer hora e em que a dissimulação pode fazer a diferença. Terá plena consciência de que sua margem de manobra é restrita? Imaginaria outra dinâmica de relacionamento político? Compreende conceitualmente o papel que desempenha como articulador de uma cena baseada em alianças e favores?

De certo modo, a especificidade de Jango parecia estar em jogar o jogo sem se mostrar inteiramente consumido por ele ou totalmente submisso. Não se tratava de uma técnica para esconder o jogo. Ele estava no jogo, conhecia e aplicava as suas regras como um jogador

GOVERNADORES INDICAM E PEDEM

profissional, mas conservava uma aura, ou a silhueta do que podia ter sido essa aura, de singularidade ou de distanciamento, que alguns, especialmente na impiedosa imprensa lacerdista, confundiam com desinteresse, inapetência ou até com incompetência. A expressão corporal de Jango, como qualquer outra, era uma linguagem. O que ela dizia? Talvez simplesmente: eu sou. O quê? Esse que se mostra como é, que se revela como tal.

Nunca saberemos de fato o que Jango pensava quando lia as demandas e cobranças dos governadores que lhe acossavam com suas exigências, lembranças e indicações, especialmente de familiares, para postos bem situados na hierarquia dos cargos públicos. Um homem, porém, pode ser compreendido pelas suas decisões.

Chegaria o tempo das inquietações. Ildo Meneghetti, em setembro de 1963, telegrafaria para pedir suprimento de dinheiro à Caixa em função de uma corrida aos bancos provocada por "problemas relacionados situação nacional". O mesmo governador, em maio daquele ano, agradecia um financiamento do Departamento Nacional de Obras e Saneamento de 15 bilhões. A engrenagem parece ser sempre a mesma, embora com sobressaltos. Ainda em junho de 1962, Celso Ramos,* governador de Santa Catarina, outro que apoiaria o golpe midiático-civil-militar de 31 de março de 1964, pedia ao presidente a comezinha "substituição do engenheiro do 16º distrito do DNER e a nomeação para o cargo do engenheiro Elpídio Costa de Souza". Jango mandou Cailar tratar com o responsável no "1º despacho". A resposta fora cristalina: "Já falei pessoalmente."

As agruras do poder e a instabilidade que tomou conta do governo não pareceram abalar a rotina de João Goulart nem a sobriedade dos seus despachos. Se recebia pedidos bisonhos, como nomeações para cargos de quinto escalão, também convivia com um cerco nem sempre visível a olho nu, capaz de produzir resultados mais tarde. Havia quem semeasse para o futuro em cada demanda presente.

---

* Ver <http://www.fgv.br/cpdoc/acervo/dicionarios/verbete-biografico/ramos-celso>.

5. Magalhães Pinto pede, indica e trama

Personagem constante nas mensagens a João Goulart é o governador de Minas Gerais, José de Magalhães Pinto, que seria o líder civil do movimento conspiratório e golpista. Em 21 de janeiro de 1964, ele escreve ao secretário Cailar Ferreira para expressar ao presidente da República a "segurança" de seu "apreço e estima":

> Com a minha atenciosa visita, venho agradecer-lhe e, por seu intermédio, ao Excelentíssimo Senhor Presidente da República, a gentileza da atenção dispensada aos pedidos por mim encaminhados, relativamente a empréstimos hipotecários requeridos pelos Srs. Deputado Luiz Fernando Faria de Azevedo e José Mendes Faria.

O banqueiro Magalhães Pinto enviava mensagens polidas, pedia ajuda pública para amigos e conspirava freneticamente contra o presidente da República. Luiz Fernando Faria de Azevedo migraria do PSP para a Arena.

Em 5 de janeiro de 1964, apenas dezesseis dias antes do seu agradecimento com "apreço e estima" ao presidente da República pelos favores recebidos, Magalhães Pinto enviara-lhe um caudaloso telegrama sobre a questão da reforma agrária, o ponto nevrálgico que, quando pressionado, resultaria na queda do chefe da nação:

A MEMÓRIA E O GUARDIÃO

Como é do conhecimento de V. Excia., o problema da reforma agrária vem sendo encarado pelo governo de Minas Gerais dentro de uma concepção global que envolve todos os aspectos.

O tom seria de cautela, cumplicidade, aconselhamento e informação. O governador tateava, buscando não se colocar numa situação de flagrante oposição. Apesar da várias vezes referida coincidência de ponto de vista, a mensagem tinha por objetivo alertar Goulart para os perigos de uma reforma agrária pensada a partir do Planalto sem levar em consideração os proprietários rurais. Magalhães Pinto destacava sua opção reformista.

> A esse respeito, tive a oportunidade de apresentar a palavra esclarecedora, capaz de fixar a posição de meu Estado no assunto. Acredito que o posicionamento de V. Excelência está dentro dessa linha. Temos sido pregoeiros da necessidade das reformas. Nossa posição comum é a da inconformidade ante o quadro das distorções das estruturas socioeconômicas do país.

Um pouco mais e poderia ter dito: há reformas e reformas. Aceitava mudar, queria transformar, diagnosticava as distorções que emperravam o desenvolvimento do país, mas tentaria mostrar que o problema estava no método. A Constituição brasileira de 1946 previa pagamento prévio em dinheiro por qualquer desapropriação de terras para fins de reforma agrária. A Superintendência de Política Agrária (Supra), criada no governo João Goulart, defenderia o pagamento das terras com títulos da dívida pública como única forma de avançar. Magalhães Pinto, sem citar literalmente esse aspecto, trata primeiramente de situar o grande problema.

> Os operários nas cidades e nos campos, parcela maior da população brasileira, sofrem as consequências dos erros acumulados no processo de formação histórica da nacionalidade. Esses mesmos fatores negativos que impedem a valorização do homem, a conquista do progresso e do bem-estar social, são também vividos por todos quantos com

responsabilidades empresariais objetivam para as comunidades uma vida mais humana e justa.

Quem poderia, com algum senso de justiça e de respeito pela dignidade humana, contradizer esse tipo de afirmação? Era um discurso feito para soar bem aos ouvidos de um presidente ligado ao trabalhismo. Pouco mais de 32 mil proprietários, pessoas físicas ou jurídicas, controlavam cerca de 50% das terras agricultáveis do país. A criação de um verdadeiro mercado interno passava pela redistribuição da terra. Como? O governador de Minas Gerais salientava que o seu Estado estava na vanguarda do processo, que tinha solução para o dilema, reconhecendo as dificuldades do campesinato:

> É no meio rural, sem dúvida, que mais gritantes se apresentam as falhas da estrutura. O trabalhador do campo desprotegido e sem recursos vive em condições sub-humanas. Os fazendeiros, na sua maioria, enfrentam toda sorte de dificuldades, uma agricultura com índices de produtividade comprometedores para o país, numa época em que se reclama maior produção de alimentos para fazer face ao enorme desenvolvimento da população.

Aí começava a diferença de método. Se admitia a penúria dos trabalhadores rurais, Magalhães Pinto não deixava de salientar que os fazendeiros "enfrentavam toda sorte de dificuldades". Saltava do que era visto por seus aliados como maniqueísmo esquerdista para uma pretensa visão mais completa do fenômeno, "em todos os aspectos". O deslizamento conceitual tentava sem êxito ser sutil.

> Daí a imperiosa necessidade de reforma agrária, além do acesso à terra, há de considerar a infraestrutura, o crédito, bens de produção agrícola. Ela pode e precisa ser desenvolvida através de um planejamento que, longe de levar a inquietação e o desestímulo ao proprietário, possa carrear para o meio rural o sentido social da propriedade, sua segurança e sua justa vinculação aos que trabalham a terra.

No bom e direto português da época, Magalhães Pinto opunha ao que intuía ou sabia ser a reforma agrária da esquerda, reforma dos "comunistas", conforme a leitura frontal da direita reunida na UDN ou no PSD, uma reforma agrária liberal-conservadora feita sob medida para os latifundiários. Recusava uma fórmula nacional em nome da diversidade regional e das especificidades locais.

> Num país com dimensão continental a reforma agrária tem, portanto, de levar em consideração as peculiaridades regionais para evitar o malogro das soluções utópicas. A descentralização executiva da reforma agrária, pelos Estados, sob normas da União, é imposta pela própria realidade brasileira. Esta foi a tese apresentada por Minas e aprovada na primeira conferência de governadores, realizada em 1963 na cidade de Araxá.

A cada parágrafo, uma palavra ou frase aprofundava as diferenças entre os projetos em elaboração e assinalava com ferro em brasa a perspectiva ideológica de cada um. Não havia espaço para ambiguidades. Ao falar em "malogro das soluções utópicas", Magalhães Pinto desferia uma poderosa alfinetada nos denunciados diariamente pendores socialistas do governo João Goulart. O termo "utopia" não aparece por acaso. É um sinal de alerta. O governador opõe-se ao utópico com seu pragmatismo.

> Coerente com essa posição foi que sugeri a Vossa Excelência exame do problema em reunião conjunta dos secretários de agricultura dos Estados, com a presença do ministro da Agricultura. A sugestão mereceu a aprovação de Vossa Excelência e a reunião a ser marcada, inclusive com temário aprovado. A viagem de vários secretários de Agricultura ao exterior, todavia, forçou o adiantamento do encontro.

Nesse tabuleiro retórico, Magalhães Pinto quer mostrar que se apresenta para o jogo. Precisa indicar que, de fato, está disposto a bancar uma reforma agrária. Cita as providências adotadas para ir do utópico ao concreto sem causar "inquietações e desestímulos" aos produtores rurais. Quer uma reforma que todos aplaudam. Chega, enfim, ao ponto que jamais poderá ser superado.

> Agora quando a SUPRA elabora minuta do decreto para consideração de Vossa Excelência, verifica-se no meio o surgimento de intranquilidade e de temores quanto à não observância da descentralização executiva para o nível dos governos estaduais.

A reforma da Supra não pode satisfazer os latifundiários. É isso que diz Magalhães Pinto por meias palavras. A reforma dos proprietários rurais poderia satisfazer os trabalhadores sem um pedaço de terra para cultivar? Dificilmente. Naquele janeiro de 1964, Jango não sabe que está prestes a cair. Não pode certamente ver nas palavras polidas do governador de Minas Gerais um poderoso sinal de alerta. Se não mudar o projeto da reforma agrária feito pela Supra, ficará isolado.

> Consciente da importância de se conquistar o apoio da opinião pública para a formulação e a execução da reforma agrária, é indispensável que haja confiança na solução proposta.
>
> Dentro desse pensamento, Senhor Presidente, considero indispensável que, antes de se fixar medida definitiva, se procure conhecer e avaliar providências e programas que se executam nos Estados em matéria de formulação de política agrária, como acontece em Minas Gerais. Somente desse modo a União levará em conta as realidades regionais, evitando a onerosa superposição de órgãos, dispersão de esforços, conflitos de competência e injustiças de desapropriações por falta de conhecimento completo das condições locais.

Conquistar a opinião pública significava convencer as "forças produtivas da nação", o agora chamado agronegócio, e, por extensão, obter o respaldo da imprensa e das classes médias urbanas alarmadas com a ascensão do comunismo em tempos de Guerra Fria e de temor de uma "cubanização" da América Latina. Sem essa articulação de base o caminho ficaria aberto para a ruptura institucional que vinha sendo tramada desde o fracasso da tentativa de impedir a posse de Jango, em 1961, quando da renúncia de Jânio Quadros, ou, segundo o jornal *O Estado de S. Paulo*, desde janeiro de 1962.*

Magalhães Pinto avisava. Era fazer do seu jeito ou expor-se ao pior, a tal "intranquilidade" no campo. João Goulart era instado a optar entre a reforma agrária utópica das Ligas Camponesas de Francisco Julião e de certas alas do Partido Trabalhista Brasileiro e a reforma agrária dos amigos e aliados de um governador empresário. Ficar do lado "errado" poderia levar ao "traumatismo" social. Jango não podia saber que era um dos últimos avisos. Depois, um depois que seria tão próximo e tão distante, tudo se precipitaria sem retorno. Terá Jango pensado nesse longo telegrama quando subiu ao palanque para discursar no comício das reformas de base, em 13 de março de 1964, quando anunciou a distribuição de terras?

O sinuoso Magalhães Pinto dera o seu recado com alguns volteios típicos do seu tempo e em conformidade com o seu desejo de mostrar-se amistoso e colaborativo. Visto retrospectivamente, cada palavra era uma sirene:

> Minas Gerais, uma vez mais, oferece a sua contribuição para que, sem traumatismo no meio rural, se encontre a solução própria na formulação da política da terra.
>
> Tomo pois a iniciativa de sugerir a Vossa Excelência a convocação imediata da referida reunião, agora com a participação da SUPRA e a presidência do ministro da Agricultura, para o exame da viabilidade e das consequências em cada unidade federada [...].
>
> Traduzo nestas sugestões o anseio de tranquilidade e de trabalho do país e o profundo interesse que a todos nos inspira de reformular estruturas visando ao levantamento da condição social do homem brasileiro.

---

* Cf. Carta de 20 de janeiro de 1962 publicada no jornal *O Estado de S. Paulo* em 12 de abril de 1964. "Há mais ou menos dois anos, o dr. Júlio de Mesquita Filho, instado por altas patentes das Forças Armadas a dar a sua opinião sobre o que se deveria fazer caso fosse vitoriosa a conspiração que então já se iniciara contra o regime do Sr. João Goulart, enviou-lhes em resposta a seguinte carta..."

Na lógica do governador mineiro, a contribuição de seu Estado para evitar o "traumatismo" não fora aceita. Então Minas ofereceu a sua outra face: o golpe de 1964.

Havia, de fato, preparação de um golpe contra João Goulart desde antes de 1964? A pergunta está suficientemente respondida por historiadores. Muitas eram as articulações. O arquivo de Wamba Guimarães tem vários relatórios que foram enviados ao presidente da República.

PLANOS TRAÇADOS DURANTE A REUNIÃO DO GRUPO DE ARAGARÇAS

I – PLANO TERRORISTA

Na noite de 8 para 9/5/1963, houve a reunião citada no relatório anterior, no escritório de Arthur Rios, elemento íntimo das correntes golpistas, situado na Rua México 31. A referida reunião foi acertada entre Lacerda e elementos civis e militares que tomaram parte ativa nos movimentos de ARAGARÇAS E JACAREACANGA, tendo como principal objetivo a complementação dos planos de deposição do Presidente Goulart, ficando, entre outras coisas, estabelecido o seguinte plano para prática de atos terroristas:

I – Um grupo de elementos chefiado pelo Advogado LUIZ MENDES DE MORAES seguirá na próxima semana (segunda-feira, possivelmente) com destino a Brasília a fim de dar início à prática de terrorismo, sendo o local mais visado pelo grupo o prédio do Palácio do Congresso, onde serão colocadas várias bombas a fim de que suas explosões sejam atribuídas ao Dep. Leonel Brisola [sic], acusado de pressionar o Congresso para a votação das Reformas de base. Consequentemente, facilitaria o movimento já articulado para a mudança do Congresso para S. Paulo ou Guanabara;

II – Outro grupo, sob a chefia e orientação do Cel. Borges, executará no momento oportuno, o plano estabelecido na reunião e que consiste, no Campo dos Afonsos (não temos pormenores) uma ação "neutralizadora" da descida da Vila Militar. Citaram, durante a reunião, o nome do Cel. Schilling, da Vila, que passou a aderir ao movimento;

III – O Cel. Ardovino Barbosa já está organizando o seu pelotão para agir inclusive no Centro da cidade. Temos informações seguras de que a

A MEMÓRIA E O GUARDIÃO

sede da CNTI (CONFEDERAÇÃO NACIONAL DOS TRABALHADORES NA INDÚSTRIA) está sendo vigiada permanentemente, para que no momento preciso possa ser metralhada e depois ocupada;

IV – Está sendo esperada a chegada, a qualquer momento, do Brigadeiro Adil de Oliveira, para se avistar imediatamente com o Governador Lacerda, a fim de ser cientificado dos pormenores traçados na reunião;

V – Deverão, também, participar do plano terrorista asilados cubanos da confiança de Lacerda, segundo sugestão aventada entre os componentes da reunião;

VI – A partir de ontem, foi dado início à vigilância em torno da residência dos oficiais visados pelo grupo, destacando-se, em primeiro plano, a do Gen. Osvino, nas proximidades da qual os elementos de Borges encontram-se revezando na vigília, armados devidamente e dispostos a tudo.

Quase todos conspiravam. Atuava-se concomitantemente no plano político e eleitoral e na organização de uma operação armada contra o governo, como mostra outro informe, de 3 de maio de 1963:

ESVAZIAMENTO DA CANDIDATURA JK

O sr. Carlos Lacerda confidenciou a um amigo que o trabalho a ser feito no sentido de esvaziar a candidatura do sr. Juscelino Kubitschek será o lançamento de um outro candidato com bases populistas para dividir o trabalhismo. Deu a entender que teme enfrentar uma coligação de forças do tipo da que se formou para eleger JK em 55. Desse modo o Governador, desejando concorrer sozinho, com êxito antecipado está manobrando no sentido de "queimar" a candidatura de Ademar de Barros em favor da sua, isto é, no caso de haver eleições.

DANILO DESEJA CANDIDATAR-SE AO GOVERNO DA GB

O sr. Danilo Nunes* está procurando junto a elementos mais Íntimos do Governador conseguir seu apoio para candidatar-se ao governo da GB.

---

* O deputado Danilo Nunes, da UDN, se notabilizou por um panfleto de quarenta páginas, divulgado em 1961, intitulado *A ameaça vermelha*.

MAGALHÃES PINTO PEDE, INDICA E TRAMA

Em troca, tem dito que está em condições de coordenar grandes recursos financeiros para a candidatura de Lacerda à Presidência da República.

PROGRIDEM OS PLANOS DA "REVOLUÇÃO CONSTITUCIONALISTA". Sob pretexto de neutralizar, preventivamente, o "golpe comunista" – que afirma será desfechado brevemente sob Comando do Gen. Osvino coadjuvado pelos Ministros da Marinha e da Aeronáutica, teve início a arregimentação de forças chamadas "Forças Militares Democráticas" (nome conservado em sigilo) para se anteciparem e, num contragolpe, resolutamente defenderem a integridade da Constituição contra aqueles que desejam – dizem – comunizar o país. Para tanto, afirma o sr. Armando Falcão, já estão integrados no esquema da chamada "Revolução Constitucionalista" as forças sediadas em S. Paulo, Bahia, Paraná, Mato Grosso, Recife, Minas (parcialmente) e o Rio Grande do Sul, com a iminente substituição do atual Comando do II Exército pelo Gen. Penha Brasil já programada pelo Min. da Guerra. Na preparação da opinião pública de todo o país, será empregado o slogan "a Constituição é intocável".

O relatório fornecia todo tipo de detalhe: os chefes civis da "revolução" seriam Armando Falcão, Carlos Lacerda e Adhemar de Barros, com apoio da UDN, de Jânio Quadros e dos militares frustrados de 1961. Para os golpistas a nação encontrava-se "nesta situação [referindo-se à infiltração comunista], inclusive com o Congresso pressionado por forças comunistas porque a maioria desse mesmo Congresso não quis ouvir em 61 a palavra dos Ministros Militares". Ações seriam preparadas, sempre precedidas de "uma série de denúncias, que classificam como muito graves", a serem feitas pela imprensa manipulada pelo Instituto Brasileiro de Ação Democrática (Ibad),* acusando o governador pernambucano Miguel Arraes e o deputado Leonel Brizola de receberem carregamentos de armas cubanas. Se o relatório errava no varejo, acertava no atacado. Seria mais ou menos esse o caminho da minuciosa preparação da queda de João Goulart.

---

* Sobre o papel do Ibad, criado para fomentar o golpe, ver DREYFUS, René Armand. *1964: a conquista do Estado.*

A MEMÓRIA E O GUARDIÃO

Magalhães Pinto conspirava e despachava com a mesma desenvoltura. Por fim, despachou João Goulart. Antes disso, bombardeou-o com seus pedidos. Interessava-se por nomeações de militares e por empréstimos para pessoas físicas. Em 9 de setembro de 1963, enviou mensagem ao secretário Cailar Ferreira pedindo que agradecesse ao presidente da República pela autorização de empréstimo da Caixa Econômica Federal de Minas Gerais, no valor de 4 milhões de cruzeiros, concedida para o senhor Edgar Ferreira Duca. Na mesma data, outra mensagem agradecia pela liberação de empréstimo de 8 milhões de cruzeiros para Ari Fernandes da Rocha. Os seus pedidos eram ordens.

Ao "eminente amigo, presidente João Goulart", Magalhães Pinto pedia promoções para militares. Em 9 de novembro de 1962, solicitou o "obséquio" da elevação do coronel Frederico Adolfo Ferreira Fassheber, servindo na 4ª Região Militar, a general. No mesmo dia, postulou posto igual para o coronel Floriano de Faria Amado, lotado no Ministério da Guerra, no Rio de Janeiro, que servira muitos anos em Juiz de Fora, em Minas Gerais, e teve a sua promoção confirmada em 25 de janeiro de 1964. Por seu turno, já promovido, Fassheber seria "prefeito" de Juiz de Fora, cidade de onde partiu o golpe precipitado pelo general Olímpio Mourão Filho, por dez dias, em abril de 1964, indicado pelo "comando revolucionário".* O seu ato mais impactante teria sido exigir a exoneração de um certo jovem iniciante petebista chamado Itamar Franco da direção do Departamento de Água e Esgotos (DAE).**

O dinâmico Magalhães Pinto movia peças no tabuleiro de Minas Gerais, discutia, aconselhava, cobrava, indicava caminhos, posicionava-se e alertava o presidente da República dos perigos que o seu governo corria ao flertar com reformas mais "radicais". A sua mensagem sobre a reforma agrária, quando cruzada com esses dois exemplos, entre tantos outros informes que chegavam a Jango, de conspiração midiático-civil-

---

* Sobre Frederico Adolpho Ferreira Fassheber, cf. *Memórias da repressão: relatório da Comissão Municipal da Verdade de Juiz de Fora.*
** Cf. YAZBECK, Ivanir. *O real Itamar, uma biografia.*

-militar, revelam a situação explosiva em que se encontrava o país. As articulações golpistas faziam-se à luz do dia e a partir de vários pontos. Cercado no seu labirinto, Jango procurava a saída, apertava o passo para não ser alcançado, atendia pedidos, tentava estar atento a toda sorte de demanda, buscava se sentir em situação de normalidade. O caos batia à porta.

Quando o decreto da reforma agrária elaborado pela Supra foi, enfim, publicado, João Goulart recebeu, em 16 de março de 1964, entre incontáveis protestos, um telegrama de ruralistas de Dourados, no Mato Grosso:

> Imploramos todo o poderoso o inspire e faça reconsiderar ato assinatura decreto monstruoso que irá derramar sangue nossos filhos PT apelamos patriotismo vossencia também e pai PT Dom Carlos Schimdt Bispo Diocesano Celso Muller do Amral PTE associação rural Antonio Carvalho PTE Rotary clube Alberto Perdomo PTE Cia telefônica ER Nelson Araujo Medico Francisco Janjere Ruralista Teotorio Almeida funcionário Lazaro Sifrueintes ruralista Leite Cira ruralista EDUARDO CERZOSILMO PTE LIONS CLUB ANTENOR MARTINS JUNIOR RURALISTA JOAO GONZAGA RURALISTA GUSTAVO ADOLPHO PAVEL RURALISTA AMILCAR BERNARDES FERREIRA RURALISTA JOAO PROCOPIO DE MACEDO RURALISTA ILDO LUIZ DA COSTA RURALISTA JOSE FERREIRA RURALISTA ADADIO FERREIRA RURALISTA JOSÉ GONÇALVES DE MATOS RURALISTA HERMETE RIJOTTI RURALISTA GUMERCINDO FREITAS INDUSTRIAL OSWALDO WOLF VEREADOR JOSÉ DE MATOS PEREIRA RURALISTA NILTO DE MATOS RURALISTA MAURO MARTIN RIBEIRO RURALISTA IVO ROCHA RURALISTA JONAS TEIXEIRA SANTA RURALISTA JOAQUIM LOURENÇO FILHO MEDICO JOSE CERVEIRA ADVOGADO GARIBALDO DE MATOS FRANCA RURALISTA ANTONIO ANGUETTA RURALISTA FERNANDO CORREA RURALISTA ATALIBA ORLANDO VARGAS INDUSTRIAL ABDIAS LEITE INDUSTRIAL SMIANO CORREIA DE LIMA RURALISTA ALBANO JOSE DE ALMEIDA RURALISTA JOSE PROCOPIO MACEDO RURALISTA OLIMPIO DE ALMEIDA VELLOSO RURALISTA.

A MEMÓRIA E O GUARDIÃO

Entre os ruralistas, o bispo diocesano. A reforma agrária enfrentaria a resistência da Igreja católica conservadora apavorada com o espectro do comunismo. Não é improvável que Magalhães Pinto tenha soltado um: "Eu bem que avisei!"

O jornalista Pedro Gomes descreveu a engrenagem do golpe. Um dos primeiros encontros dos conspiradores mineiros, entre os quais o governador Magalhães Pinto, com o general Castelo Branco, que se tornaria o primeiro mandatário do regime de exceção, aconteceu em setembro de 1963: "Eram conversas em tom cauteloso, nas quais o General fazia recomendações de prudência aos impacientes, expondo os perigos de um salto no escuro, de uma legalidade em crise para a ditadura pura e simples, ou para a guerra civil"( ).*

O próprio Magalhães Pinto, no papel de raposa dissimulada, admitiu o seu jogo duplo: "Éramos pessoas falando linguagem diferente pela extrema diferença das nossas premissas. Ainda hoje não falta quem me queira situar nos fatos de então considerando somente os meus gestos e pronunciamentos de efeito público, as aparências que era preciso resguardar para não pôr o movimento a perder."** Foi assim.

Não se pode negar que Magalhães Pinto cumpria o ritual de enviar telegrama agradecendo pelos favores recebidos. Em 9 de setembro de 1963, ele pede a Cailar Ferreira que agradeça ao presidente da República pela "concessão empréstimo cinco milhões cruzeiros, através Caixa Econômica Federal de Minas Gerais, aos senhores José Israel Vargas e José de Matos Costa". Um cavalheiro.

---

* GOMES, in: DINES, 1964, p. 72. Examino detalhadamente esses aspectos em *1964: golpe midiático-civil-militar.*
** Ibid. p. 84.

6. JK também pede

Se Magalhães Pinto pedia, indicava, aconselhava e conspirava, Juscelino Kubistchek pedia e acreditava que poderia voltar ao poder nas eleições de 1965. Desde 1955, quando era candidato à presidência da República, JK escrevia a João Goulart, então presidente nacional do PTB, em tom da mais cristalina e pragmática franqueza, como se viu no episódio da partilha de cargos, no Triângulo Mineiro, que ficaria sob a responsabilidade do deputado Mário Palmério. Em 12 de março de 1955, como se viu, JK colocara os elementos de uma partilha de poder em pratos limpos em carta de cunho histórico datilografada em papel timbrado do governo de Minas Gerais.

A sua carta de acerto com o PTB antes do pleito serve aos estudiosos como uma cartografia da política brasileira. Permite uma arqueologia do fisiologismo. Cargos, posições e recursos foram negociados. A precisão fora total: ao PTB caberia um terço dos cargos públicos federais, assim como o Ministério da Agricultura e a Carteira Agrícola do Banco do Brasil. Porteira fechada.

Havia, porém, demandas republicanas. Em 28 de fevereiro de 1964, JK enviou mensagem a Jango pedindo ajuda para o "povo de Muniz Bandeira", em Minas Gerais, "atingido por cheia rio Jequitinhonha".

A MEMÓRIA E O GUARDIÃO

O telegrama revelava um aspecto administrativo curioso: Muniz Bandeira, recentemente desmembrada de Almenara, "não possui qualquer recurso para amenisar [sic] dolorosa situação". Era um erro como município independente.

Outros telegramas de JK eram menos nobres, como este, de 4 de novembro de 1963: "Agradeço eminente amigo autorização dada pedido Delamare de Abreu empréstimo CX Econômica São Paulo aquisição casa própria." Delamare de Abreu ficou famoso como o segundo a usar o nome de Ranchinho, integrante da dupla sertaneja de sucesso Alvarenga & Ranchinho. Um simples favor de admirador?

Em outros casos, JK praticava o mais tradicional apadrinhamento clientelista, em plena consciência do embaraço causado, tendo por parâmetro a sua experiência presidencial, advogando em nome da amizade e dos serviços prestados no passado e das relações de lealdade e de reciprocidade. É o que se vê no bilhete manuscrito, em papel timbrado com as iniciais JK e endereço e telefones do escritório do ex-presidente, de 22 de fevereiro de 1962:

> Meu caro Jango, o Carlos Neto Teixeira, amigo meu e seu, é candidato a agente do Loyd em Santos. Tenho naturais constrangimentos de aborrecê-lo com pedidos, pois sei quanto atormentam um presidente da República. Sou, entretanto, forçado a uma exceção. O Carlos é um excelente companheiro, dedicado ao extremo à causa que defendemos em 55 e depois em 60 e com todos os títulos para o cargo. Ficarei muito grato se o meu ilustre companheiro puder atendê-lo.

Em 9 de janeiro de 1963, com um pouco mais de formalidade no tratamento inicial, sempre em papel timbrado pessoal e com uma letra caudalosa, JK faz outra exceção, mais uma vez em nome dos princípios que lhe pareciam universais de amizade e de lealdade.

> Meu caro presidente João Goulart, com os meus afetuosos cumprimentos, assim como com a satisfação da sua grande vitória no plebiscito, venho rogar ao ilustre amigo que continue dispensando

ao Mendes de Souza o apoio que nunca lhe faltou da sua parte. Consta, não sei se com fundamento, que o governo pretende substituir todos os diretores de empresas, razão por que lhe venho pedir considerar o nosso comum e leal amigo Mendes de Souza para ficar fora dessa regra geral. Agradeço-lhe penhorado a atenção que dispensar a este.

Era o momento oportuno. Jango fora empoderado três dias antes com uma vitória acachapante, 80% de aprovação, no plebiscito que lhe devolveu poderes presidenciais. JK pedia proteção ao médico, seu compadre, Joaquim Mendes de Souza, que chegou a ser deputado federal pelo PTB, com o qual trocaria cartas desesperadas durante seu exílio na Europa. Em poucas linhas, exibia um imaginário político.

Atencioso e hábil na aplicação da etiqueta, JK não deixava de agradecer pelos favores recebidos. Em 8 de agosto de 1963, usa a linguagem telegráfica para marcar posição: "Queira prezado amigo e ilustre presidente receber meus agradecimentos gentileza atenção dispensada meu pedido liberar verba café e creia-me sensibilizado esse gesto." Juscelino também não se descuidava em relação aos votos de felicidades. Às vezes, com algum atraso. Em 5 de março de 1964, telegrafou a Jango: "Agradeço os cumprimentos e votos de Feliz Ano Novo e reitero os que formulei ao eminente amigo." Tarde demais. Em menos de um mês, ainda em março, o ano se perderia.

Juscelino exercia enorme influência. Seu nome pressionava. Um bilhete, cuja assinatura permanece indecifrável, não deixa dúvidas: "Presidente, o nosso JK chegou e está cada vez mais indócil no assunto presidência ONU. Acho que seria bom e útil chamá-lo a Brasília não só para conhecer sua opinião sobre o momento político, como para pô-lo em contato com o Hermes." Reflexão feita, o conselheiro ponderava: "Caso não pareça conveniente que seja chamado a Brasília, peço que mande o nosso Hermes telefonar pessoalmente a JK o mais cedo possível e combinar com ele os detalhes do lançamento da sua candidatura à presidência da assembleia da ONU."

A MEMÓRIA E O GUARDIÃO

Em maio de 1963, JK telegrafara a Cailar Ferreira agradecendo pela "gentileza dispensada processo 4300/62 referente meu colega Dr. Rubens Ferreira". O ex-presidente fazia o que todos se permitiam. Quando se sentia constrangido, gastava algumas linhas contextualizando a "exceção" e disparava a demanda. Pedir não impedia de mudar de lado ou de se sentir livre. Salvo para quem se encontrava em elo inferior da cadeia. Em 29 de março de 1962, Ranieri Mazzilli, que se apressaria em assumir o lugar de Jango em 1964, consagrando uma vacância ainda não consumada, agradecia em telegrama: "eminente amigo gentileza atenção dispensada meu pedido favor". Era uma fórmula que facilitava a comunicação.

Deposto João Goulart, JK votou, na eleição indireta, em Castelo Branco para a presidência da República.

7. Tancredo Neves pondera, presidente do STF agradece nomeação para a Petrobras

Magalhães Pinto conspirava, pedia e indicava. JK mais pedia do que sugeria. Tancredo Neves ponderava. Ministro de Getúlio Vargas, tendo participado da última reunião do ministério varguista, aquela que varou a noite de 23 para 24 de agosto de 1954, decisiva na solução para a crise de 1961, que o guindaria à condição de primeiro-ministro no primeiro gabinete formado por João Goulart, Tancredo praticava um estilo direto e mais informal. Em 21 de abril de 1963, exatos 22 anos antes da sua morte na condição de presidente da República eleito indiretamente e não empossado, o mineiro escrevia à mão a Jango.

Meu caro presidente, pelo Caillard, faço chegar às suas mãos carta que me enviou para lhe ser entregue pelo nosso prezado amigo Bolívar de Freitas que acaba de ser dispensado do seu posto em Beirute, um tanto "à galega".

Peço permissão para lhe ponderar que o ato de exoneração de Bolívar poderá lhe criar a curto e a longo prazos alguns problemas. a) ele é irmão do ministro Gonçalves de Oliveira, que tem sido voto certo nos problemas de interesse do governo, no Supremo Tribunal Federal; b) o Bolívar é pessoa da mais absoluta intimidade do JK; c) os deputados do P.R. mineiro que lhe estão dando o mais firme e decidido apoio serão frontalmente atingidos pelo ato, pois que o Bolívar é um dos seus dirigentes de Partido, em Minas; d) a repercussão do ato, na opinião pública de Minas, onde o Bolívar desfruta de profunda estima e do mais alto apreço, será das mais desfavoráveis ao governo. Sobre o caso é que me cumpre ponderar para sua decisão.

Formulando os mais sinceros votos pelo êxito de sua viagem ao Chile, que será mais uma bela página na sua nobre carreira de estadista. Aqui fica para o que der e vier o sempre seu Tancredo Neves.

O recado era uma aula de pragmatismo simples e astucioso: não se demite o irmão de um ministro do STF que vota em favor do governo em tempos difíceis. Ainda mais quando o demitido é adorado em seu curral, um curral imenso chamado Minas Gerais, de onde, menos de um ano depois, partiria o golpe que "demitiria" João Goulart. O ministro Gonçalves de Oliveira chegara ao STF por indicação de JK, um ex-presidente determinado a voltar ao cargo e que, pelo jeito, seria melhor não desagradar. Gonçalves de Oliveira renunciaria ao cargo, estando na presidência do STF, em 18 de janeiro de 1969, em protesto contra o Ato Institucional n. 5 (AI-5), que fechou o Congresso Nacional, estabeleceu censura à imprensa e interferiu no próprio Supremo aposentando os ministros Hermes Lima, Victor Nunes Leal e Evandro Lins e Silva.

Os mineiros davam trabalho ao gaúcho Jango. Tancredo Neves foi primeiro-ministro de 8 de setembro de 1961 a 12 de julho de 1962. Na condição de chefe de Estado, Jango mandou bilhete manuscrito ao chefe de governo, em 22 de março de 1962, pedindo atenção ao decreto sobre o salário mínimo. Advertia: "Veja o amigo que a situação tende a piorar." Lembrava: "É a justiça do salário a que eles têm direito." A mensagem foi repassada a Brasília por telefone no mesmo dia, segundo anotação à margem, para Mauro Salles, que era secretário do Conselho de Ministros.

Quem sofre pressão, repassa pressão. A bancada do PSD de Minas Gerais enviou ao primeiro-ministro Tancredo Neves, em papel timbrado

TANCREDO NEVES PONDERA, PRESIDENTE DO STF AGRADECE NOMEAÇÃO...

da Câmara dos Deputados, com assinatura de doze parlamentares, extensa lista de nomeações ou exonerações a serem feitas. Tancredo deve ter repassado a correspondência a Jango, o que mostra o funcionamento do parlamentarismo brasileiro, um semipresidencialismo de ocasião. A cesta de reivindicações mereceu uma lacônica anotação: "Guardar."

Indicava-se de diretor para a Estrada de Ferro Leopoldina a general para comandar o Colégio Militar de Belo Horizonte, de agente para a Delegacia do Tesouro Nacional em Minas Gerais a diretor do Serviço Nacional de Lepra. Para a Companhia Vale do Rio Doce pedia-se a exoneração do diretor, Oscar de Oliveira, e a nomeação do coronel Augusto de Lima Galvão, assim como a exoneração do diretor Mário Sampaio e a nomeação do engenheiro Aécio Ronald Gomes da Costa. Nada escapava. Eram mais de quarenta indicações precisas. Trabalho minucioso de aparelhamento.

As bancadas podiam ser vorazes e sedutoras no momento de apresentar as suas demandas mais banais e recorrentes. Em 17 de novembro de 1962, em papel timbrado do líder da maioria na Câmara dos Deputados, a bancada paraibana indicava para membro do Conselho Nacional de Economia o dr. Alcides Vieira Carneiro, do PSD, "brasileiro dos mais ilustres", cujos "inestimáveis serviços prestados ao país, na área do Executivo e do Legislativo", seriam do "inteiro conhecimento" do presidente da República. Acrescentava-se um curioso argumento certamente de grande valia: o indicado estaria atualizado em vários setores, "inclusive" em economia:

> Inteligência brilhante, cultura bem atualizada, inclusive no setor específico da economia, temos a convicção de que a nomeação do Dr. Alcides Vieira Carneiro, para esse alto posto, obteria grande repercussão em todos os setores da vida brasileira.

Ferrenho opositor do último governo de Getúlio Vargas, orador do Clube da Lanterna, grupo ligado a Carlos Lacerda, Alcides Vieira Carneiro foi nomeado, em fevereiro de 1966, ministro do Superior

Tribunal Militar.* Imortal da Academia Paraibana de Letras, Carneiro ficou famoso por ter afirmado num comício, em 1950, que até a chuva o aplaudia: "Pensava que falava apenas sob os aplausos dos homens, mas vejo que também falo sob as bênçãos de Deus que é a chuva que cria riquezas e transforma esse Nordeste na terra de Canaã."**

Todo mundo pedia e agradecia em papel oficial. Até o presidente do Supremo Tribunal Federal. Em 9 de julho de 1963, Antônio Carlos Lafayette de Andrada esparrama-se em agradecimentos pela nomeação de um amigo "comum" para uma diretoria da Petrobras.

> Cumprimentando o eminente Presidente desejo apressar-lhe o meu contentamento pela indicação do nosso comum amigo Galba Vianna para uma das chefias da Petrobras.
>
> O Galba, com quem venho mantendo, através de vários anos, convivência suficiente para julgar de sua capacidade de trabalho, inteligência e, sobretudo, probidade no exercício das tarefas que lhe são confiadas, tenho certeza, prestará ao meu Presidente, nessa nova função, os bons serviços que a mim vem prestando. É um dedicado amigo de João Goulart. Abordando sempre em nossas palestras, com segurança e patriotismo, os assuntos relacionados com a política do Petróleo em nosso País, credencia-se mais ainda ao posto para o qual foi indicado.

O sobrinho-bisneto de José Bonifácio de Andrada e Silva, o patriarca da Independência, não se constrangia em pedir um cargo de chefia para um amigo. Em 1969, porém, teve a dignidade de requerer aposentadoria do STF em protesto contra o AI-5. O nome de Galba Vianna perdeu-se na carne fria dos anos. Jango anotou laconicamente à margem do pedido com timbre e toga: "Wamba: arquivar."

---

* Cf. BELOCH, Israel (coord.). *Dicionário histórico-biográfico brasileiro: 1930-
-1983*, v. 1, pp. 646-647.
** Ver < https://dspace.stm.jus.br/bitstream/handle/123456789/50800/237biog%20
Alcides%20Vieira%20Carneiro.pdf?sequence=10&isAllowed=y>.

8. Políticos alertam, pedem e indicam

Chama a atenção a singeleza das correspondências de parlamentares endereçadas ao presidente da República. Seguem quase sempre um padrão: saudar, relembrar o combinado verbalmente, apresentar a lista de indicados em papel timbrado do parlamento. Em 17 de julho de 1963, um parlamento do que hoje se chamaria de "baixo clero" relembrava didaticamente as suas conversas políticas:

> Senhor Presidente
> De acordo com o entendimento que tive a honra de manter com Vossa Excelência, tomo a liberdade de fazer as seguintes indicações.
> Respeitosamente
> Deputado Dias Menezes, PTN-SP

Na sequência, entregava pronto o que desejava ver aceito, sacramentado de publicado:

> Autorizo, em caráter excepcional, a inclusão no quadro:
> IAPC
> Francisco de Assis Azevedo, Oficial de Administração, nível 14, S. Paulo.

Roberto Eduardo Lobo Del Campo, Técnico em contabilidade de nível 18, S. Paulo.
Antonio Ferreira da Silva, Oficial de Administração, nível 14, S. Paulo
Luiz Pardini, Fiscal de Previdência, nível 17.

IAPTC

Oswaldo Henrique Cunha Marcondes, tesoureiro-auxiliar, 4 C, em Presidente Prudente.

SAPS

Oswaldo Longati, Oficial de Administração, nível 14.

SUPRA

Antonio Ferreira Filho, Técnico de Imigração, nível 18, em Rancharia.
Raphael de Lala, Técnico de Administração, nível 14, em Presidente Prudente.
Antonio Carlos Roboredo, Oficial de Administração, nível 14.
Nelson Naves, Técnico de Imigração, nível 18.

IAPI

Ricardo José Azevedo, Contador, nível 17.
João Domingo Netto, Oficial de Administração, nível 14.

Os nomes de Roberto Eduardo, Oswaldo Longati, Roboredo e João Domingos foram assinalados à caneta, possivelmente por Jango, com um x. Dias Menezes cresceu à sombra de Jânio Quadros. Na ditadura, militou no Movimento Democrático Brasileiro (MDB). Notabilizou-se, em 1978, por ser o único deputado da oposição a votar favoravelmente à criação de uma pensão vitalícia para ex-presidentes da República. Queria presentear seu velho mentor, Jânio Quadros. Findo o bipartidarismo, fez o caminho inverso: filiou-se ao Partido Democrático Social (PDS), sucessor da Arena.*

Vez ou outra um deputado quebrava a rotina dos meros pedidos e indicações para fazer uma denúncia. De qualquer maneira, os fatos denunciados não fugiam à dinâmica da voraz ocupação de cargos no serviço público. O deputado estadual Saldanha Coelho, em papel timbrado da

---

* Ver <http://www.fgv.br/cpdoc/acervo/dicionarios/verbete-biografico/joaquim-mariano-dias-meneses>.

POLÍTICOS ALERTAM, PEDEM E INDICAM

Assembleia Legislativa da Guanabara, em 23 de outubro de 1963, "botava a boca no trombone", como se dizia na época, em relação a desmandos no Ipase (Instituto de Previdência e Assistência dos Servidores do Estado):

> Caro Presidente João Goulart
> Sou suspeito, por isto nunca lhe falei sobre o Dr. Clidemar [sobrenome quase ilegível] no Ipase. Fez o diabo conosco e só tem irregularidades graves e inimigos seus nos comandos.
> Em nome dos meus 21 anos de Ipase, peço-lhe que substitua aquele cavalheiro que é seu inimigo e também nosso do PTB.
> Quando eu puder lhe falar pessoalmente, darei detalhes de tudo. Seu amigo e admirador.*

José Saldanha da Gama Coelho Pinto, eleito pelo PTB, crítico ferrenho de Carlos Lacerda, líder do seu partido no parlamento, foi preso, cassado e demitido do Ipase, que tanto desejava limpar, com o golpe. Entrou na lista de 62 nomes ceifados, com a perda dos direitos políticos por dez anos, pelo ato n. 4 do Comando Supremo da Revolução, de 14 de abril de 1964. O primeiro dessa lista dominada por militares era o general Euryale de Jesus Zerbini. Havia ainda gente como Gregório Bezerra, Nelson Werneck Sodré, que se destacaria como historiador da imprensa brasileira, e Paulo Alberto Monteiro de Barros, que ficaria conhecido como crítico de televisão sob o pseudônimo de Arthur da Távola.** Saldanha Coelho refugiou-se no Uruguai. Premido pela saudade, voltou depois de publicar um livro. Foi preso em alto-mar. Solto, tratou de cuidar da vida. Com a anistia, recuperou seu cargo de concursado no Ipase. Leonel Brizola, no seu primeiro mandato como governador do Rio de Janeiro (1982-1986), aproximou-o ainda mais do seu passado saudoso nomeando-o diretor-geral de Previdência do Instituto de Previdência do Estado do Rio de Janeiro (Iperj).

---

* Ver <http://www.fgv.br/cpdoc/acervo/dicionarios/verbete-biografico/jose-saldanha-
-da-gama-coelho-pinto>.
** *Diário Oficial da União*, seção 1, 14/4/1964, p. 3313.

A MEMÓRIA E O GUARDIÃO

Mais do que denunciar chefes inimigos, os deputados escrevem mesmo é para pedir e indicar. O deputado Leite Neto, aquele mesmo ligado ao governador Seixas Dória, "solicita ao Presidente João Goulart a nomeação do dr. Olavo Ferreira Leite para o cargo de Diretor Regional dos Correios e Telégrafos de Sergipe". Em 25 de janeiro de 1963, Jango anota: "Evandro, converse com dep. Leite Neto sobre o caso." Mais um membro da ilustre família. O mesmo deputado "muito agradeceria ao Presidente João Goulart a nomeação de Joaquim Martins Fontes para o lugar de Diretor da Caixa Econômica de Sergipe – vago em virtude da morte do dr. Edelzio Vieira de Melo". Jango despacha: "Evandro, desejo atender." Dia de boa colheita.

A máquina dos pedidos é ilimitada: "O Deputado Gurgel do Amaral deseja ser aproveitado como Assistente Jurídico do Ministério da Justiça, na vaga do Dr. Roberto Iemin Filho. (Decreto em mãos do Coronel Cairoli)." Jango aquiesce: "Evandro, trazer-me decreto." Conforma-se: "Convém atender." O mandato do parlamentar findaria em janeiro de 1963. Era preciso conseguir emprego. O jornalista Gurgel passou pelo PTB, pelo Partido Republicano (PR) e pelo PSP. Em 1954, integrou a Aliança Popular contra o Roubo e o Golpe, coligação da UDN, do PR e do Partido Libertador contra o trabalhismo e o getulismo. Os slogans parecem se repetir eternamente, como se fossem uma deliciosa ironia: "candidatos honestos, incapazes de trair o mandato" e determinados a "combater o roubo e preservar as instituições democráticas".*

A retórica dos pedidos busca a clareza, a precisão e a concisão. A elegância não é prioridade. Em 23 de julho de 1963, o deputado Argilano Dario, representante do Espírito Santo, como ele destaca na assinatura, escreve a Wamba Guimarães, no meio do atribulado governo de Jango, deixando-o à vontade para acomodar os seus protegidos: "Pela ordem de preferência deixo a seu critério os nomes abaixo para aproveitamento, na forma do possível, como o amigo observou." O pedido indica o poder

---

* Ver <http://www.fgv.br/cpdoc/acervo/dicionarios/verbete-biografico/francisco--gurgel-do-amaral-valente>.

POLÍTICOS ALERTAM, PEDEM E INDICAM

acumulado por Wamba Guimarães. Deputados pediam diretamente a ele. Era tratado como amigo. Fica também sugerido o baixo poder de influência do parlamentar, que não tinha acesso direto ao presidente da República. A lista de indicados é um "case". O primeiro nome é de uma advogada. Afora o nível almejado, ou seja, a expectativa salarial, a função a exercer podia ser qualquer uma. A "doutora" estava disposta a ser "pau para toda obra" num confortável cargo público: "i – Drª Marília Fonseca (advogada) para qualquer aproveitamento, a partir do nível 14."

O segundo indicado tinha ainda menos exigências e expectativas: "ii – Salvador Pontes (técnico de eletrônica) – aceita qualquer designação." O terceiro também não impunha condições: "Jairo Pazzini (curso científico) – igualmente aceita o que surgir." O quarto nome traz uma qualidade que, em função da transparência, só pode ser explicada pelo imaginário e pelos valores da época: "Marina Dario Gonçalves de Sá – instrução secundária – minha irmã. Escriturária, atendente ou semelhante." É todo um mundo que se descortina: a política como instrumento de acesso a um emprego público. O nepotismo praticado como moeda corrente. Não fosse a gravidade do fenômeno, seria possível falar em quase ingenuidade da demanda. Na verdade, tratava-se de um sistema estruturado sobre a oportunidade e o oportunismo.

Ao lado de cada nome indicado por Argilano Dario aparece a palavra "Rio" anotada à mão. Dario foi deputado federal pelo Espírito Santo de 1962 a 1975 e de 1983 a 1987, primeiro pelo PTB e depois pelo MDB e pelo PMDB.

Se uns pedem ao assessor, outros vão direto à fonte e são tratados como prioridade. O deputado paraibano Luiz Bronzeado recomendou "Marino Marinho dos Santos para fiscal da Previdência, do IAPC, em Brasília". Jango, em 15 de julho de 1963, acionou seu secretário pessoal com um "urgente". Deputado pela UDN, Bronzeado era mais um político de percurso sinuoso: crítico de JK, apoiador de Jânio Quadros, com quem se decepcionou e a quem chamou de traidor pela renúncia,

A MEMÓRIA E O GUARDIÃO

favorável à estatização do petróleo e à reforma agrária, nos termos da Constituição de 1946, militou na Arena durante o regime militar.*

Parece evidente que João Goulart esforçava-se para satisfazer as demandas de oposicionistas de trajetória complexa ou contraditória em busca de possíveis apoios de parlamentares flutuantes ou maleáveis numa época de enormes dissensões e polêmicas no Congresso Nacional. Desde a chegada à presidência sabia que seria fundamental conciliar. Uma carta de setembro de 1961, véspera da posse do sucessor de Jânio Quadros, serve de marco para medir a pressão insinuante que o presidente sentiria.

> O Estado do Paraná, pelos seus representantes aqui assinados – representantes no Congresso Nacional e na Assembleia Legislativa –, encaminham ao Presidente João Goulart a seguinte respeitosa nota política:
>
> – Somos um Estado de tradições de luta em favor das grandes causas públicas, somos força econômica, força política e força de expressão eleitoral; não podemos, face à nova ordem, deixar de participar dos futuros conselhos da República; queremos também responsabilidade política e administrativa; queremos aceitar responsabilidade no sentido da consolidação do poder político e das instituições republicanas.
>
> – Falando em nome do povo paranaense e no sentido impessoal de cada signatário desta nota, outra coisa não pleiteamos que isto: ver o Paraná por um dos seus homens mais ilustres, com assento ao lado do Presidente da República no Conselho de Ministros. Não falamos impondo condições de diferenças partidárias; falamos em nome do povo paranaense.

A mensagem exala um pretenso patriotismo, enfatiza o seu caráter respeitoso, insiste que não se pauta por interesse partidário ou pessoal, fala em nome do povo paranaense e da grandeza do Paraná, destacando oportunamente que o Estado tem "força de expressão eleitoral". Não se pedem cargos, mas responsabilidades, inclusive administrativas.

---

* Ver <http://www.fgv.br/cpdoc/acervo/dicionarios/verbete-biografico/luis-da-costa--araujo-bronzeado>.

POLÍTICOS ALERTAM, PEDEM E INDICAM

Não se pleiteiam privilégios. Quer-se apenas ver um ilustre do Paraná "com assento ao lado do presidente da República no Conselho de Ministros", ou seja, na condição de primeiro-ministro. Assinavam o documento nomes de PTB, PDS, PDC (Partido Democrata Cristão) e PR (Partido Republicano).

Como não se impressionar naqueles tempos de bossa nova com o jogo de corpo do recado, insinuante, claro sem ser frontal, preciso sem ser impositivo, direto sem ser chocante, enviado no tempo mais do que oportuno da hora das definições, especialmente a do chefe de governo? Numa tradução vulgar, poderia ser assim: o Paraná não pedia cargos. Postulava o cargo. Apresentava-se para o "sacrifício". Aceitava assumir a grande responsabilidade.

Bem mais vulgares e diretos foram os representantes paulistas, em 2 de outubro de 1961, numa manifestação contundente de unidade suprapartidária e de objetividade:

> Os abaixo-assinados, deputados da Assembleia Legislativa de São Paulo e membros de diversos partidos políticos, associando-se ao interesse demonstrado pelo Partido Republicano de São Paulo, vêm à presença de Vossa Excelência para endossar, com empenho, a indicação de nosso companheiro, o deputado CELSO FORTES AMARAL, para integrar o Conselho Administrativo da Caixa Econômica Federal de São Paulo.
>
> Ao fazê-lo, desejam os signatários dizer da satisfação com que receberão o acolhimento desta indicação por parte de Vossa Excelência, não só pelo prestígio que incontestavelmente a medida acrescentará a esta Assembleia, como também pela certeza que os anima de que, como integrante daquele conselho, poderá o deputado Celso Fortes Amaral, mercê de sua capacidade e de seu alto espírito público, prestar os melhores e mais relevantes serviços àquele importante setor da administração federal neste Estado.

Nas assinaturas, em diversas cores e ideologias, enfileiram-se deputados e siglas, inclusive as mais opostas: PTB, UDN, PDC, PTN, PRP, PL, PSP,

PSB, PSD, PRT e PR. Quem era o homem capaz de reunir tanto apoio? Por que a aceitação da indicação para um cargo na Caixa Econômica Federal acrescentaria "incontestavelmente" prestígio à Assembleia Legislativa de São Paulo?

A relevância da sua indicação para a CEF permanece no tempo como um perfume que se volatilizou. Jango anotou à margem da robusta solicitação: "Fazer." No mesmo dia, a bancada do Partido Republicano na Assembleia Legislativa de São Paulo reforçou a indicação de Amaral com um discurso mais realista, porém menos convincente:

> A bancada do Partido Republicano de São Paulo, ciente de que é intenção do Governo federal instituir modificações na alta direção do Conselho Administrativo da Caixa Econômica Federal de S. Paulo, vem à presença de Vossa Excelência para indicar, com o maior empenho e real interesse, o nome do nosso companheiro Deputado CELSO FORTES AMARAL para ocupar um dos cargos daquele Conselho.
>
> Tratando-se de um cidadão honesto e trabalhador, que bem poderá representar a nossa agremiação política naquela importante autarquia, estão certos os que este subscrevem de que Vossa Excelência, em acolhendo a nossa indicação, não só dará ao Partido Republicano de São Paulo uma esperada demonstração de confiança e especial consideração, como também concederá ao nosso candidato uma desejada oportunidade de comprovar a sua capacidade e as suas reais possibilidades como administrador.

Fica claro que a nomeação honraria o PR, aumentando o seu cacife político, e seria uma oportunidade de demonstração das suas qualidades oferecida ao apadrinhado. Passava-se da vantagem incontestável para o governo ao pedido de uma chance para o indicado, de uma retórica altiva a argumento de carta de recomendação para conhecido necessitado de um emprego ou de boa missão. Celso Fortes do Amaral* elegeu-se

---

* Ver <http://www.fgv.br/cpdoc/acervo/dicionarios/verbete-biografico/celso-fortes-amaral>.

POLÍTICOS ALERTAM, PEDEM E INDICAM

deputado federal pelo PTB em 1962. Na ditadura, entrou na Arena. Foi cassado depois do AI-5. Na volta à democracia, retornou ao PTB.

Fazer ou não fazer suscitava emoções e rupturas. A equipe de comunicação do presidente anotou em certo momento recado do deputado Pereira da Silva, primeiro vice-presidente do PSD do Amazonas, sobre desconsideração com um protegido seu: "Em termos pouco corteses, protesta contra a dispensa do Dr. Álvaro Sinfrônio Bandeira de Mello do cargo de Superintendente da Zona Franca de Manaus, para ser nomeado em seu lugar o candidato do Governador e da Bancada do PTB na Câmara e no Senado." O que fazer? Dar aos seus ou aos teus? Francisco Pereira da Silva seria mais um a engrossar as fileiras da Arena.

O telegrama de Pereira da Silva rotulava a decisão de Jango de "revoltante injustiça" em favor de um protegido do governador Gilberto Mestrinho, cujas bancadas na Câmara dos Deputados e no Senado ameaçavam romper com o governo se não tivessem seu pleito atendido. O parlamentar cobrava favores passados: "Cometeu revoltante injustiça com aqueles que na última campanha presidencial, apesar acentuadas reservas, maioria correligionários, concluíram afinal pela inclusão seu honrado nome na chapa Marechal Lott como vice-presidente atendendo minhas ponderações." Apresentava tardiamente a nota: "Nada exigi ou obtive de Vossa Excia. por essa cooperação do mais alto sentido político." Revelava a sua expectativa frustrada: "Chegado porém Vossência ao posto mais alto da nação era de esperar não fosse anulada facciosamente nomeação feita pelo presidente Ranieri Mazzilli e de um pessedista aliado de Vossa. Excia. no Amazonas." A reprimenda era severa e transparente.

Bradava contra o atendimento de "política absorvente de ódios e perseguição partidária de que jamais se afastou insaciável governador Mestrinho". Condenava Jango por "grave profundo erro alimentando com atos de facciosismo partidário ódios de província em que se comprazem governadores de baixo gabarito". Destacava que o presidente fora empossado "no objetivo inarredável" de salvar a "nação dos horrores de uma guerra civil". Ironizava: "Faço votos que obtenha

A MEMÓRIA E O GUARDIÃO

proveitos seu ato político cuja mais alta bravura está exatamente em atingir companheiros nossos que veem sofrendo consequências ostracismo oito anos." Terminava com "atenciosas saudações" para realçar sua enorme raiva.

Gilberto Mestrinho,* eleito governador do Amazonas pelo PTB, em 1959, numa coligação com o Partido Social Trabalhista (PST) e com o Partido Social Democrático (PSD), teve os seus direitos políticos cassados por dez anos depois da instauração do regime militar. A sua vida política, porém, seria longa, agitada e bem-sucedida. Depois da redemocratização, governaria o seu estado por mais dois mandatos (1983-1987 e 1991-1995). Encerraria a carreira como senador pelo PMDB (1991-2007). Notabilizou-se, entre outros feitos relevantes, como grande defensor do desmatamento da Amazônia com fins comerciais.

Tudo chegava ao topo sem um filtro mais rigoroso. Em 23 de fevereiro de 1962, o deputado Manoel de Almeida escreveu ao presidente do Banco do Brasil, Ney Galvão, com um pedido especial: "Mui grato ficaria se pudesse contar com seu beneplácito no sentido de mandar nomear o snr. ABEL TEIXEIRA DA SILVA para o cargo de contínuo do Banco do Brasil em qualquer cidade de Minas Gerais." Manuscrito, um P.S.: "O presente pedido é de interesse do PTB de Araxá. Heli França, prefeito municipal." A carta migrou para as mãos do presidente da República. Jango despachou: "Caillar: pedir para atender se houver vaga."

Coronel da Polícia Militar de Minas Gerais, Manoel José de Almeida teve longa vida parlamentar na Arena.** Quantos pedidos de parlamentares que militariam nas hostes da ditadura! Às vezes, eram demandas de interesse coletivo, que mexiam com os brios de João Goulart. O deputado Ovídio de Abreu, em 23 de fevereiro de 1962,

---

* Ver <http://www.fgv.br/cpdoc/acervo/dicionarios/verbete-biografico/gilberto-mestrinho-de-medeiros-raposo>.
** Ver <http://www.fgv.br/cpdoc/acervo/dicionarios/verbete-biografico/manuel-jose-de-almeida>.

POLÍTICOS ALERTAM, PEDEM E INDICAM

pediu que se encontrasse uma "fórmula" para que fosse construída a estrada ligando Araxá e Franca. Jango anotou: "Para eu falar pessoalmente com Virgílio e com DNER." Outra anotação precisava: "Pedido diversos deputados de Minas." Abreu não demorou a receber um telegrama de Cailar Ferreira informando que a decisão já fora encaminhada com o ministro de Viação e Obras, Virgílio Távora. A cobrança de Jango deve ter sido forte.

A novela repete-se a cada capítulo. Todo pedido dá acesso a um pedinte e ao seu imaginário. O mineiro Ovídio Abreu,* líder do PSD na Câmara dos Deputados em 1964, filiou-se à Arena quando os sinos dobraram pela democracia. Os pedidos a Jango continuaram até o seu último dia no poder. Em junho de 1962, Jango debruçou-se sobre pedidos do deputado Aloysio Nonô. Ele indicava Aloísio Barroso para gerente da agência do Banco do Brasil de Arapiraca, em Alagoas, e Francisco Fernando Maia Costa para a portaria. Para a agência de Batalha, também em Alagoas, queria como gerente Flávio Ferreira Machado e como porteiro Ronivo Wanderley. Fazia também um pedido especial de promoção a subchefe de seção para Aloysio Ubaldo da Silva Nonô. Ele mesmo. Direto ao ponto.

Jango anotou laconicamente a sua decisão: "Diga ao Ney que desejo atender." Assim rodava o Brasil. Em 17 de julho de 1963, o deputado Aloysio Nonô indicava Ramiro Correia Lima e José de Oliveira Maia para atendentes no Serviço de Assistência Médica Domiciliar e de Urgência da Previdência Social (Samdu), criado por decreto de 1949. Jango autorizaria. Nonô emplacava. João Goulart ainda atenderia um pedido de Nonô para nomear Carlos de Castro Lima gerente do Banco do Brasil em Maceió.

Cada história com seu personagem. Cada personagem com sua trajetória e as suas marcas. Conhecido como o homem da gravatinha--borboleta, o bancário alagoano Aloysio Ubaldo da Silva Nonô, depu-

---

* Ver <http://www.fgv.br/cpdoc/acervo/dicionarios/verbete-biografico/ovidio-xavier--de-abreu>.

A MEMÓRIA E O GUARDIÃO

tado pela UDN no momento em que os militares tomaram o poder, defendia funcionários públicos e lutava por verbas para o seu estado. Ele fez o caminho inverso ao de muitos citados aqui: entrou no MDB quando os demais partidos foram extintos. Depois, curiosamente, passou para a Arena. Fundador do MDB, em seguida visto como fervoroso defensor do regime militar, não se adaptou ao AI-5. Foi cassado em 1969.* Complexo? Ou apenas um homem do seu tempo, esse tempo de relações e de favores oficiais, vivendo sempre à sombra do poder e buscando a boa sombra dos favores?

No tempo em que João Goulart foi presidente da República, de setembro de 1961 a março de 1964, o Brasil tentava, mais uma vez, entrar na modernidade e sair de si mesmo. Se desde o final dos anos 1950 descobria e aceitava a suavidade das vozes da bossa nova, com a doçura elegante do baiano João Gilberto, enfrentando a hegemonia dos vozeirões, na política ainda eram os "tenores" estaduais que davam as cartas e marcavam o ritmo. Esses caciques de voz impositiva controlavam as cordas do poder por meio de intrincadas relações de clientelismo. Depois de 1964, seria o ritmo dos coturnos.

A busca da modernidade despertava saudades do que ainda não era totalmente passado. Em 1961, a Estação Primeira de Mangueira ganhou o carnaval carioca com o enredo "Reminiscências do Rio antigo". A cidade era saudada como "tradicional", "o Rio antigo que não volta mais". Em 1962, a Portela, multicampeã no Estado Novo e nos anos de Getúlio Vargas ou de sua influência (1935, 1939, 1941, 1942, 1943, 1944, 1945 e ainda 1946, 1947, 1951 e 1953), levou o título com o tema "Rugendas ou Viagens pitorescas através do Brasil". Em 1963, Acadêmicos do Salgueiro ficou com a taça contando e cantando a vida de "Chica da Silva". A era Jango chegou ao fim, logo depois do carnaval passar, com a Portela lembrando "O segundo casamento de d. Pedro I". O Brasil tentava saltar para o futuro amarrado ao seu

---

* Ver <http://www2.camara.leg.br/atividade-legislativa/plenario/discursos/escrevendohistoria/Alagoas-Aloysio-Nono.pdf>.

POLÍTICOS ALERTAM, PEDEM E INDICAM

passado. O Rio de Janeiro ainda sofria com a mudança da capital para Brasília e chorava as suas mágoas sambando na avenida.

Não deixa de ser simbólico que Jango tenha caído logo depois de um carnaval marcado pela homenagem a um imperador que foi obrigado a abdicar e a partir para uma espécie de exílio dourado. Se os sambas-enredo eram ingênuos, com pouca crítica social, mesmo em "Chica da Silva", que falava dos "gemidos da senzala", a realidade brasileira cortava com um látego no dorso de uma maioria miserável. O paradoxo da situação de Jango era a sua condição de latifundiário reformador, fazendeiro rico disposto a fazer a reforma agrária para os pobres, o que só acentuava, aos olhos dos seus críticos, o seu "populismo", grave categoria de acusação brandida pelas elites contra políticos e políticas com viés social.

Num país de poucas expectativas de ascensão social, as relações de poder serviam de elevador. Era preciso um padrinho, com acesso ao presidente da República, para se conseguir, certas vezes, um modesto cargo de contínuo, atendente, enfermeiro, pequeno burocrata, bedel, fiscal disto ou daquilo. A segurança diante das incertezas da época consistia num emprego público. A margem de manobra do chefe da nação para nomear ou aceitar indicações era ampla. Nada disso era gratuito. Cada ajuda representava um voto. O afilhado pagava o padrinho com sua fidelidade.

A retórica das solicitações era variada. Em 22 de junho de 1962, Jango despachou um inusitado pedido de nomeação feito por certo Miguel Capobiango Filho: "Caillar, este é o nome do meu cunhado que o presidente pediu para nomear para a Caixa Econômica da Guanabara." Jango ironizou: "Caillar, não consigo adivinhar o nome. Próxima vez convém datilografar." O elevador funcionava atendendo todos os andares. Em 1963, Amâncio Arruda enviou telegrama para agradecer ao presidente pela "nomeação servente Banco do Brasil". A mensagem traduz um imaginário cristão dominante: "Deus recompensará Vossa Excelência, digníssima esposa e idolatrados filhinhos por mais este ato caridoso." Jango era visto pela elite como incompetente e

A MEMÓRIA E O GUARDIÃO

bêbado e pela parte mais pobre da população como um bom homem, caridoso e sensível.

Enquanto todos pediam e muitos recebiam, relatórios tentavam mostrar a importância da vinculação ao capital internacional e aos Estados Unidos da América:

> Entretanto, no caso brasileiro, o desejo de não sacrificar os padrões internos de consumo da sua população colidia, de certa forma, com a necessidade imperiosa de aumentar as poupanças globais do sistema, a fim de que não caísse a taxa de investimentos, responsável pelo aumento da Renda Nacional do país. Dessa maneira, a insuficiência da poupança dos residentes no país está sendo suplementada pelos capitais vindos do exterior, que nada mais são do que as poupanças de residentes em países desenvolvidos e trazem para cá, além de equipamentos de alta produtividade, as patentes, a técnica mais apurada, o know-how e a capacidade de administração, aumentando os investimentos e permitindo que o consumo da população brasileira se mantenha em níveis adequados, sem a necessidade de maiores sacrifícios. Surge, assim, muito nitidamente a função supletiva que o capital estrangeiro exerce em todos os programas de desenvolvimento econômico. Entrementes, a associação do capital estrangeiro ao capital nacional tende a ser cada vez mais comum.

Essa seria justamente a leitura contestada pelos setores mais nacionalistas que buscavam influenciar João Goulart na construção de um Brasil autônomo e capaz de dar saltos tecnológicos, educacionais, de desenvolvimento social e de autogestão econômica. O relatório em questão, porém, revela o grau de polarização experimentado pelo país enquanto uma parte dos parlamentares parecia se dedicar exclusivamente ao velho fisiologismo, ao tradicional clientelismo e ao exercício da influência:

> Embora em termos exclusivamente quantitativos seja relativamente modesta a soma do capital vindo do exterior, pois não é superior a 11% da formação bruta de capital fixo, é em termos qualitativos

POLÍTICOS ALERTAM, PEDEM E INDICAM

que aquela soma mais se destaca, pois se vem localizando em setores básicos da economia brasileira, principalmente em indústrias consideradas essenciais ao desenvolvimento econômico (estima-se que 80% do total dos investimentos diretos sejam destinados às indústrias de base), proporcionando, ainda, o surgimento de indústrias correlatas, beneficiárias do investimento inicial.

Os adversários de Jango e do seu governo trabalhista, sobretudo os militantes da estridente UDN, tendo Carlos Lacerda e os anticomunistas na linha de frente, viam como única saída para o Brasil o aumento da dependência nacional ao capital estrangeiro.

De outro lado, como observamos nos últimos anos, a queda nos preços internacionais do café e do cacau, produtos que contribuem com substancial quantidade de divisas na exportação total do Brasil, provocaria, principalmente no último quinquênio, uma redução de efeitos irrecuperáveis na capacidade de importar do país não fosse o influxo de capitais do exterior, que foi suficiente para manter praticamente inalteradas as importações, ajudando a eliminar um dos principais pontos de estrangulamento do processo do desenvolvimento brasileiro.

O elogio ao capital estrangeiro trazia junto uma explícita adesão ideológica aos instrumentos de controle e cooptação da América Latina desenvolvidos pelos Estados Unidos para barrar uma possível "cubanização" do continente. O samba deveria ceder lugar a outros ritmos.

Dessa forma, o capital estrangeiro vem exercendo uma importante função na evolução econômica do Brasil e é nesse sentido que o capital norte-americano e os homens de empresa dos Estados Unidos, que aqui vêm trabalhar e prestar a sua colaboração, procuram encaminhar as suas atividades e as atividades das empresas que dirigem. Ao lado da atividade que vêm desenvolvendo as empresas privadas no Brasil, aí está a "Aliança para o Progresso", formulada pelo Presidente John Kennedy, que proporcionaria recursos para a melhoria dos transportes, da alimentação, da habitação e dos serviços de água

A MEMÓRIA E O GUARDIÃO

e esgotos, setores em que o capital privado dificilmente viria a se localizar. Ainda recentemente, em meados de 1961, Brasil e EE.UU. concordaram em solucionar os problemas imediatos do balanço de pagamentos do Brasil, através do espaçamento da dívida global do país, transformada agora em compromisso a longo prazo, além de terem sido concedidos novos créditos, girando a operação total em cerca de 2 bilhões de dólares. Ao mesmo tempo e orientadas naquele mesmo sentido, as agências internacionais de financiamentos vêm aprovando várias propostas apresentadas por entidades brasileiras, privadas e públicas, auxiliando os programas de desenvolvimento social e econômico do país.

Deputados andavam, em paralelo a essas análises de conjuntura, procurando dar acesso a capitais nacionais a empresários amigos por meio da influência junto ao presidente da República. Em junho de 1962, o deputado Padre Nobre, seguindo o padrão de escrever depois de conversa preliminar com o presidente da República, detalhou as necessidades e valores de seus protegidos:

> De acordo com nosso entendimento anterior, trago-lhe o pedido de empréstimo pelo Banco do Brasil s.a., em favor de ECISA – Engenharia Comércio e Indústria s.a. – cujo capital é de Cr$ 100.000.000,00 (cem milhões de cruzeiros), situada rua Senador Dantas, 74, 12º andar – Rio de Janeiro – Gb.
> C.T.P. Construtora Terraplanagem Pavimentadora Ltda. – cujo capital é de Cr$ 50.000.000,00 (cinquenta milhões de cruzeiros), estabelecida à rua Franklin Roosevelt, 23 – 13º andar, Rio de Janeiro – Gb.
> As referidas firmas são coligadas e necessitam do empréstimo de Cr$ 80.000.000,00 (oitenta milhões de cruzeiros), que peço ao caro Presidente.

Jango anotou: "Caillar, diga ao Ney [Galvão, presidente do Banco do Brasil] que o Dep. P. Nobre vai à sua presença hoje... Peça todo o seu apoio." O petebista Padre Nobre, deputado por Minas Gerais, tinha crédito. Na ditadura, ele figuraria no MDB. Na redemocratização, en-

POLÍTICOS ALERTAM, PEDEM E INDICAM

traria no PDS, sucessor da Arena, e teria, em 1982, o seu nome lançado para suplente de senador em chapa com Magalhães Pinto, o chefe civil da operação que derrubou Jango. Como se diz popularmente, o mundo dá voltas. Magalhães Pinto retirou a candidatura. Nobre safou-se.*

Os alicerces da moderna administração pública, baseada em princípios como moralidade, transparência e impessoalidade, estavam em construção naqueles tempos turbulentos e abertos. Num ofício de 29 de março de 1963, o consultor Gilvan de Queiroz comunicava ao presidente da República o seu parecer sobre concursos públicos:

> Tenho a honra de restituir a Vossa Excelência o anteprojeto de decreto, em anexo, que dispõe sobre a realização de concursos para provimento dos cargos públicos e dá outras providências.
>
> Aprovo os termos emergentes, por jurídicos e condizentes à moralidade administrativa, e aconselho a Vossa Excelência em transformá-los em corpo de decreto regulamentar.

O decreto previa cortar o mal pela raiz: "Art. 1 – O servidor interino admitido ou nomeado até 1º de 1961 será inscrito ex-officio no primeiro concurso que se realizar para o cargo respectivo." Interinidades teriam prazo para terminar. Vagas não providas por concurso seriam fechadas. Uma revolução se realizaria por decreto?

> Art. 4º – Os órgãos da administração direta e os da administração descentralizada, sob forma autárquica, enviarão à Divisão de Seleção e Aperfeiçoamento do Departamento Administrativo do Serviço Público, no prazo improrrogável de 30 (trinta) dias, contados da publicação deste decreto, a relação dos servidores admitidos ou nomeados interinamente até a presente data, por classe ou série de classes, ficando obrigados a igual comunicação sempre que se verificar qualquer nova admissão ou nomeação em caráter interino.

---

* Ver <http://www.fgv.br/cpdoc/acervo/dicionarios/verbete-biografico/jose-de--sousa-nobre>.

A aprovação aliviaria o presidente da República de boa parte das indicações. Mas não de todas. Um deputado pedia empenho na escolha do dr. Carlos Geraldo de Oliveira para diretor da Faculdade de Medicina da Bahia. Ele recebera 25 votos, contra 15 (dr. Newton Guimarães) e 14 (dr. Epitácio). Já dirigia a instituição. O deputado Cunha Bueno (PDS-SP) pedia ajuda do presidente para receber importantes convidados estrangeiros:

a) Presidente da Câmara Municipal de Lisboa (Portugal).
b) Prefeito de Madri – Espanha.
c) Dr. Ferrenha Farinha, Presidente do Banco de Crédito Local. Referido convite foi formulado durante a permanência do Ministro San Tiago Dantas na pasta das Relações Exteriores, não se tendo realizado a viagem em virtude das dificuldades políticas internas.

Jango mandou encaminhar para o "professor Hermes". Primeiro-ministro entre 18 de setembro de 1962 e 24 de janeiro de 1963, Hermes Lima seria ministro das Relações Exteriores, ministro do Trabalho e chefe do Gabinete Civil no período João Goulart. Atuava em todas.

Favores não concedidos no devido tempo podiam voltar à pauta certamente por insistência de uma das partes numa cadeia de pressões permanentes. Em 13 de julho de 1980, Maurício Chagas Bicalho, então presidente do Banco do Brasil, enviou resposta a uma demanda de Antônio Scocco, prefeito de Catanduva, município de São Paulo:

Faço referência à solicitação que endereçou ao Exmo. Sr. Presidente da República, e que nos foi transmitida, visando ao aproveitamento do Dr. Gerson Sodré como Advogado deste Banco. A respeito, sinto informá-lo de que não me é dado, no momento, considerar a pretensão do recomendado, por estarem, de longa data, excedidos os quadros de nosso Serviço Jurídico. Fiz, entretanto, registrar o assunto no Gabinete, para apreciação, com simpatia, caso se ofereça oportunidade.

POLÍTICOS ALERTAM, PEDEM E INDICAM

Em 15 de março de 1963 o pedido aterrissou nas mãos de João Goulart, que despachou: "Caillar, falar Ney para autorizar sob forma de contrato." Ney Galvão, que mais tarde seria ministro da Fazenda de Jango, estava no comando do Banco do Brasil. O pedido passou a andar.

Todos os recursos são bons para legitimar um pedido que não decola. O papel timbrado da Câmara dos Deputados é um suporte que abre portas. A retórica também ajuda: "Valho-me do nosso líder Martins Rodrigues para recordar." A demanda vem legitimada pelo líder, com o peso do seu nome, e pelo atraso salientado no "recordar".

a) Nomeação do José Ferreira Keffer para a carteira de crédito geral, região de S. Paulo.
b) Indicação do Armando Simone Pereira para a Cosipa. O compromisso é antigo, como sabe, e o ARMANDO PRECISA DE SER AMPARADO.

Surtiu efeito. A necessidade de amparo a alguém, ainda mais da rede de vínculos políticos, mobilizava Goulart, que escreveu: "Ao ministro Santiago. Desejo atender. Simone Cosipa (1 lugar). 23/5/63." Um pedido exigia acompanhamento, insistência, retorno, desfecho. Se alguns precisam de amparo, outros almejavam instalar-se em altos cargos. O deputado gaúcho Egon Renner, do Partido de Representação Popular (PRP) – que lançou Plínio Salgado, líder do fascismo brasileiro, à presidência da República, em 1955 –, sugeriu Francisco Vianna Filho para a presidência do Banco Nacional de Crédito por ter certeza de que ele cooperaria "decisivamente para a finalidade daquele banco".

Quanto mais padrinhos, melhor. Conceição da Costa Neves, parlamentar de São Paulo, indicou Cassio Ciampolini para o cargo de Diretor-Superintendente da Estrada de Ferro Santos-Jundiaí. A resposta seria que já estava trabalhando em "outro lugar a pedido Ulisses". O deputado Ulysses Guimarães ocupava na época o Ministério da Indústria e Comércio no gabinete comandado por Tancredo Neves. Conceição da Costa Neves, conhecida na carreira de atriz como

A MEMÓRIA E O GUARDIÃO

Regina Maura, ligada à companhia teatral de Procópio Ferreira, migrou para a política e foi eleita pelo PTB e depois pelo PSD. Ela seria a primeira mulher a presidir, nos anos 1960, um parlamento no Brasil, a Assembleia dos Deputados de São Paulo. Entraria no MDB e combateria a ditadura, sendo cassada e perdendo seus direitos políticos por dez anos.

Cada telegrama que chegava com indicações era catalogado numa espécie de ficha datilografada para ser apresentado ao presidente da República. Eis o modelo:

> DEPUTADO MIGUEL JORGE NICOLAU
> Indica com empenho, em seu nome e no da bancada do PTB, de São Paulo, o Sr. Homero de Almeida Guimarães, para o cargo de Delegado Regional do Departamento Nacional de Seguros Privados e Capitalização, em São Paulo.

A demora em responder suscitava cobranças formais, ou seja, na forma de um telegrama insistindo na questão:

> Senador Menezes Pimentel
> Reitera indicação de nome de Dr. Crisanto Holanda Pimentel para a Delegacia do Ministério da Indústria e Comércio, no Ceará.

A resposta podia ser favoravelmente desconcertante: "Já foi feita nomeação". Um senador, em bilhete com letra exigindo aula de caligrafia, pedia a Cailar Ferreira, em dezembro de 1961, que interferisse junto a Jango para incluir o capitão de fragata Luiz Sanchez "na turma de oficiais da Marinha que deverá fazer o curso de aviador naval" em 1962. O protetor apresentava as qualidades do protegido: "brevetado nos Estados Unidos, com brilhante folha de serviços prestados, tendo sido, inclusive, o encarregado do planejamento da ponte aérea do porta-aviões *Minas Gerais*." Quase tudo, do mais banal ao mais complexo, passava pela mão do presidente.

A resposta, no caso do afilhado do senador Lima Teixeira, foi inesperada: "o assunto foi encaminhado ao Exmo. Sr. Ministro da

POLÍTICOS ALERTAM, PEDEM E INDICAM

Marinha, que mandou estudar a possibilidade de atendimento", mas "nenhum curso de aviador naval está planejado para 1962 em Pensacola, Flórida, Estados Unidos da América do Norte". Nesse sistema hologramático, o todo aparece em cada parte. O sistema revela-se por inteiro nos detalhes de cada situação particular. A engrenagem domina seu operador.

Cada setor da máquina pública enfrentava problemas colossais. Um ofício do presidente da República remetido ao general de Exército Oswaldo de Araújo Motta, chefe do Estado-Maior das Forças Armadas, revelava um oceano de problemas e de nuvens carregadas de densos temporais.

1. Não se adotou, até o momento, solução definitiva para o problema da aviação embarcada, que vem agravando as relações de convivência, nas Forças Armadas, entre a Marinha e a Aeronáutica. Não pode, entretanto, ela, retardar por mais tempo. Qualquer atitude protelatória desservirá à unidade que deve existir, acima de tudo, entre as forças militares incumbidas de "garantir os poderes constitucionais, a lei e a ordem", nos termos da Constituição.

2. Não desejo, assim, o recrudescimento de divergências antigas, que se desenvolvem de longa data, atravessando governos anteriores, como fonte permanente de atritos, e que necessariamente hão de gerar um ambiente de intolerância e de paixão, que nos cumpre impedir a todo custo.

3. O assunto tem sido objeto de nossa preocupação conjunta, nos despachos de Vossa Excelência comigo ou nas comunicações que me tem enviado, dando conta, no particular, de um clima desagradável à unidade das Forças Armadas que encontrei ao assumir a chefia do governo.

4. Como, de logo, no passado, não ficou estabelecida a orientação, decisiva e inequívoca, reguladora da aviação embarcada, ocorrências sucessivas, ao longo dos anos, teriam, inevitavelmente, de exacerbar ânimos. A aquisição do navio-aeródromo *Minas Gerais* em 1956, a formação de aviadores navais no

A MEMÓRIA E O GUARDIÃO

exterior a partir de 1960, as compras discutidas de material aeronáutico, inclusive de aviões, pela Marinha, acabaram por constituir motivo de fortes desinteligências, que culminaram em publicação inoportuna, que a imprensa recentemente veiculou, e que não convém à harmonia das Forças Armadas.

5. Peço, pois, ao eminente Chefe do EMFA – órgão, segundo a lei, que tem por objetivo "preparar as decisões relativas à organização e emprego em conjunto das Forças Armadas" – que submeta ao meu exame, no prazo, que desejo improrrogável, de trinta dias, a opinião conclusiva dessa Chefia em torno do assunto, fixando, entre os critérios divergentes, isto é: 1) o de que cabe à Aeronáutica, com exclusividade, o provimento de material e tripulações das Unidades Aéreas; 2) o de permitir que a Marinha organize e mantenha, com seu pessoal e material, a aviação embarcada; 3) o de autorizar a Marinha a dispor, apenas em seus navios, de aeronaves operadas por seu pessoal – aquele que aparecer a esse Estado-Maior o exato, o mais correto e o melhor para a Nação.

6. Prefiro não considerar solução provisória. A matéria já não comporta medida transitória e de compromisso eventual. É preciso adotar a Doutrina militar definitiva que, não ficando sujeita a flutuações inconvenientes, extinga o problema e estimule os sentimentos de fraternidade de que tem presidido, até aqui, o comportamento dos brasileiros integrantes das Forças Armadas.

Teria o capitão de fragata Luiz Robichez Sanchez consciência de tudo isso? Estaria a par dos conflitos que minavam o relacionamento dentro das forças armadas? João Goulart era obrigado a ter conhecimento desses aspectos todos e a agir quando sentia ser fundamental arrumar a casa. Junto com os pedidos chegavam-lhe diariamente os relatórios, os informes, os comunicados, as análises de conjuntura, os pareceres, os aconselhamentos, os jornais, um bombardeio incessante de papéis urgentes e fartos.

Um mapa pode talvez superar o território em precisão de detalhes destacados para mostrar as saliências do relevo. O conjunto, inalcançável na sua extensão natural, pode ser realçado com uma boa escala. Teria João Goulart a visão panorâmica do que acontecia no país naqueles anos de turbulência e incerteza? Conseguiria, mergulhado em tantos papéis, abraçar a complexidade do real? Reagiria, em algum momento, à enxurrada de pedidos feitos em papel timbrado da Câmara dos Deputados, do Senado, do Supremo Tribunal Federal ou das Assembleias Legislativas, com indignação? Ou tomaria cada pedido como uma oportunidade de atualizar o sistema no qual estava imerso? O que sentiria tendo de autorizar a nomeação de um contínuo como parte de um sistema de reciprocidade política?

O ofício do presidente ao chefe do Estado-Maior das Forças Armadas descobria mais sobre o seu governo do que uma série de reportagens investigativas. O chefe da nação preocupava-se em controlar no meio militar "divergências antigas", poderosas contendas "que se desenvolvem de longa data, atravessando governos anteriores", atuando corrosivamente "como fonte permanente de atritos, e que necessariamente hão de gerar um ambiente de intolerância e de paixão, que nos cumpre impedir a todo custo". Evitar a polarização nas Forças Armadas, era essa a preocupação.

Como, porém, cuidar só do essencial? O arquivo guardado por Wamba Guimarães é uma caixa de Pandora e um baú de incógnitas. O que faz ali o currículo do deputado Benjamin Farah? O que realça esse currículo destinado a convencer um presidente da República? "Deputado eleito 5 (cinco) vezes pela Guanabara. Único Deputado Constituinte da Guanabara. Único Deputado Constituinte eleito pelo PTB, em 1962. Autor de grande número de leis para militares, funcionários, trabalhadores e estudantes."

Já é bastante. Não é tudo. Alguns itens procuram mostrar o engajamento social e cultural do petebista: "Lecionou em muitos ginásios do Rio de Janeiro; e, desde 1940, é professor do Colégio Pedro II. Foi o Deputado que desfraldou a bandeira, com memorável campanha, na Câmara e nas ruas, pela gratuidade do ensino na Universidade do Brasil." Certos aspectos descortinam a realidade da política nos seus violentos bastidores: "Não tem nenhum inimigo dentro da bancada do

PTB e tem trânsito em todas as bancadas." Não ter inimigos internos era digno de figurar em CV. Retrato em preto e branco de uma época. O currículo indicava também que Farah havia sido "eleito 2º Secretário da Câmara, em 1955, desempenhando intensa atividade, pela posse dos eleitos, nos agitados dias de novembro daquele ano". Outra fotografia de um tempo em que maioria de votos na urna podia não significar eleição e fazia-se necessário empenhar-se pela posse dos eleitos.

O CV de Benjamin Farah ainda listava coisas variadas: "visitou diversos países da Europa, da Ásia e da América. Representou a Câmara na 51ª Conferência Interparlamentar, realizada na Bélgica, em 1961. Por delegação da Comissão de Segurança Nacional, visitou as bases de defesa da América do Norte." Era um pedido de autoindicação? Uma recomendação? Uma demanda de Jango para alguma missão? Farah foi designado, em março de 1964, "como observador parlamentar na I Conferência Mundial de Comércio e Desenvolvimento, realizada em Genebra".* Estava no exterior quando o golpe aconteceu.

Não é despropositado fazer uma pergunta aparentemente retórica: quem era o homem que respondia a todas essas demandas infindáveis? João Goulart assumiu a presidência da República aos 42 anos de idade. Há uma controvérsia sobre a sua verdadeira data de nascimento, que seria em 1º de março de 1919, não em 1918. Seja como for, era um homem jovem, aos 42 ou 43 anos, na chamada idade da razão, em meio a um turbilhão de emoções e de paixões desenfreadas. Sabe-se que sua grande qualidade era a capacidade de escuta, que sabia se manter em silêncio, atento aos sentimentos dos outros, que podia ser comunicativo e alegre ou introspectivo e cauteloso, que podia ser afetuoso e terno ou objetivo e firme nas suas respostas, que não tinha pressa em decidir nem gosto em protelar o que pudesse resolver, que sabia o peso da sua responsabilidade: tentar arrancar da miséria e da desigualdade um país acostumado a patinar na sua lama.

---

* Ver <http://www.fgv.br/cpdoc/acervo/dicionarios/verbete-biografico/benjamin-
-miguel-farah>.

POLÍTICOS ALERTAM, PEDEM E INDICAM

Os sistemas de reciprocidade e de lealdade enraízam-se no tempo e disseminam-se na tradição ibérica como ramificações de um modo de ser em sociedade. Jango foi educado na região da campanha gaúcha, na fronteira do Brasil com a Argentina, espaço de vínculos alimentados historicamente como "naturais". Na fala gauchesca, lealdade e amizade costumam aparecer como valores cardeais, escondendo a ideia mais crua de dever de fidelidade. Nessa relação entre desiguais, que podem compartilhar momentos de sinergia, cada elemento deve apoiar o outro. O patrão ampara o empregado, que lhe paga com uma adesão canina. Não se trata de dissolver a separação estrutural de base, mas de transformá-la numa simbiose. Um precisa do outro, mantendo-se a desigualdade.

Homem do campo até o fim da vida, Jango compreendia esse dialogismo como extensão de uma família ampliada. Sentia-se obrigado moralmente a resolver a situação de alguém que pedia para ser nomeado como atendente, contínuo, subalterno. Tinha consciência do preço implícito de cada nomeação. Não se restringia, contudo, ao cálculo político de cada "colocação". Numa cultura de favores, amizades, laços, relações, prestações e contraprestações, sobrava um espaço para a ajuda baseada na memória da infância e da adolescência no campo. Nas fazendas de Jango haveria sempre agregados, homens vivendo à sombra de um senhor generoso pagando pela proteção com serviços e especialmente com afetos.

Os pedidos não escondem, em certos casos, o aspecto familiar dos vínculos. Num bilhete manuscrito pede-se a nomeação para Belo Horizonte de Maria Magdalena Quintão Castro, Augusta Quintão Castro, Antônio Sebastião Quintão Castro e José Guido Quintão Castro. Ao lado dos dois primeiros nomes Jango anota sobriamente: "Fazer ato."

Nem toda recomendação presidencial garante o lugar desejado. Em de março de 1963, Geber Moreira, presidente do Instituto de Aposentadorias e Pensões dos Empregados em Transportes e Cargas (Iapetec), comunica Wamba Guimarães que "a solicitação de Vossa Senhoria, constante da carta de 8.6.62, favorável ao aproveitamento da Dra. ECI Firmino, como médica deste Instituto, infelizmente não pode ser atendida, em face da proibição de nomeações contida no Decreto n. 51623 de 14.12.62". O governo ainda se atrapalha com suas próprias medidas e avanços. O responsável pela negativa, conhecedor do espírito do tempo e da natureza da política de então, permite-se quase uma confissão de descrença na perpetuação do tal decreto restritivo: "Todavia, o nome da interessada será mantido sob anotação para oportunidade mais favorável."

Tudo poderia mudar para voltar a ser como ainda era. Não seria um decreto racionalizador a anular uma história de favores. O pedido, vale destacar, estava datado de seis meses antes da emissão do decreto. As respostas, como se vê, podiam tardar, tornando caducas as esperanças. Uma "oportunidade mais favorável" poderia surgir. Em política, ainda mais naqueles tempos, dificilmente uma porta fechava-se para sempre. As frestas eram muitas.

Cada ocasião podia ser muito boa para apalavrar um favor a ser relembrado na forma e no momento oportunos:

> O deputado federal FRANCISCO ADEODATO, esclarecendo já haver falado com o Sr. Presidente, pede encaminhar a S. Exa., para fins de "autorizo", o incluso requerimento relativo a financiamento da Caixa Econômica do Ceará, no valor de Cr\$ 10.000.000,00 em substituição a outro, autorizado, de Cr\$.... 6.000.000,00, que ora devolve.

Se os empréstimos para deputados chamam a atenção como marcas de um tempo singular, a precisão de certas indicações demonstra esmero na informação para garantir um resultado mais rápido. O deputado federal Rubens Rangel sabia o que queria: "Solicito ao Ilustre patrício, com o máximo empenho, examinar a possibilidade de transferir o gerente do Banco do Brasil de Mimoso do Sul, EBERT PERLINGEIRO LANHAS, para a agência de Cachoeiro de Itapemirim, vaga em virtude do falecimento do titular." A fórmula "com máximo empenho" era um abracadabra. Rangel acrescentava: "Outrossim, indico para a agência de Mimoso do Sul, o funcionário padrão 'H' Lucy Maia Costa, atualmente subgerente na localidade acima referida." Jango recorreu à grande chave: "Pedir com empenho."

Se "pedir com empenho" fazia parte da etiqueta, destacar a amizade integrava algo como um código de franqueza e explicitava uma hierarquia de valores. O deputado Carlos Murilo Felício dos Santos deixou clara essa lógica ao colocar a competência como complemento:

> Solicito de V. Excia. a autorização para o Sr. Diretor do Lloyd Brasileiro P.N. no sentido de ser reconduzido à Agência daquela autarquia em New York, de onde retornou por determinação do Governo anterior, o servidor Isac Akerman, que além de ser pessoa de minhas relações de amizade é um funcionário de reconhecida competência.

O pedessista mineiro Carlos Murilo teria papel de destaque anos depois na tentativa de aproximar inimigos ideológicos – JK, Jango e Carlos Lacerda – para formar a Frente Ampla de enfrentamento à ditadura. Por essas relações e ações seria cassado depois do AI-5.*

Indicar dá trabalho. Reclama atenção. O deputado Ozanam Coelho, com letra sofrível, corrigiu-se a tempo: "Solicito a nomeação da Sra. Laura Novais de Andrade, digo, Edith Verissimo de Assis, para postalista dos Correios e Telégrafos em Brasília." Obteve parecer favorável do presidente da República. Ozanam era mais um mineiro do PSD no exercício da indicação de afilhados. Foi também mais um a entrar para o partido da ditadura.**

A relação baseada em laços de proteção não dispensa o ritual do reconhecimento da condição de protegido. As palavras, nesse aspecto, embora aparentemente destituídas de sentido encoberto, revelam a

---

* Ver <http://www.fgv.br/cpdoc/acervo/dicionarios/verbete-biografico/santos-carlos--murilo-felicio-dos>.
** Ver <http://www.fgv.br/cpdoc/acervo/dicionarios/verbete-biografico/levindo--ozanan-coelho>.

A MEMÓRIA E O GUARDIÃO

aceitação de um pacto. Em julho de 1963, Antônio Alves de Almeida fez genuflexão.

> Agradecendo Penhorado Confiança Vossa Excelência nomeando me representante Governo Conselho administrativo IAPC vg posso afirmar eminente companheiro presidente não o decepcionarei nenhum momento a frente daquelas funções pt muito estimaria me fosse concedida audiência afim relatar diversos assuntos atinente administração pt Antônio Alves de almeida representante governo conselho administrativo do IAPC.

A afirmação "não o decepcionarei em nenhum momento" consagra um agradecimento em tom espontâneo e um juramento de fidelidade ao benfeitor. O rol das demandas que se sustentam explicitamente em relações de amizade e de proteção se estende como uma ladainha. O deputado João Abdalla, em papel timbrado da Câmara, mas com garranchos informais endereçados a assessores do presidente, "solicita o obséquio da possibilidade de uma colocação para o rapaz Odair de Freitas Henrique". Nota-se que o indicado é apresentado numa posição distanciada, "inferior" socialmente à do protetor, que só encontra para qualificá-lo tratar-se de "uma pessoa de bons costumes, que aceita qualquer colocação". Um complemento a lápis pedia para responder a Maria José de Freitas.

Seria a mãe do "rapaz" necessitado? José João Abdalla, deputado pelo PSD de São Paulo, enriqueceu na vida pública. Adquiriu inicialmente numa operação duvidosa a Companhia de Cimento Portland Perus e não parou mais de ganhar dinheiro, tendo montado o seu império agropecuário, industrial e comercial. Poderia tranquilamente ter encontrado uma "colocação qualquer" para o "rapaz Odair". Cassado em 1964, ficou livre para os negócios. Nos anos 1970, Abdalla foi preso e teve de indenizar os cofres públicos por vastos danos causados ao longo de uma vida predatória. Caiu na malha fina da Comissão Geral de Investigações criada pelo regime militar para combater a corrupção que grassava e não podia, por astuciosa determinação da censura,

POLÍTICOS ALERTAM, PEDEM E INDICAM

ser divulgada amplamente.* Sofreu mais de quinhentos processos judiciais. Nada que o abalasse. Seu herdeiro, José João Abdalla Filho, conhecido como Juca Abdalla, viria a ser banqueiro, dono do Banco Clássico, e controlador de 12,5% das ações votantes da Eletrobras e de 4% da Petrobras.**

Pedir por filhos ou para filhos de amigos ou correligionários era uma prática tão corrente quanto fumar naqueles dias de intenso tabagismo e de muita cortina de fumaça. Um bilhete manuscrito para João Goulart dizia assim: "Surgiu-me um caso, de meu maior interesse, que preciso resolver. O filho do coronel Porto, chefe político em Patos de Minas, Geraldino Alves Porto, pleiteia ser nomeado aqui, para a Caixa Econômica Federal, como fiscal de administração." O pedido era pungente: "Este caso, Presidente, representa muito para mim e lhe peço, com todo empenho, que o atenda." Os quatro elementos principais estavam no script: um filho, uma amizade, um chefe político e um padrinho intermediário. O que interessa nesse exemplo é o tom de súplica. O objetivo obviamente era comover o presidente.

Se a súplica surpreende, a pompa também. O texto de um telegrama de 8 de maio de 1962 chama a atenção por certa solenidade: "O Prof. Hermes Lima pede ao Dr. Caillar transmitir ao Sr. Presidente esta mensagem de uma Comissão de Deputados do Mato Grosso." A mensagem em si era ainda mais formal: "Tenho a honra de comunicar a Vossa Excelência que a Câmara dos Deputados do Est. do Mato em sessão de hoje aprovou o requerimento nr. 76/62 subscrito pelo deputado Pedro Luiz nos seguintes termos." Pressente-se uma decisão impactante. Foi requerido o envio de correspondência ao presidente da República, primeiro-ministro e ministro das Relações Exteriores comunicando um apelo veemente: o não consentimento da

---

* Ver <http://www.fgv.br/cpdoc/acervo/dicionarios/verbete-biografico/jose-joao--abdalla>.
** Ver <http://www.valor.com.br/financas/5092416/dono-do-banco-classico-chega--ganhar-r-1-bi-com-eletricas>.

A MEMÓRIA E O GUARDIÃO

"transferência da Comissão Mista Ferroviária Brasileiro-Boliviana para a cidade de Sta. Cruz, na Bolívia".

João Goulart determinou responder que encaminharia a recomendação ao ministro responsável. Fora do seu contexto, a urgência e a angústia vazada do texto parecem esquisitas. As premências de um lugar nem sempre podem ser entendidas numa escala mais ampla ou fora do seu tempo. Estar atento aos diferentes problemas de cada região numa época de fartura de problemas em cada lugar exigia do presidente da República uma concentração extraordinária. Goulart não teve um só momento de trégua ao longo do seu governo. É o que se pode ver numa análise detalhada em papel timbrado da Câmara dos Deputados:

> Serra Negra, 3.11.61
> A crise que se agravou com as greves vai exigir do Gabinete um estudo profundo. É preciso que o Gabinete ou o seu Presidente chame a si e ao Presidente da República o controle absoluto da política econômico-financeira, da política cambial e da política da produção, porque se descuidarem desses pontos o dólar atingirá Cr$ 500 e esse, sim, será o único general capaz de derrubar o Governo.

Seriam esses os principais adversários do governo de João Goulart: greves, política cambial, perda de foco. A imagem do descontrole econômico como "único general capaz de derrubar o governo" indica o quanto circulavam boatos sobre conspirações militares e insatisfação nos quartéis já em 1961. O germe da lei de remessa de lucros, que provocaria um terremoto entre os inimigos de Jango, aparece claramente nesse texto incompleto, sem a página final e assinatura, no arquivo do zeloso Wamba Guimarães:

> No setor da política cambial nós aconselharíamos uma revisão da atual política, adotando como necessidade imperiosa restrições às importações, só permitindo mesmo aquelas de grande essencialidade ao desenvolvimento da indústria extrativa, da agricultura, máquinas

POLÍTICOS ALERTAM, PEDEM E INDICAM

agrícolas e para a mecanização da lavoura e aparelhagem dos portos, assim mesmo estabelecendo para essas importações essenciais categorias de importância. No setor da política econômica, é indispensável que o governo consiga das câmaras os meios legais de controlar a distribuição, evitando o quanto possível e com a máxima urgência a ação nefasta dos especuladores que são tidos como intermediários. Medida das mais urgentes e que deve ser posta em execução mesmo que se tenha de usar de violência será a da remessa de lucros dividendos de capitais estrangeiros. Na Alemanha foi votada uma lei, logo após a guerra, por indicação do grande financista Schacht, proibindo quaisquer remessas de dividendos e restringindo a remessa de lucros aos juros pagos pelos bancos com mais 1%. Até hoje isto vigora na Alemanha e esta é a razão principal da recuperação daquele grande país, mesmo quase dominado pelos comunistas.

O analista propunha medidas arrojadas como a criação de um banco central ao mesmo tempo que criticava a voracidade e a excessiva liberdade dos bancos privados:

> O Banco do Brasil deve sair completamente da tutela do Ministério da Fazenda, enquanto não se criar um banco emissor ou banco central. Leis devem ser votadas em relação a essa desenfreada exploração, mais nefasta do que a dos intermediários de negócios, que são os bancos particulares. É inconcebível o poder de que desfrutam os bancos particulares do Brasil, que são controlados apenas por uma obrigação de depósito à ordem da Sumoc, quando eles capitaneiam a alta geral do custo de vida porque os maiores bancos controlam toda a produção de gêneros alimentícios, feijão, arroz, carne, leite, manteiga, trigo, além de exercerem controle mais absoluto sobre quase todos os laboratórios farmacêuticos do Brasil.

Em 1961, realizou-se o Congresso Estadual dos Municípios, em Serra Negra, São Paulo. Sempre havia um parlamentar representando a Câmara dos Deputados no evento. Nesse ano, o primeiro de João Goulart na presidência do Brasil, Cunha Bueno, do PSD paulista, esteve no encontro. De ideias liberais, ele apoiaria o regime militar. Foi procurador da Fazenda de São Paulo.

Se deputados pediam para seus afilhados, pediam também para ex-deputados. Jango recebeu um lembrete: "Sr. Presidente: – Caso do dr. LINCOLN FELICIANO DA SILVA, ex-deputado federal, ex-deputado estadoal [sic], ex-prefeito municipal de Santos. Nomeação para uma embaixada em país da América do Sul." Goulart repassou para Hermes Lima. Ninguém podia ficar desamparado. Quem sobrava, pedia um guarda-chuva sob o qual se abrigar. Quem entrava, devia favores e procurava ampliar seu leque de devedores.

Por estratégia discursiva ou simples repetição de fórmulas usuais, cada pedido destacava a amizade com o indicado ou com o presidente da República. Quatro situações aparecem: a) um amigo de Jango pede em favor de um amigo seu e do presidente; b) um amigo do presidente pede em benefício de um amigo seu; c) um amigo do presidente pede por um amigo de um amigo seu; d) um amigo do presidente pede por alguém que poderá se tornar amigo de ambos. Em 31 de maio de 1963, o deputado mineiro Luiz Fernando Azevedo pede a nomeação de Celso Faria de Azevedo para o cargo de fiscal do IAPC "para servir em Itajubá, Minas Gerais, onde existe vaga". Conclui: "Profundamente grato fica o velho amigo e admirador." O solicitante omitiu um dos seus sobrenomes: Faria. Chamava-se Luiz Fernando Faria de Azevedo. Foi do PSP para a Arena. Jango despachou: "Sim, na forma da lei."

Os agradecimentos não negam. O deputado Erico Ribeiro que o diga: "Satisfeito alto espírito justiça [...] autorizou nomeação meu amigo Luiz Martins Netto cargo fiscal Previdência." A amizade era destacada com orgulho. Havia também pedidos de readmissão. Marcio Dermeval da Fonseca fora admitido num cargo no governo de JK e demitido no governo de Jânio Quadros. O deputado José Maria Alkmin pedia a sua readmissão como um ato de justiça política. Jango não perdeu tempo. Mandou, em 23 de fevereiro de 1962, "readmitir imediatamente". Um ano depois o mineiro Alkmin, do PSD, já estaria unido com a UDN para atacar o governo do esquerdista João Goulart.

POLÍTICOS ALERTAM, PEDEM E INDICAM

Em 1964, seria "eleito" vice-presidente do Brasil na chapa do primeiro ditador de plantão, o general Castelo Branco.*

Paulo Pinheiro Chagas, em papel timbrado do gabinete do líder na maioria na Câmara dos Deputados, em 2 de fevereiro de 1962, faz um primeiro e modesto pedido:

> Venho pedir-lhe, com o mais vivo empenho, sua intervenção junto à Presidência do Banco do Brasil, no sentido de que JOAQUIM MARCOS DA SILVA, lotado na Agência de Santo André (São Paulo), seja removido para a Agência de Passos (Minas Gerais). Com um afetuoso abraço, seu devotado amigo.

Jango não hesitou: "Caillar, pedir para atender." Nesse mesmo dia, Paulo Pinheiro Chagas fez uma demanda mais íntima, sentimental, afetiva, muito pessoal:

> Venho pedir-lhe, real empenho, sua intervenção junto à Presidência do Banco do Brasil, no sentido de que o Contínuo MOACIR PINHEIRO CHAGAS, lotado em Mafra (Estado de Santa Catarina), seja transferido para uma agência do Banco do Brasil próxima de Oliveira, minha terra natal.

Era Chagas por Chagas. Jango determinou o atendimento. Assim como o da demanda de transferência de Pedro Raimundo Filho de "Uraí (Paraná) para qualquer agência em Minas Gerais, de preferência próxima de Oliveira, minha terra natal". Sete dias depois, novo pedido, "a transferência, por motivo de saúde, para qualquer agência do Banco do Brasil no Vale do Paraíba, do funcionário PAULO AFONSO CHAVES, lotado em Blumenau (Santa Catarina)". Nove dias depois o "devotado amigo" voltou à carga. Pediu para que Mário Maurício Cambraia fosse nomeado contínuo em qualquer agência do Banco do Brasil, "de preferência em Brasília". Jango fez o devido encaminhamento

---

* Ver <http://cpdoc.fgv.br/producao/dossies/JK/biografias/Jose_Maria_Alkmin>.

A MEMÓRIA E O GUARDIÃO

da demanda ao Banco do Brasil. Cailar mandou o telegrama de confirmação. No mesmo dia, o "devotado amigo" requereu uma vaga de contínuo para Sérgio Túlio Raposo Lima na agência do Banco do Brasil de Campo Belo, Minas Gerais. A demanda seguiu em frente.

Na sua carreira política, o médico mineiro Paulo Pinheiro Chagas passou da UDN, das quais foi fundador no seu estado, para o PSD e deste para a Arena. Em 1963, foi ministro da Saúde no governo de João Goulart.* Coisa da política! A mão que recebia o favor e cumprimentava o benfeitor nem sempre era a mesma que depositava o voto na urna. Favores, favores, ideologias à parte. Salvo para os favorecidos com os empregos de contínuo e que tais. Esses tinham a obrigação de retribuir na hora de ir às urnas. É possível que os tantos favores pedidos por Paulo Pinheiro Chagas tivessem a ver com sua função. Apesar disso, é possível constatar a sua grande ligação com funcionários do Banco do Brasil e com pessoas desejando um emprego de contínuo na principal instituição bancária pública.

Nem toda indicação encontrava o presidente em condição de fazer a sua anotação protocolar "quero atender". O deputado Tufy Nassif, do Partido Trabalhista Nacional (PTN), solicitou colocações no IAPC, em São Paulo. Jango ficou num "Wamba, guardar". Nassif também se instalou rápido na Arena. Só não conseguiu vaga na Câmara dos Deputados. Teve de contentar-se com uma suplência.**

Quando não pediam para outros, deputados ou ex-deputados pediam para si mesmos. Em 4 de fevereiro de 1960, um bilhete de Jango explicitou a lógica profunda da política de relações de reciprocidade: "Evandro: fazer relação dos dep. que não foram reeleitos, P.T.B., P.S.D. e outros partidos. Para irmos à medida do possível atendendo-os em 1º plano (a pressão está sendo mto grande) – relação idem senadores." Era preciso empregar os perdedores, abrigar os companheiros derro-

---

* Ver <http://www.fgv.br/cpdoc/acervo/dicionarios/verbete-biografico/paulo-pinheiro--chagas-1>.
** Ver <http://www.fgv.br/cpdoc/acervo/dicionarios/verbete-biografico/nassif-tufy>.

POLÍTICOS ALERTAM, PEDEM E INDICAM

tados, mas que haviam contribuído de algum modo para os interesses comuns. Uma observação dizia tudo: a pressão era enorme. Tudo isso é sabido e continua certamente a acontecer. Os documentos, porém, tornam o óbvio mais contundente. Não existia política gratuita. Todo apoio exigia retorno.

Fazer mapas de apoio nos momentos cruciais, ou marcar posição assinando manifestos, fazia parte desse jogo de interações e contrapartidas. Em 16 de março de 1964, quando tudo ainda não parecia perdido, embora a aceleração das reformas anunciasse o ocaso do sonho, 35 parlamentares fizeram saber ao presidente da República que estavam com ele. O documento desceu ao arquivo:

FRENTE AMPLA em formação, transformando-a em instrumento capaz de obter, como última tentativa na área política, as mudanças estruturais de que carece a Nação as quais se confundem e se ajustam aos mais legítimos anseios do povo brasileiro.
Brasília, 16 março de 1964.

Assinaram o original, os seguintes deputados:

Acre:
ARMANDO LEITE
GERALDO MESQUITA
JORGE KALUME
Amazonas:
LEOPOLDO PEREZ
JOSÉ ESTEVES
ABRAHÃO SABÁ
Pará:
WALDEMAR GUIMARÃES
BULARMAQUI MIRANDA
Maranhão:
AMÉRICO DE SOUZA
JOSÉ BURNETT
JOSÉR RIO

MATTOS CARVALHO
RENATO ARCHER
Piauí:
DIRNO PIRES
GAIOSO E ALMENDRA
Rio Grande do Norte:
ALUÍSIO BEZERRA
JESSE FREIRE
Paraíba:
HUMBERTO LUCENA
BIVAR OLINTO
JANDUÍ CARNEIRO
TEOTÔNIO NETO
JOÃO FERNANDES
Pernambuco:
ADERBAL JUREMA
Sergipe:
JOSÉ CARLOS TEIXEIRA
Bahia:
HÉLIO RAMOS
JOSAFAT BORGES
HENRIQUE LIMAVIEIRA DE MELLO
EDGARD PEREIRA
Estado do Rio:
DASO COIMBRA
São Paulo:
LEVY TAVARES
Paraná:
LIRIO BERTOLI
Santa Catarina:
ORLANDO BERTOLI
PEDRO ZIUMMERMAN
Goiás:
CELESTINO FILHO

POLÍTICOS ALERTAM, PEDEM E INDICAM

Talvez Jango tenha exclamado algo do gênero "muito favor para pouco retorno". A base para um grande salto era reduzida. No dia a dia, o presidente precisava lidar com mapas de empregos muito mais comezinhos e banais. O texto falava em "última tentativa na área política" de alcançar "reformas estruturais". Era apoio e alerta.

Uma sequência de telegramas mostra a rotina do presidente no ofício de tomar conhecimento dos pedidos e dar-lhes uma resposta. Parecia sempre haver um mineiro ou um paulista do PSD ou da UDN requerendo algum favor. Mas não só. O sistema atingia o país inteiro. Jango conferiu cinco indicações, chanceladas pelo deputado Humberto Lucena (PSD-PE), para técnicos de contabilidade no IAPC em Recife, São Luís e na Guanabara. Dois nomes tinham como padrinho o próprio Lucena. Outro era afilhado do deputado Cid Carvalho (PSD-MA).* Outro ainda era apresentado pelo deputado Janduhy Carneiro (PSD--PB). O último era avalizado por Ivar Saldanha (PSD-MA).

A fundamentação para justificar pedidos abusava do recurso aos bons sentimentos e à emoção. O deputado Rubem Cardoso, em dezembro de 1961, intercedeu por Lenir Lambrette por este ser "rapaz arrimo de família". Floriano Rubim, em papel timbrado da Câmara dos Deputados, já em 7 de setembro de 1961, dia da posse de Jango na presidência da República, escreveu longa carta manuscrita a Cailar Ferreira, saudando-o pela "ascensão ao poder supremo da República através do nosso amigo, o Dr. Jango". Passada a entusiástica introdução, vinha a reclamação detalhada: "Quero agora lembrar-lhe que o Dr. Jango sempre me disse que nada podia fazer por mim porque o PSD não permitia ao presidente Juscelino praticar ato algum em meu favor." Demonstração: "Foi assim quando o Dr. Jango lembrou de mim para a Carteira de Crédito Agrícola do Banco do Brasil [...]. Foi assim para a Vale do Rio Doce e foi assim para o Escritório Comercial."

---

* Cid Carvalho sobreviveria na política até 1993, quando, deputado pelo PMDB, depois de denunciado na chamada "máfia do orçamento", renunciou para não ser cassado. Ver <http://www.fgv.br/cpdoc/acervo/dicionarios/verbete-biografico/cid--rojas-americo-de-carvalho>.

A MEMÓRIA E O GUARDIÃO

Rubim não escondia a mágoa: "Durante 3 anos o seu amigo amargou uma série de decepções e só não se quedou de vês [sic] porque contou, como ainda conta, com a solidariedade dos deputados estaduais e dos prefeitos do Espírito Santo. Agora está nas mãos de João Goulart, que foi nosso candidato a vice nas últimas eleições." A parte final da correspondência é um tratado de intriga e choro:

> Há uma diretoria na Vale do Rio Doce que está entregue ao snr. Osvaldo Gomes, da UDN do E. Santo, nomeado que foi pelo ministro Agripino, contra a indicação da própria UDN capixaba, no seio da qual eu gozo de mais estima e apoio do que ele. A própria UDN do E. Santo gostaria de me ver em seu lugar. Assim sendo nomeie-me para esse cargo, pois assim você estaria premiando uma velha amizade e abrindo as portas para futuros entendimentos muito promissores para o presidente. Todo o Espírito Santo receberia com muita simpatia este gesto, pois o Estado todo sabe o quanto eu fui amigo do Jango em todas as circunstâncias. Além desses, há outros como a Fábrica Nacional de Motores, a Rede Ferroviária, a administração do porto do Rio etc.

O remetente exibia o seu endereço em Copacabana, no Rio de Janeiro. Caillar respondeu efusivamente afirmando ter encaminhado o pleito ao presidente da República. Dez dias depois, o queixoso enviou nova longa carta enumerando cargos que poderia ocupar. Aceitava "diretoria na Vale", na Rede Ferroviária, na Fábrica Nacional de Motores, na Cia. Nacional de Alcális e na Superintendência do Lloyd Brasileiro. Floriano Rubim seguia o seu percurso errático: pracinha na Segunda Guerra Mundial, policial militar reformado para fazer política, deputado estadual e federal do Espírito Santo pelo PTB, secretário estadual de Viação e Obras Públicas em governo do já citado polêmico dr. Chiquinho, apoiador de Jânio Quadros à presidência da República. Tendo migrado do PTB para o PDC e deste para o PTN, não conseguiu a reeleição em 1958, só voltando à Câmara dos Deputados em 1962. Quando, portanto, desabafou

POLÍTICOS ALERTAM, PEDEM E INDICAM

com Cailar, estava desempregado. Consumado o golpe, correu para as fileiras da Arena.*

Os nobres deputados pediam tudo, pediam sempre, pediam mais, pediam pouco, pediam muito, pediam oralmente e por escrito, pediam durante os seus mandatos, pediam antes ou depois deles, pediam com humildade, com ressentimento, com argumentos, sem eles, com arrogância, com fórmulas consagradas, com salamaleques, com dissimulações invocando o passado, o presente e o futuro, diretamente ou por meio de intermediários, para eles, para amigos, familiares ou protegidos, por necessidade, desamparo, desespero, cobiça, vontade de estar sob os holofotes, vaidade, desejo de mais poder, dinheiro, alianças, estratégias, votos, perspectivas. Pediam e não se constrangiam. Jogavam o jogo e gostavam muito dele.

O papel timbrado da Câmara dos Deputados parecia feito para legitimar demandas absurdas. Um documento incompleto, sem assinatura, fala de uma missão diplomática na ONU, onde o Brasil teria apresentado uma "tese", de interesse de "países menos desenvolvidos e industrializados", vitoriosa, contestada apenas por Estados Unidos e Grã-Bretanha, tendo recebido apoio de parlamentares de 58 nações, embora tivesse suscitado dúvidas "encarniçadas" no embaixador Roberto Campos. No último parágrafo disponível, o remetente pede: "devo confessar-lhe que continuo quase só até agora promovendo o andamento da tese, e viajando ao exterior por minha própria conta, e desejaria, em definitivo, contar com o apoio efetivo e os esforços do governo brasileiro".

Em 19 de setembro de 1963, o chanceler João Augusto de Araújo Castro, que estava com Jango na viagem à China, que fora interrompida pela renúncia de Jânio Quadros, pronunciou na ONU o "discurso dos três Ds". Defendia um papel ativo para os países menos desenvolvidos na gestão mundial com base em desarmamento, desenvolvimento

---

* Ver <http://www.fgv.br/cpdoc/acervo/dicionarios/verbete-biografico/floriano-lopes-rubim>.

econômico e descolonização.* Seria dessa tese que falava o remetente insatisfeito? Pela citação ao embaixador Roberto Campos e ao ministro Horácio Lafer, o documento deve ser de 1961. O importante é o aspecto amadorístico da empreitada descrita pelo reclamante em busca de informação e apoio.

A ordem mais comum de pedidos dizia respeito a cargos. Alguns nomes conseguiam reunir apoio pluripartidário. Em 10 de outubro de 1961, menos de um mês depois da posse de Jango, o presidente recebeu uma demanda ancorada em argumentos pluralistas: "Os deputados abaixo-assinados, integrantes de várias bancadas da Assembleia Legislativa de Minas Gerais, solicitam a V. Exa. a nomeação dos Srs. Hélio Martins da Silva, Roberto Carneiro e Paulo Menicucci para comporem a diretoria da Rede Mineira de Viação." Justificativa: "Os indicados são engenheiros de alto gabarito profissional e cultural e pertencem aos quadros da R.M.V. há mais de 18 anos, desfrutando, os três, da geral estima entre todo o pessoal da ferrovia." Em anexo uma lista de nomes de funcionários dispensados "por motivos de perseguição política pela atual administração daquela ferrovia", entre os quais o nome do engenheiro Paulo Menicucci, cortado da chefia do Departamento de Transportes. Jango não hesitou na resposta: "Já determinei atendimento."

Indicações por abaixo-assinado eram comuns. Ainda na época de Virgílio Távora como ministro, deputados pediram a nomeação, para o cargo de diretor-geral do Departamento Nacional de Obras e Saneamento (DNOS), do tenente-coronel Manoel Jales Pontes, formado pela Escola Politécnica da Universidade de São Paulo, por ter este a "mais alta reputação técnica e moral". Argumentos de mérito só apareciam a partir de certo escalão mais elevado. Pelos pobres, a emoção; pelos "ricos", o merecimento da formação.

---

* Ver <https://books.google.com.br/books?id=Ax8sAAAAYAAJ&hl=pt-
-BR&source=gbs_book_other_versions>.

POLÍTICOS ALERTAM, PEDEM E INDICAM

Algumas indicações eram robustas. O deputado Valério Magalhães, do PDS do Acre, quinze dias depois da instalação de João Goulart no Planalto, buscou colaborar "em aditamento indicação anterior, para o preenchimento dos cargos de Governador e Secretário Geral do Território Federal do RIO BRANCO, os seguintes nomes. Para o cargo de Governador: 1) GENERAL CLOVES NOVA DA COSTA; 2) DR. SILVIO LOFEGO BOTELHO; 3) BERNARDINO DIAS DE SOUZA CRUZ. Para o cargo de Secretário Geral: 1) RAIMUNDO MARQUES; 2) JÚLIO AUGUSTO MARTINS, DR. SILVIO LOFEGO BOTELHO". O presidente rabiscou um discreto e objetivo "atendido".

O deputado Euvaldo Diniz (UDN-SE) foi direto: pediu ao "amigo grande presidente" a nomeação de "meu candidato Paulo Augusto de Vasconcelos" para a presidência da Caixa Econômica Federal de Sergipe. Cailar respondeu que a demanda fora encaminhada ao presidente do Conselho de Ministros. O deputado Ulysses Guimarães foi discreto. Lembrou que certo Cássio estivera várias vezes com o presidente no Rio de Janeiro, sugerindo "medidas na sua campanha", e que nela militara. Terá resultado em algo?

Robusta foi a indicação, por 73 deputados paulistas, do nome de Wilson Moreira da Costa, em agosto de 1963, para embaixador no México. Jango determinou que Cailar encaminhasse a demanda para o ministro das Relações Exteriores, mas também anotou: "Panamá?". O empresário Wilson Moreira da Costa era conselheiro cultural do Brasil junto à Embaixada do Brasil no México.*

Nem sempre o atendimento aos pedidos satisfazia os demandantes. O deputado federal Viera de Mello escreveu a Cailar Ferreira para pedir a sua intervenção junto ao presidente da República para reverter uma nomeação:

---

* Wilson Moreira da Costa, rico e sedento de reconhecimento cultural ao alto custo das suas vastas posses, teria como verdadeiro autor dos seus livros, *Coração, sexo e cérebro* e *A filha do boticário*, o jornalista Fernando Jorge. Ver <http://bernardoschmidt.blogspot.com.br/2010/09/fernando-jorge-lino-de-mattos-e-wilson.html>. Acesso em: 17 jan. 2017.

A MEMÓRIA E O GUARDIÃO

Por indicação minha, o presidente mandou nomear para o cargo de escriturária no I.A.P.C., D. Alda de Souza Leite. Acontece que a nomeação saiu para a delegacia daquele instituto em Salvador para onde a referida senhora não se pode deslocar, desistindo, portanto, da nomeação. Em face disso, peço ao prezado amigo que consiga do Presidente autorizar o IAPC a tornar sem efeito aquela nomeação e a admitir em seu lugar D. Liange de Souza Santos, que reside na capital baiana e está em condições de assumir o cargo.

Assim girava o Brasil naqueles anos. Jango despachava, autorizava o que podia, tomava conhecimento do que pediam, tentava satisfazer amigos e não inimigos. Todo aquele que pedia buscava um bom ponto de apoio na lógica das relações. A ficha do pedido de José Cardoso Porto, de São Borja, acrescentava um elemento: "Vizinho do Sr. Presidente da República em suas terras de Palermo, na cabeceira do Salso, anexa um pedido de financiamento para sua lavoura de arroz, junto ao Banco do Brasil." Ser vizinho podia não valer como amigo, mas era uma referência, valorizava a proximidade, estabelecia laço.

9. Filho de Oswaldo Aranha prevê o golpe

Pedir era o verbo mais declinado então. Mesmo quando se tratava de oferecer conselhos sem interesse em cargos, o termo aparecia. Oswaldo Gudolle Aranha –, filho do internacionalmente conhecido Oswaldo Aranha, o revolucionário de 1930, o amigo de Getúlio Vargas, o ministro de grandes pastas, Justiça, Fazenda, Relações Exteriores, o presidente da sessão da Assembleia Geral da ONU que aprovou a criação do Estado de Israel – datou de 26 de abril de 1963, em papel timbrado com seu próprio nome, Oswaldo G. Aranha, a longa carta que enviou a João Goulart. O que pedia? Por quem pedia? Por que pedia?

> Uma vida toda assistindo a meu pai servir este país forjou em mim um sentido muito profundo de brasilidade talvez até por demais exaltado. Este é o motivo da carta que agora lhe escrevo em caráter pessoal como um cidadão dirigindo-se ao seu Presidente.

No panorama das correspondências da época enviadas ao presidente da República, conforme já foi possível constatar aqui até agora o padrão, trata-se de uma linguagem diferente: mais limpa, direta, praticamente despojada da retórica de bajulação e de volteios de dissimulação. O

A MEMÓRIA E O GUARDIÃO

remetente não é um representante do povo, não foi eleito, não tem votos, não se legitima pelo timbre de uma instituição ou de um poder. Apresenta-se como o próprio povo, parte do povo, não de povo no sentido da parte mais pobre de uma sociedade, mas como expressão de cidadania. É o cidadão que fala ao chefe da nação. Evidentemente que não é um cidadão qualquer. A sua legitimação está no nome e no sobrenome: Oswaldo Aranha. Essa condição será realçada para salientar uma noção de civismo, de brasilidade, de patriotismo, de engajamento.

> Criado num profundo respeito pela vida dos homens públicos brasileiros, por saber de seus sofrimentos e do quanto são injustiçados, apesar de dedicação às vezes sacerdotal, venho falar-lhe com um sentimento de solidariedade eivado pelo respeito a sua posição de Presidente do nosso país.

Ao reconhecer a dignidade da posição de poder ocupada por João Goulart, Aranha aproveita para, nas entrelinhas, homenagear o próprio pai, sublinhando os sacrifícios feito por ele, assim como por muitos da geração dele, como homem público devotado de maneira quase sacerdotal – exagero retórico – ao bem do país, comprometido com a *res publica* acima de vaidades e interesses pessoais, injustiçado certa-mente, ao olhar do filho, por alguns críticos e críticas, maledicências, inverdades e vilanias. O herdeiro de um monumento queria aconselhar.

> Sei que leu a carta que lhe escrevi, mas dirigida ao Caillard [*sic*], e quero lembrar-lhe que nela dizia que as medidas financeiras de contenção com características violentas trariam, inevitavelmente, uma situação que se tornaria insuportável para o povo. Durante a nossa conversa telefônica anterior à carta acima referida, exteriorizava a minha opi-nião, dizendo residir nas grandes mutações econômico-financeiras as origens do desencadeamento de todas as grandes crises políticas de nossa história republicana, principalmente de 30 para cá, quando o Brasil formou características de uma verdadeira nação.

FILHO DE OSWALDO ARANHA PREVÊ O GOLPE

A mensagem não poderia ser mais clara: a política econômica errada arrastaria o governo Goulart para o abismo. E o abismo costumava usar farda e articular-se com setores do empresariado e da imprensa. Oswaldo G. Aranha estava seguro do que dizia e mais seguro ainda de que o presidente estava a par das suas observações feitas em carta anterior. Enunciava uma espécie de lei da política: os desarranjos na economia precedem os golpes.

> Venho agora, senhor Presidente, dois meses e meio passados do telefo-nema e da carta para, repito, com todo o respeito e na intenção única de conseguir cooperar, dizer-lhe que, a continuarmos como vamos, o governo do meu caro Presidente sofrerá uma terrível convulsão.

Menos de um ano depois a sua previsão mais sombria estaria confir-mada. Estaria falando por ter informações privilegiadas? Conheceria as conspirações que não chegavam a esconder-se da luz do dia? A convulsão, preparada com esmero entre civis e militares, com apoio dos Estados Unidos, como se comprovaria mais tarde,* explodiu em Juiz de Fora em função de um surto de um general, Mourão Filho, precipitado e ferozmente anticomunista. Terá Jango lembrado a ad-vertência de Oswaldo G. Aranha quando tudo se perdeu e convulsio-nou? O conselheiro apoiava-se em supostas premissas técnicas para fundamentar suas posições. Encobria sua ideologia?

> Se o crédito em exagero ajuda a inflação, a contenção do crédito isola-damente não traz obrigatoriamente uma deflação ou desinflação, pelo contrário, agita às vezes de tal forma o ambiente que propicia o descon-trole e a deterioração da posição econômico-financeira. Esse é o quadro atual do Brasil e ainda mais distorcido pelos elementos que se seguem:
> 1º – Falta de plano ou política planificada especificamente para o setor econômico-financeiro;

---

* Cf. PARKER, Phyllis. *1964: o papel dos Estados Unidos no golpe de Estado de 31 de março.*

A MEMÓRIA E O GUARDIÃO

2º – Inexplicável discrepância de certos atos da atual política, tendo, inclusive, normas colidentes no seu bojo. Um país como o nosso em desenvolvimento visível em todos os setores de sua vida de produção material, mas que se encontra ferido mortalmente na sua situação de crédito e de posição cambial para com o resto do mundo, não pode, a não ser que queira ver convulsionada a sua vida em todos os seus aspectos, lançar-se numa política que não encontra base a não ser na vontade, elogiável, mas unilateral, deste ou daquele Ministro e sem que haja uma estrutura política planificada.

Por que Oswaldo G. Aranha fingia ignorar o Plano Trienal, concebido pelo economista Celso Furtado, em elaboração desde o final de 1962? Talvez porque ainda não houvesse resultados na medida em que a aplicação da ideia apenas engatinhava. Pretendia-se, vale insistir, combater a inflação controlando o déficit público. Se não havia indicadores otimistas, Aranha podia extravasar suas previsões pessimistas. O tempo é que lhe daria razão.

Afirmo ao senhor Presidente, com a sinceridade de um homem que sabe que está indo, perigosamente, além de seu dever para consigo mesmo, que o Brasil envereda com essa política para momentos propícios ao abuso político e anarquia econômico-financeira.

Empresário, presidente do Clube de Regatas do Flamengo (1961-1963), Oswaldo G. Aranha conhecia como poucos a alma da elite brasileira criadora de cavalos de raça e praticante de golfe na Zona Sul do Rio de Janeiro. Mais do que um profeta, menos do que um porta-voz, parecia ecoar os temores crescentes da "nobreza" tropical.

Perdoe-me ter de dizer-lhe que prenúncios desses abusos políticos já se fizeram sentir nas confusões criadas dentro do seu jovem governo sem que houvesse nenhum motivo político, isso porque, na realidade, o que já começa a motivar essas convulsões é a atual situação econômico--financeira do país. As lutas intestinas de seus auxiliares no âmbito de

FILHO DE OSWALDO ARANHA PREVÊ O GOLPE

seu governo já foram geradas pela instabilidade econômico-financeira criada por medidas esparsas e sem correlação, postas em execução pelo setor fazendário e financeiro de seu governo e dos últimos dias do governo parlamentarista.

Examinada com atenção, a sua argumentação era repetitiva. Parecia dizer simplesmente: a crise econômica não para de crescer e o governo continua batendo cabeça. Como se comportava o Brasil em 1963 em termos de indicadores econômicos? Aos solavancos. A população suportou um aumento das tarifas dos transportes coletivos entre 22% e 29%. A taxa de câmbio do mercado dito livre tomou um golpe para baixo da autoridade monetária de 31%. A inflação saltou em doze meses de 45,6% para 69,9%. O país da bossa nova surfava em velhas ondas perigosas. A retórica de Oswaldo G. Aranha tornava-se mais explícita.

Peço que atente de imediato para a situação em que se encontra o país. Em todos os setores de sua vida, demonstra estar sequioso de desenvolvimento. Seus negociantes, os agricultores, os mineradores, os industriais e industriários, enfim, essa gama toda que trabalha e produz, viu-se de uma hora para outra cerceada e perplexa, e começa, de maneira perigosa, a perder substância. A insatisfação social é passo imediato ao desta perda de substância e, para contê-la, como também para satisfazer os nossos credores, veremos, mais uma vez, a história exigir o rolar das cabeças.

A cabeça coroada rolaria quando as demais não satisfizessem os "credores", os "industriais" e os seus representantes. Aranha afinaria os seus conselhos: controle das contas públicas sem se vergar ao FMI:

O Brasil, Presidente, não pode pagar 4 com 2; não temos para pagar as nossas dívidas e não as pagaremos continuando com a política atual principalmente enquadrando a nossa vida aos métodos inadequados do Fundo Monetário Internacional. Sabe o Sr. Presidente que não sou

A MEMÓRIA E O GUARDIÃO

avesso ao americano, até pelo contrário, tenho por esse povo uma grande admiração e amizade. Tenho também de ter um pouco de ideia internacionalista dada a minha educação e os conhecimentos que meu pai me legou. Não sou, pois, contra o Fundo por mero nacionalismo tacanho, sou, sim, contra os métodos que ele exige que coloquemos em execução neste momento e a pequena recompensa que advém de tão grande transformação e sacrifício.

Nacionalista, marcado por experiência de vida da família nos Estados Unidos, onde Oswaldo Aranha fora embaixador nos anos 1930, Oswaldo G. Aranha parecia pedir a João Goulart que tivesse a elegância de salvar o Brasil ao mesmo tempo dos soviéticos e dos norte-americanos.

Ainda mais, devo dizer que não será com a ajuda e orientação do Fundo Monetário Internacional que iremos pagar ou estar em dia com nossos credores estrangeiros nesses três anos. Então, senhor Presidente, com ou sem o Fundo Monetário Internacional, com ou sem apoio do governo americano, iremos ficar atrasados frente às nossas obrigações com os nossos credores. Estamos em estado de moratória com todos os setores financeiros internacionais com os quais transacionamos. Esta é uma realidade da qual, infelizmente, não podemos fugir nem mesmo com ela tergiversar.

O compromisso com os credores, contudo, parecia sobressair entre as suas preocupações cívicas. Temia o látego dos banqueiros internacionais ou o fechamento das torneiras para empréstimos ou investimentos no Brasil?

A instrução 239 não é só uma volta atrás a várias decisões do próprio Ministério da Fazenda, mas uma violenta injeção na inflação, como também criará a obrigação do governo de emitir vultosamente a fim de ser feito o pagamento dos atrasados cambiais. A nova alta de preço dos produtos básicos (petróleo e trigo) de julho em diante (ou no segundo semestre) virá somar-se às atuais aflições em que vive o povo do nosso país. O desemprego será um elemento novo para fomentar a insatisfação social e os salários, ordenados e soldos não serão suficientes para que as famílias vivam em paz.

A Instrução n. 239 desvalorizou o cruzeiro de 460 para 600 por dólar. A esquerda denunciou efeitos nefastos para os trabalhadores brasileiros. A carta de Aranha estava datada de quatro dias depois da publicação da referida norma. Havia, porém, um erro no diagnóstico e no prognóstico do desinteressado vidente: a ameaça não vinha e não viria do povo, mas das classes médias e das elites. O quadro pintado, contudo, não sendo uma aquarela do Brasil, nem uma visão do paraíso, tentava ser realista.

> Juntadas a esta situação as da insatisfação social crescente, decisões da política econômico-financeira colidentes, agitações políticas e total descrédito internacional, teremos muito breve a resultante inevitável que é a solução histórica e heroica dos países latino-americanos: a mudança de governo. Se pinto esse quadro de maneira tão dramática é porque procuro a verdade para lhe informar e porque sei que só o senhor, como Presidente da República, poderá levar este país a dias menos tumultuados.

Para quem sabe dar verossimilhança ao conteúdo da sua carta sombria e fugir de uma visão catastrofista, Oswaldo G. Aranha finalizava com uma nota um pouco mais otimista:

> Não estaria em mim, Presidente, dizer-lhe apenas de nossos males, já que podemos e temos como, em parte, minorar nossas aflições e colocar este país em situação mais alentadora no concerto internacional.

A última frase foi certamente calculada como uma fórmula lapidada para produzir um efeito inesquecível: "Nunca lhe pedi para mim e, agora, peço-lhe para todos nós." O que terá Jango pensado desse final inusual? Terá sorrido descrente sabendo que todos pediam? Terá percebido na formulação mais uma astúcia para pedir fingindo

A MEMÓRIA E O GUARDIÃO

desinteresse e desprendimento? A verdadeira última página desprendeu-se do documento. Terá Aranha estragado seu fecho de ouro com alguma saudação final?

A carta deu resultado. Aranha foi recebido no palácio pelo presidente da República. Algo, porém, deu errado.

> Rio de Janeiro, 24 de maio de 1963.
> Caillard:
>
> Guardei absoluto segredo sobre a ideia que apresentei ao Presidente, quando de nossa palestra em Brasília. Inclusive, quando perguntado pelo Ibrahim, ainda no Hotel Nacional, antes de embarcar de volta ao Rio, pedi-lhe que nada noticiasse.
>
> Apesar de assediado aqui no Rio por rádios, jornais e televisão, continuei na mesma mudez pois, como combinei com o Presidente, somente a ele ou ao Ministro San Thiago Dantas caberia divulgar a ideia.
>
> Falei ontem, em confiança, com o João Pinheiro Neto e asseverei-lhe a necessidade de darmos a autoria do plano ao Ministro da Fazenda. Para minha surpresa li, hoje, na *Última Hora* não só a divulgação da ideia, mas também a divulgação do esquema de pagamentos.
>
> Sinto o que aconteceu, mas fui iludido, pensando que arregimentava um companheiro.
>
> Peço informar ao Presidente o que se passou. A ti cabe sempre, pela posição de confiança que deténs, dar essas más notícias.

Na sua coluna no jornal *Última Hora*, sob o título "O esquema da moratória", João Pinheiro Neto entregava o plano do governo, sugerido por Oswaldo G. Aranha, para o Brasil não ter de pagar, até 1965, 50% de uma dívida externa de quase 3 bilhões de dólares. Aranha fora contar a sua façanha para um colunista de jornal! Assim Jango foi afundando a cada dia, atolado despachando pedidos e vendo projetos estampados na imprensa por excesso de entusiasmo de colaboradores, aliados e conselheiros.

O golpe tomava forma a olhos vistos. A imprensa aumentava a pressão a cada dia. As tentativas de romper o cerco que se fechava

FILHO DE OSWALDO ARANHA PREVÊ O GOLPE

esbarravam na inépcia de alguns ou na ambiguidade de muitos. João Goulart esforçava-se para ampliar seu leque de alianças. Minas Gerais, de onde partiria a conspiração fatal, pedia muito e recebia bastante. A prova disso é uma correspondência, de 30 de novembro de 1963, assinada pelo presidente da Assembleia Legislativa mineira, Walthon de Andrade Goulart (UDN), agradecendo por medidas adotadas pelo governo federal.

> Em nome desta Casa, muito me apraz comunicar-lhe que, a Requerimento dos Senhores Deputados Lourival Brasil e outros, foi consignado em Ata dos trabalhos da Assembleia Legislativa deste Estado um voto de congratulação com Vossa Excelência, ao ensejo da mensagem que enviou ao Congresso Nacional encaminhando Projeto de Lei autorizando o pagamento aos novos municípios brasileiros das quotas do imposto de renda e de consumo relativas ao corrente exercício, bem como pela sua autorização no sentido do pagamento, por antecipação, das referidas quotas àquelas comunas e, ainda, por ter Vossa Excelência autorizado a destinação, através do Ministério das Minas e Energia, da verba de quatro bilhões de cruzeiros para o aceleramento da execução das obras de construção e pavimentação da BR-31, no trecho Belo Horizonte-Araxá-Uberaba. Prevaleço-me do ensejo para reiterar a Vossa Excelência os meus protestos de cordial apreço e distinta consideração.

Apenas quatro meses depois a "distinta consideração" deixaria de existir. O deputado, oriundo da Aeronáutica, onde chegara a capitão, fã do brigadeiro Eduardo Gomes e de Carlos Lacerda, abraçou o golpe com cordial apreço.

10. Uma relação com Kennedy

Se a política interna exigia de João Goulart uma capacidade de conciliação que o obrigava a transigir com adversários prontos a trair, a política externa brasileira era um imenso terreno minado desde que Leonel Brizola, então governador do Rio Grande do Sul (1959-1963), encampara, com pagamento simbólico, duas poderosas empresas estrangeiras de energia e telefone. Em 1962, o embaixador dos Estados Unidos no Brasil, Lincoln Gordon, comunicou ao presidente John Kennedy: "Goulart está fomentando um perigoso movimento de esquerda, estimulando o nacionalismo. Duas companhias americanas, a ITT e a Amforp, foram recentemente desapropriadas pelo governador Leonel Brizola. Tais ações representam uma ameaça aos interesses econômicos dos Estados Unidos." Era o fim?

Certamente o começo dele. Para sair do atoleiro, o Brasil precisava controlar suas contas públicas, asfixiar a inflação que saltara do trote para o galope, criar um mercado interno com poder aquisitivo suficiente para alavancar a indústria nacional, fazer uma reforma agrária consistente, de modo a dar dignidade e condições de vida a milhões de camponeses, arrancar do analfabetismo mais da metade

A MEMÓRIA E O GUARDIÃO

da sua população, estancar a sangria da remessa voraz de lucros de multinacionais para suas matrizes, fixar um plano exequível de desenvolvimento a curto e médio prazos e diminuir o apetite clientelista dos seus políticos. No plano externo, precisava negociar com os Estados Unidos uma saída para a crise das encampações e buscar apoio para tentar o novo salto para o futuro.

Em 4 de abril de 1962, João Goulart chegou aos Estados Unidos para encontrar-se com John Kennedy. Deveria ser a reunião de dois homens jovens, bonitos, ricos e poderosos e suas esposas também jovens e lindas, Maria Thereza Goulart e Jacqueline Kennedy. Como Jacqueline não poderia participar da recepção, Jango foi sozinho. Terá percebido toda a ambiguidade de Kennedy?

Na hora de voltar para casa, Jango enviou, em 8 de abril, telegrama de agradecimento ao anfitrião. O documento revela a dimensão das expectativas do brasileiro e o horizonte das suas futuras desilusões.

President John F. Kennedy
The White House
Washington D.C.
Agradeço a mensagem de Vossa Excelência e os votos de boa viagem no meu regresso ao Brasil. Ao deixar o território dos Estados Unidos, reitero os meus agradecimentos pela acolhida amiga que encontrei de parte do seu esclarecido governo e do nobre povo norte-americano. Parto com a certeza de que alargamos a área de mútuo entendimento e de que fortalecemos pela discussão franca e leal do presente a amizade histórica do passado.

Verifiquei com satisfação o empenho do seu Governo em intensificar a cooperação entre os Estados americanos, através da Aliança para o Progresso, baseada no respeito à liberdade dos povos e no reconhecimento da estreita relação que existe entre a preservação das instituições democráticas, a aceleração do desenvolvimento e a consecução da justiça social.

Será com grande satisfação que o povo brasileiro e eu como seu mandatário acolheremos Vossa Excelência e sua Excelentíssima esposa

UMA RELAÇÃO COM KENNEDY

no Brasil ainda este ano, oportunidade em que Vossa Excelência verificará a sólida afeição que nos prende ao povo norte-americano.

A etiqueta repetiu-se em telegrama ao secretário de Estado, Dean Rusk. Toda a elegância do mundo, porém, não podia eliminar o abismo que separava os dois Estados Unidos, o do Brasil, gigante encolhido, e o da América, potência obcecada com a ascensão do comunismo soviético. O Brasil havia preparado uma longa minuta de uma "declaração conjunta do presidente dos Estados Unidos do Brasil e do presidente dos Estados Unidos da América sobre a execução do programa Aliança para o Progresso, decorrente da Carta de Punta del Este". Depois das considerações de princípios declarava-se que seriam "fixadas no início de cada exercício fiscal, para cada país beneficiado, indicações quanto ao montante a ser distribuído, ou a definição da orientação a ser adotada para esse fim ou, ainda, os critérios a serem obedecidos no rateio dos recursos". Uma comissão mista cuidaria de adequar "os métodos de operação da Aliança para o Progresso, de forma a permitir aos organismos financiadores a indispensável flexibilidade de ação, acelerando o processo de desembolso e simplificando ao máximo a tramitação dos projetos". Não era pedir demais?

O Brasil sonhava, no "campo social", com coisas simples e tão necessárias quanto o ar sempre disponível:

> a) Habitação rural e criação de centros sociais; b) habitação obreira; c) construção de hospitais regionais; d) instalação de escolas mistas, de letras elementares e artes e ofícios; e) edição de livros técnicos, especialmente os de nível elementar, destinados ao aprimoramento cultural obreiro; f) colonização racional para aumento de produtividade no campo.

A Aliança para o Progresso era, porém, um projeto ideológico dos Estados Unidos que não podia conviver bem com termos estranhos ao português como "habitação obreira" e "aprimoramento cultural

145

obreiro". A tradução fora executada com certa pressa. O fecho de ouro da declaração cumpria o ritual: "reiteram os Presidentes dos Estados Unidos do Brasil e dos Estados Unidos da América a sua inabalável convicção na cooperação internacional para o desenvolvimento, como instrumento mais fecundo de aproximação dos povos do Continente e de estabelecimento da autêntica Democracia nas Américas". Não decolou.

Os Estados Unidos decepcionaram-se com o Plano Trienal, que não saiu do chão. O Brasil descobriu que a Aliança para o Progresso era um voo de galinha. Não haveria cooperação, mas competição e traição. O soberbo John Kennedy, embora fino no trato e na simpatia, não pretendia pedir. Preferia ordenar polidamente. Cerca de um ano depois do retorno ao Brasil, João Goulart corrigiu a minuta de uma carta a enviar ao americano falando do delicado problema da encampação da ITT e da Amforp.

> Excelentíssimo Senhor John F. Kennedy
> Presidente da República dos Estados Unidos da América
> Senhor Presidente,
> Era meu desejo poder anunciar-lhe, antes da visita a Washington do meu Ministro da Fazenda, a conclusão das negociações para nacionalização, mediante compra, das empresas concessionárias de serviços públicos filiadas à "American Foreign Power" e à "International Telephone and Telegraph", que operam no Brasil. Durante minha visita a Washington tivemos oportunidade de discutir e fixar os critérios que presidiriam a essas negociações, e desde então as autoridades brasileiras têm mantido contato com as empresas interessadas, já havendo resultado positivo no que diz respeito às cláusulas fundamentais do Acordo de compra da AMFORP.
> Sucede, entretanto, que essas negociações foram prejudicadas pelas sucessivas crises políticas que assinalaram o término do período parlamentarista em meu país, e por isso não nos foi possível chegar a conclusões semelhantes com as demais empresas concessionárias filiadas a outros grupos estrangeiros.

UMA RELAÇÃO COM KENNEDY

Da troca de cartas entre o Ministro da Fazenda do último Governo parlamentarista e o seu Secretário do Tesouro verifiquei, com prazer, que o episódio da encampação da subsidiária da "International Telephone and Telegraph" do Rio Grande do Sul ficou concluído de forma reputada satisfatória por ambas as partes. Dentro de poucos dias, reabertos os trabalhos do Congresso Nacional e alcançado um esclarecimento mais amplo da opinião pública, também o caso da "American Foreign Power" estará resolvido na linha dos nossos entendimentos e de acordo com as bases estabelecidas na negociação entre os representantes dessa empresa e as autoridades brasileiras.

Estou convencido de que desse modo ficam eliminadas as áreas de atrito que vinham prejudicando o desenvolvimento de entendimentos de maior alcance, do interesse dos nossos países, e que os propósitos expressos no comunicado conjunto resultante de nossas conversações em Washington estão alcançados.

Aproveito a oportunidade para renovar a Vossa Excelência os meus cumprimentos.

Detalhista e cauteloso, Jango mandou trocar "estão plenamente alcançados" por "sejam plenamente alcançados" e "estará resolvido" por "espero que esteja". As áreas de atrito nunca seriam totalmente eliminadas. A solução para a Amforp desencadearia insatisfação interna. As expectativas não eram as mesmas. Muito menos os projetos.

O que os norte-americanos pensavam da própria contribuição ao desenvolvimento do Brasil fora escrito numa carta, de 23 de março de 1962, da "American Chamber of Commerce for Brazil" a João Goulart. O final resume:

Os empréstimos e financiamentos particulares entre 1954 e 1960 atingem a 780 milhões de dólares, enquanto os oficiais, no mesmo período, são ligeiramente superiores ao total acima mencionado. Sem levar em conta cerca de 500 milhões de dólares emprestados a título de "Financiamentos Oficiais Compensatórios", isto é, de cobertura dos déficits das contas internacionais do Brasil, e ainda os swaps, aceites bancários etc... o total geral dos empréstimos e

A MEMÓRIA E O GUARDIÃO

financiamentos concedidos ao Brasil eleva-se a cerca de 1 bilhão e 500 milhões de dólares, nos sete anos cobertos por esta exposição, ou seja, mais de 200 milhões de dólares anuais.

Para o caso de uma difícil compreensão da exposição feita com tanto esmero e fervor patriótico, um parágrafo derradeiro tratava de esclarecer com gélida argumentação:

> Aí está, traduzida na linguagem fria das cifras, o que tem sido a contribuição das entidades públicas e privadas dos EE.UU. ao esforço de desenvolvimento econômico realizado pelo povo brasileiro, que, sem a menor dúvida, alcançará os seus justos objetivos finais em futuro bem mais próximo do que todos imaginamos.

A expressão "na linguagem fria das cifras" certamente surtiu efeito. Era uma forma brutal de dizer que os Estados Unidos faziam a parte que consideravam lhes caber pelo futuro do Brasil, o qual precisava se movimentar para apresentar a contrapartida. Quanto mais João Goulart articulava, menos encontrava a saída para os impasses com os quais tinha de lidar. Diante dos Estados Unidos era o Brasil quem pedia.

Nos Estados Unidos, João Goulart deixou os rastros de um discurso feito sob medida para conciliar sem se vergar. Uma profissão de fé na democracia e história.

> Dirijo ao povo americano a minha saudação, formulando em nome do povo brasileiro os votos mais sinceros pela prosperidade deste País. O Brasil e os Estados Unidos têm uma grande história comum. Os brasileiros guardam a memória do apoio que receberam da Nação Americana no estabelecimento da Independência, e lado a lado lutamos na primeira e na segunda guerra mundial em defesa dos mesmos princípios, que são os da liberdade política, dos direitos individuais e do governo representativo.

UMA RELAÇÃO COM KENNEDY

Certamente para aplacar críticas, dirimir dúvidas e tranquilizar o anfitrião, uma espécie de esclarecimento quanto ao modelo defendido: liberdade com justiça social.

> Como todos os países que ainda sofrem os males do subdesenvolvimento econômico, o Brasil se acha empenhado numa luta sem desfalecimento pela sua emancipação nacional. Nossa população, de mais de 70 milhões de habitantes, considera a conquista de um nível mais alto de bem-estar e justiça social inseparável da preservação das instituições democráticas e do regime representativo.

Um passo, porém, mais arriscado: eliminar gradualmente a divisão de classes. Como poderia reagir John Kennedy a um orador altivo pregando a fim da miséria e das discriminações, o que todos sempre querem, com o apagamento das separações de classes, o que numa cultura liberal, baseada na desigualdade, é um dado "natural"?

> Acreditamos que assim como no seio de uma sociedade deverão ser gradualmente abolidas as desigualdades entre as classes, do mesmo modo é indispensável que entre as Nações desapareçam as distâncias que hoje separam as economicamente fortes das economicamente fracas. Somente num mundo do qual se elimine a miséria, a insegurança pessoal e as discriminações é que poderá subsistir uma verdadeira ordem democrática.

Um presidente de uma nação soberana não pode deixar de destacar a soberania do seu país. A defesa, contudo, da autodeterminação dos povos em tempos de Guerra Fria poderia ser entendida como altivez ou provocação: declarar-se independente dos blocos dominantes e no auge da tensão diante do líder de um deles, em sua casa.

> A política exterior do novo Governo Brasileiro é baseada na mais absoluta independência, fiel às nossas tradições e compromissos, inspirada sempre no respeito à soberania dos Estados, através dos princípios de não intervenção e de autodeterminação dos povos.

A MEMÓRIA E O GUARDIÃO

O leitor desatento, ou o ouvinte do discurso, poderia considerá-lo protocolar. O receptor informado, porém, sentia a tensão aumentar. Cada palavra era uma mensagem.

> Não trazemos para a política exterior preconceitos ideológicos ou prevenções contra determinadas Nações. Desejamos contribuir, pelos meios ao nosso alcance, para uma política sincera de fortalecimento da paz, que diminua as perigosas tensões internacionais do mundo de hoje e assegure a coexistência pacífica de todos os povos.

Autodeterminação dos povos, liberdade com justiça social, paz com diminuição da distância entre as nações, eliminação da miséria pela abolição da desigualdade entre as classes, política internacional autônoma e respeito a todas as opções ideológicas, o que incluía o comunismo. João Goulart fustigava os ouvidos americanos a domicílio.

> Penso que é esse também o sentimento do povo americano, o qual não está animado de propósitos expansionistas e tem dado provas, diversas vezes, do desejo sincero de cooperar com as demais nações. Dentro desse sistema de cooperação, e na medida dos recursos de que dispomos, também estamos levando o nosso auxílio e colaboração a outras nações e pretendemos desenvolver ainda mais esse programa, que consideramos a base mais segura para o fortalecimento da solidariedade internacional.

O Brasil reconhecia a sua dimensão. Não se comparava em poderio econômico aos Estados Unidos da América. Nem por isso se considerava impedido de ajudar nações amigas.

> Nestas minhas primeiras palavras dirigidas como Presidente do Brasil ao povo norte americano, quero exprimir a minha admiração por esta grande Nação, pela obra gigantesca realizada por seus filhos no domínio espiritual e material, e saudar na pessoa do Presidente Kennedy a grande linhagem de estadistas americanos que souberam compreender a América, e contribuir para o bom entendimento e a mútua afeição dos povos deste hemisfério.

UMA RELAÇÃO COM KENNEDY

Essa nota final dialogava com a história: a América não era dos norte-
-americanos, dos estadunidenses, mas de todos os povos, nações, culturas que a formavam. O que pedia o presidente brasileiro? Respeito,
compreensão, reconhecimento das diferenças, apoio e entendimento.

A minuta de uma carta de 7 de agosto de 1962 dá mais uma ideia
da relação entre amistosa e tensa estabelecida com John Kennedy: "O
dr. Walter Moreira Salles, nosso comum amigo, na sua qualidade de
Ministro da Fazenda do Governo brasileiro, foi incumbido de tratar
de assuntos do interesse do Brasil na Europa e nos Estados Unidos."
Jango ressalta que Salles dispensa carta de apresentação, mas faz
questão de destacar que ele fará "o relato do que eu estimaria apresentar
pessoalmente sobre os aspectos atuais dos assuntos que foram objeto
de nossas conversações quando da minha tão agradável estada em seu
grande país". O brasileiro prestava contas e dizia-se ansioso pela visita
de retribuição de Kennedy ao Brasil.

A cortesia escondia a preocupação?

11. Tentativas de golpe em relatos

Se no campo externo tudo era aposta e negociação, no interno, as reformas não decolavam. O golpe alçava voo. O presidente não vivia nos seus palácios alheio às conspirações que o cercavam. O clima deletério não surgiria do dia para a noite. Seria uma lenta construção. Jango respirava o ar malsão de uma época contaminada. A desestabilização assumiria várias faces, mas tinha digital, endereço, telefone e um nome: Carlos Lacerda.

COMPLEMENTAÇÃO DE INFORME: 12.5.63

Sindicando no sentido de apurar os nomes dos advogados, amigos de Lacerda, em cujo escritório houve a reunião de 8.9 do corrente, apurei o seguinte: a) São eles Luiz Mendes de Moraes Netto, residente na Avenida Rainha Elisabete, 129, Tel. 27-6224; Justo Mendes de Moraes, que reside juntamente com Luiz, tendo, porém, telefone próprio, de nº 27-1149; e Arthur César Rios, residente à Rua Pompeu Loureiro, 21, Tel. 57-8652, os quais, conjuntamente, estão instalados nas amplas dependências do Grupo 604 da Rua México 31; b) Estiveram eles presentes à reunião, participando dos planos e inclusive estudando a fórmula jurídica a ser empregada na defesa dos integrantes e co-

A MEMÓRIA E O GUARDIÃO

laboradores do "grupo-compacto" que vai entrar em ação; c) Luiz Mendes de Moraes Netto é Oficial da Reserva do Exército, já tendo participado do movimento de Aragarças; d) José Henrique Cordeiro da Rocha, filiado ao "grupo compacto", é especialista em "guerrilhas e sabotagem", conforme se intitula, e, em sua rápida palestra com o "nosso homem", esclareceu, ainda, que somente 6ª. feira à noitinha (dia 10), iria saber de Luiz Mendes o dia e hora exatos da partida para Brasília, sendo certo que alguns seguiriam de avião e outros de ônibus.

Os carros que na noite da reunião acima citada encontravam-se em permanente ronda pelas imediações, entre outros, eram os seguintes, 13-18-71, 19-12-66, 13-18-85, 19-18-34 (5x ou 19-18-54), e o táxi que conduzia a "turma de choque", 57-60-69.

Assuntos diversos, a serem ainda pesquisados: a) O ministro Kruel teve forte atrito com o Presidente, de sexta para sábado, com relação ao caso "Brizola Murici", chegando mesmo a pedir exoneração em caráter irrevogável; b) Brizola falará pela TV, 2ª. feira, dia 13, para esclarecer o caso "Murici"; c) Lacerda, sabedor do fato, tenta por todos os meios e modos conseguir horário para 3ª. feira, com a intenção de atacar Brizola e o próprio Presidente e, desse modo, exacerbar ainda mais os ânimos; d) Kruel determinará a punição do Subtenente Paraquedista, orador na homenagem ao Gen. Osvino; e) O CGT, caso se confirme a punição, deflagrará greve geral no país, em represália; f) Gen. Oromar, à vista dos acontecimentos, foi se avistar com o Presidente, na noite de hoje (domingo), rumando em seguida para a Vila Militar, a essa altura de sobreaviso; g) Consta que a Polícia de S. Paulo, no caso de entrar de prontidão em razão da greve a ser deflagrada no Estado, (os sargentos) não cumprirão ordens do Gov. Ademar, que é chamado de "gorila". Esse fato foi ventilado pelo representante daquela Corporação, por ocasião da homenagem ao Gen. Osvino, durante a qual ecoava por todo o salão o "slogan" "Osvino sim, gorilas não".

O general Osvino Ferreira Alves apoiou a posse de João Goulart em 1961. Tornou-se comandante do I Exército. Em maio de 1962, denunciou a existência de planos para a implantação de uma ditadura no país. O informe realça sobretudo as suscetibilidades dos militares, as

TENTATIVAS DE GOLPE EM RELATOS

polêmicas e pressões de Leonel Brizola, que chamou, em viagem ao Rio Grande do Norte, em maio de 1963, o general Antônio Carlos Murici, seu inimigo desde a crise da Legalidade, de "gorila". Murici queixou-se para Humberto de Alencar Castelo Branco, comandante do IV Exército, baseado em Recife, que se queixou ao ministro da Guerra, Amauri Kruel, que tudo relatou ao presidente João Goulart e ainda censurou pessoalmente Brizola pelas provocações.

O relato, que poderia ser esmiuçado para esquadrinhar cada nome citado e suas trajetórias, vale mais pela atmosfera que revela. Um quadro de decomposição. A metástase vista a olho nu. Uma rede de intrigas em desenvolvimento. Um processo de radicalização em curso. O nome de Kruel, compadre de Jango, teria papel fundamental no desfecho de 1964. Ao trair João Goulart, abriria uma avenida para a ditadura. Osvino presidia a Petrobras quando Goulart caiu. Passou alguns dias preso e teve os seus direitos políticos cassados. Nunca trocou de lado.

Um informe de alguns dias antes, 7 de maio de 1963, trazia dados mais contundentes e assustadores. O golpe estava em marcha. Não se tratava de uma teoria da conspiração, de um boato apocalíptico ou de um alarmismo recorrente num país acossado por rupturas institucionais:

> Consta que por trás das correntes antirreformistas lideradas no país pelos srs. Carlos Lacerda, Ademar de Barros, Armando Falcão e João Mendes, articuladores de um movimento de repercussão nacional visando a *[sic]* derrubada do Presidente João Goulart, estão os latifundiários, os exportadores e importadores, corretores de transações com grupos internacionais espoliativos e, principalmente, os banqueiros que operam com capital rotativo e especulativo na base de juros a 18% ao mês, bem como agentes de interesses danosos ao nosso desenvolvimento econômico.

O roteiro, com atores destacados, encontraria o seu cenário e a sua montagem em pouco tempo. A direção e os protagonistas iriam além dos citados. Um grande elenco participaria da megaoperação de afastamento de Goulart. Seria uma tomada de poder sangrenta. Até os nomes dos primeiros a morrer estavam designados em hierarquia:

> Tratando dos pormenores da chamada "Revolução Constituciona-lista", sucessivas reuniões têm se realizado por militares e civis no Rio e em S. Paulo, sendo que neste Estado com mais frequência nas residências do Mal. Denys e na do dr. Raimundo Brito, Secretário de Saúde de Lacerda, cuja esposa é figura proeminente e ativista do IBAD. Numa das reuniões secretas do mesmo IBAD, o Coronel Ardovino disse que, chegada a hora, "ia fuzilar muita gente e que um dos primeiros seriam o Presidente da República e o Deputado Brizola".

O Instituto Brasileiro de Ação Democrática (Ibad) e o Instituto de Pesquisa e Estudos Sociais (Ipes), organizações criadas para dar suporte ao golpe, teriam papel destacado na guerra de manipula-ção da opinião pública. Brizola e Jango não foram assassinados. Tomaram antes o caminho do exílio. Se ficassem, sofreriam todas as humilhações possíveis. Por que não a morte? Segundo o informe em análise aqui, eles não seriam os únicos a morrer na largada. A lista contemplava militares e indicava os locais onde as execuções poderiam acontecer:

> As autoridades mais visadas, numa lista que se encontra em poder de Ardovino, são: Ministro Suzano e Almirante Aragão; Brigadeiro Teixeira, Gen. Osvino, Gen. Oromar, Gen. Cunha Melo, Gen. Silvino Castor, Gen. Feri (no caso de não ficar com o grupo), Gen. Jair Dantas, Almirante José Luiz, Almirante César de Andrade, Brigadeiro Moreira Lima, vários Coronéis, bem como Comandantes das principais Unidades da Marinha fiéis ao Governo. A tática empregada para a neutralização dessas autoridades será a interdição em suas residências, ou nos próprios locais de trabalho, chegando até a eliminação no caso de resistência.

TENTATIVAS DE GOLPE EM RELATOS

Um plano de derrubada de um governo não pode deixar nada ao acaso. As chefias são determinantes. É preciso ter organizadores civis e militares com experiência.

> Quanto à ação militar propriamente dita, está a cargo de um grupo de oficiais fiéis ao Mal. Denys, que traçam a estratégia, destacando-se dentre eles o Gen. Orlando Geysel [sic].

A família Geisel entraria, de fato, em fileira cerrada na operação. Ernesto Geisel, irmão de Orlando, integraria a equipe mais próxima de Castelo Branco e chegaria em 1974 ao posto máximo de ditador de plantão. Um golpe com intenção de perdurar não se faz sem a elaboração de uma superestrutura jurídica para legitimá-lo. Foi-se buscar um velho especialista em ditadura:

> O sr. Francisco Campos já se propôs inclusive a colaborar com Lacerda para dar cobertura jurídica ao golpe, sob a justificativa de estar alarmado com o projeto de Reforma Agrária e a consequente alteração da Constituição, pois teme perder sua valiosa propriedade. Convém lembrar que o sr. Francisco Campos foi o autor da famosa "Carta de 37".

Os chefes civis articulavam-se sob rala cobertura, usando a fachada pública de que dispunham para encontrar-se e amarrar os nós de uma aventura sem retorno possível:

> O sr. Ademar de Barros era esperado hoje, às primeiras horas da noite, para se avistar com o Gov. Lacerda, cujo encontro estava acertado na ilha de Brocoió, secretamente. Sabe-se, porém, que o assunto a ser tratado diz respeito aos preparativos do movimento: "Revolução Constitucionalista", em que estão empenhados.

Contradições luziam. O partido de Carlos Lacerda, campeão de defesa da moralidade e um dos artífices da desestabilização sob as bandeiras da reconstrução do país, do combate à corrupção e da reação ao perigo

A MEMÓRIA E O GUARDIÃO

comunista, era acusado de alimentar-se de propinas. Definitivamente tudo parece sempre se repetir como amarga tragédia.

DENÚNCIAS DE CORRUPÇÃO NA UDN.

Nos próximos dias, o Deputado Sérgio Magalhães virá de Brasília especialmente para, num dos canais de TV, fazer revelações estarrecedoras sobre a corrupção que campeia na UDN, que vem empregando elementos em diversos Ministérios e Autarquias, em posições de relevo, com o objetivo de levantar fundos para a próxima campanha eleitoral. Dizem, inclusive, que o Dep. Estadual Danilo Nunes emprega uma hábil manobra no sentido de dominar inteiramente este ou aquele Ministério, como é o caso sabido do Ministério da Agricultura.

O *modus operandi* recorria à tradicional ocupação de cargos para a formação no caso de uma célula conspiratória. Tudo passava pelo controle e uso da máquina pública nas suas mais diversas instâncias e possibilidades. Nem a ruptura da ordem prescindia do uso dos dispositivos da ordem vigente como pontos de apoio:

A tática resume-se no seguinte: nomeado o Ministro, Danilo queima todos os trunfos para colocar em posto-chave um elemento seu, com o compromisso deste de ir, pouco a pouco, colocando os demais nos postos imediatos e assim infiltrando seu "grupo compacto", composto de 15 pessoas. A ascensão desses elementos é feita de tal modo que, mesmo ocorrendo a perda da função de qualquer deles, o substituto imediato pertença à mesma equipe, não havendo, pois, possibilidade de ser quebrada a cadeia. Assim foi que, Danilo empistolando-se com o próprio Min. Kruel, conseguiu do Presidente Goulart a nomeação do sr. Alberto Ribeiro de Oliveira Mota para a subchefia do Gab. do Ministro da Agricultura e que exerce, ainda, as funções de Diretor--Geral do Departamento Agropecuário, recebendo as respectivas remunerações. E o "testa" de ferro de Danilo.

A expressão "grupo compacto" já aparecia no informe citado anteriormente. Talvez pouco se tenha dado atenção a detalhes dessa ordem

TENTATIVAS DE GOLPE EM RELATOS

comezinha: o parasitismo da engrenagem como forma de obter os meios de se apossar definitivamente dela. Seguem-se nomes de infiltrados:

> Luiz Guimarães, funcionário aposentado e elemento do Gabinete do Min. da Agricultura, exercendo ainda as funções de Secretário da Junta Executiva do Algodão, com alta remuneração; Augusto de Oliveira Lopes (ou Lopes de Oliveira), que é chefe da Assessoria Técnica do citado Ministério, exercendo ainda funções de destaque na C.C.P.L. (elaborando sempre, à custa de propinas, pareceres favoráveis aos aumentos) e na Confederação Rural Brasileira; Sr. Altamiro de tal, que é Diretor do Departamento de Produção Animal. Esse elemento é tão lacerdista que o extinto Gov. Roberto Silveira ao saber das suas tramoias exonerou-o das funções que exercia no Depto. de Defesa Animal do Estado do Rio; Adão Caminha, funcionando na Assessoria Técnica; Aloísio Lobato Valle; Edgard Salles, ambos daquela Assessoria; João Barreto, que é o executor do Acordo entre o Instituto do Álcool e o Min. da Agricultura. É o principal manipulador das verbas canalizadas para Danilo. O sr. Alberto Ribeiro de Oliveira Mota é, ainda, o Superintendente de Silos e Armazéns; Edgard Salles e outros.

Uma informação para guardar e analisar detidamente sempre que a questão for como se faz funcionar uma máquina golpista: "o principal manipulador das verbas canalizadas...". A propina, termo que devastaria reputações mais tarde na política brasileira, já era moeda corrente e farta. Não apenas a ditadura militar implantada em 1964 no Brasil conviveu com a corrupção como dela precisou para se organizar e instalar:

> Como se pode observar, esses elementos são altamente remunerados em razão das variadas funções, muitas das quais de chefia, que exercem cumulativamente, com a intenção exclusiva de controlar em diversos setores tanto do Ministério quanto dos Órgãos a ele subordinados, os expedientes de concorrência, dando-lhes o competente parecer favorável em favor da firma de material agrícola em geral que chegaram a fundar, de sociedade com um grupo americano. São os principais

A MEMÓRIA E O GUARDIÃO

sócios desta os srs. Alberto Ribeiro de Oliveira Mota e Edgar Salles. O primeiro, exorbitando de sua autoridade naquele Ministério, determinou e conseguiu não se sabe como que o telefone da Subchefia 42-5422 fosse instalado na Rua da Lapa (ao que parece), onde está situada a firma "W. Heit", da qual faz parte, tudo para facilitar o perfeito entrosamento nos negócios.

A lógica da operação já era a da "caixinha". A cada um conforme a sua porcentagem e o papel a desempenhar.

> A verba destinada a aquisição de material, sob o controle desse grupo, é da ordem de 10 bilhões de cruzeiros. Desta, de conformidade com as compras que mensalmente vão sendo feitas, que orçam entre 300 a 400 milhões de cruzeiros, 3%, conforme prévio acordo com Danilo, destinam-se à "Caixinha", ficando o restante da comissão para divisão entre o "grupo compacto".

A colheita era farta. A "caixinha" podia virar "caixa dois". Uma mão lavava a outra e elegia os escolhidos:

> Danilo Nunes está tão seguro de que o rendimento da sua "Caixinha agrícola" vai ser por tempo indefinido que chegou a prometer apoio financeiro à campanha de Lacerda, dizendo aos amigos deste que: "estaria em condições de coordenar grandes recursos financeiros para a campanha do Governador à Presidência da República em 65, desde que fosse pelo mesmo indicado e apoiado para sucedê-lo na governança estadual". E, de fato, se não for inteiramente desmantelado esse "grupo compacto", [sic] vai longe.

A informação obtida secretamente obedece a uma filosofia de gestão e de antecipação de crises. Um informe de 18 de setembro de 1961, feito em Brasília, sobre uma possível tentativa de retorno do ex-presidente Jânio Quadros, situava os quatro pilares da espionagem oficial para fins de organização e de controle político:

TENTATIVAS DE GOLPE EM RELATOS

I – Toda informação é tanto mais valiosa e útil quanto como mais antecedência é conhecida.

II – Toda decisão só pode ser tomada com base em informações verdadeiras, leais e oportunas.

III – Um governante mal informado ou desinformado está sujeito a constantes erros, vacilações ou retardamento em suas decisões.

IV – Os atos mais graves nascem, o mais das vezes, de pequenas causas que vão se cruzando, acumulando, aumentando até chegarem a uma verdadeira crise.

As informações recolhidas tratavam de um movimento intitulado "Jânio voltará". Elas não devem ter sido muito úteis, apesar de algumas curiosidades a comentar:

> Embora o desprestigio [sic] crescente do ex-Presidente Jânio, pelas suas atitudes e atos, o mistério com que até hoje está cercada sua renúncia (para o público, porque para nós não há mistério) faz com que paire no ar uma interrogação que aguarda uma resposta. Esta resposta está sendo preparada no sentido de uma recuperação imediata do ex-Presidente.

O grande segredo de Jânio Quadros, aquele que historiadores perseguiriam ao longo dos anos escavando arquivos ou entrevistando fontes bem posicionadas junto ao enigmático presidente que renunciou, seria este:

> O Movimento baseia-se num princípio ideológico e pretende estabelecer uma REPÚBLICA SOCIALISTA DEMOCRÁTICA CRISTÃ, aliás, designação que teria o governo de Jânio, caso vingasse em suas primitivas intenções. A substância doutrinária conterá várias medidas preconizadas pela Igreja Católica e contidas na Encíclica do Papa João XXIII "Matter et Magister" [sic].

Uma república socialista democrática cristã inspirada numa bula papal. Projeto tropicalista *avant la lettre*? Futurismo fascista? Populismo de direita em tons verde-amarelos? Não se pede negar a originalidade da

A MEMÓRIA E O GUARDIÃO

utopia: mesclar república, socialismo, democracia, religião cristã e a influência de uma encíclica de um papa tido por um tanto subversivo. A encíclica *Mater et magistra*, de 15 de maio de 1961, destaca o papel dos sindicatos no mundo moderno, a importância da previdência social, a autonomia dos povos em tempos de declínio do colonialismo europeu na África, a necessidade de diminuir a distância entre classes sociais e a igualdade social.

A encíclica de João XXIII, voltada para as questões sociais, remeten-do-se à *Rerum novarum* de Leão XIII, não peca por falta de clareza. Queria um Estado atuante:

> O Estado, cuja razão de ser é a realização do bem comum na ordem temporal, não pode manter-se ausente do mundo econômico; deve intervir com o fim de promover a produção de uma abundância suficiente de bens materiais, "cujo uso é necessário para o exercício da virtude"; e também para proteger os direitos de todos os cidadãos, sobretudo dos mais fracos, como são os operários, as mulheres e as crianças. De igual modo, é dever seu indeclinável contribuir ativamente para melhorar as condições de vida dos operários.*

Essa mensagem não estaria mais em sintonia com os propósitos de João Goulart do que com os de Jânio Quadros? Há uma defesa da função social da propriedade: "A propriedade privada, mesmo dos bens produtivos, é um direito natural que o Estado não pode suprimir. Consigo, intrinsecamente, comporta uma função social, mas é igualmente um direito que se exerce em proveito próprio e para bem dos outros." O texto papal ia mais longe: "Não basta afirmar que o caráter natural do direito de propriedade privada se aplica também aos bens produtivos; é necessário ainda insistir para que ela se difunda efetivamente entre todas as classes sociais."

---

* Texto integral da encíclica *Mater et magistra* disponível em: <http://w2.vatican.va/content/john-xxiii/pt/encyclicals/documents/hf_j-xxiii_enc_15051961_mater.html>.

TENTATIVAS DE GOLPE EM RELATOS

A *Mater et Magistra* sensibilizou João Goulart, como prova um telegrama enviado por ele, em 13 de novembro de 1961, ao arcebispo metropolitano de Porto Alegre, D. Vicente Scherer: "Recebi sensibilizado e muito agradeço amável comunicação sua apreciada carta, endereçada Roma, comunicando-me satisfação Sua Santidade Pio [*sic*] XXIII minha citação encíclica *Mater et Magistra*." João XXIII foi um homem pio, "o papa bom". A mensagem de Jango não errava. Scherer informava que chamara a "atenção do Santo Padre sobre o fato de V. Excia [...] haver citado extensas passagens da encíclica pontifícia *Mater et Magistra* para justificar as aspirações de 'independência econômica' e de 'igualdade social' dos povos em fase de desenvolvimento. Sua Santidade revelou com isso viva satisfação". As palavras de João Goulart haviam sido reproduzidas pelo jornal do Vaticano *Osservatore Romano*. Vicente Scherer, que apoiaria a ascensão dos militares em 1964, não escondia as suas ressalvas:

> De minha parte, renovo os votos de que o sonhado desenvolvimento social, político e econômico do Brasil se processe à luz dos princípios expressos no memorável documento pontifício, para preservar nosso povo dos horrores da escravidão comunista.

O final do relatório sobre um movimento pelo retorno do homem que pretendera varrer a corrupção do país com determinação e coragem parece contrariar os pilares apresentados no seu começo. Nada há de sólido: "Não sabemos se o senhor Jânio Quadros tem conhecimento desse plano e se lhe dá apoio. Entretanto o fato de ter chamado com urgência a Londres seu ex-secretário José Aparecido, que já embarcou, dá para desconfiar." Um indício? Numa sociedade em que todos pedem ao Estado, ou ao seu representante máximo, o presidente da República, um sintoma se revela: a carência de políticas públicas universais. Olhada por outro ângulo, a ideia de uma República Socialista Democrática Cristã, relacionada a Jânio Quadros, mas pertinente às reformas de base de João Goulart, identifica necessidades e peculiaridades do

A MEMÓRIA E O GUARDIÃO

Brasil da época: um país católico, profundamente religioso, carente de afirmação de *res publica*, precisando aprofundar a sua democracia e diminuir o fosso entre as classes por meio, se não do socialismo, de uma social-democracia. Os conservadores temiam o comunismo.

Para melhor viverem o capitalismo, porém, seria fundamental aceitar um pacto social-democrata de desconcentração de riqueza pela distribuição de terras, criando um mercado interno mais consistente e gerando inclusão social. As elites escolheriam outro caminho para evitar o comunismo e o socialismo (na verdade, um princípio de social-democracia ou de Estado de bem-estar social): a ditadura militar respaldada pela mídia, pelo empresariado e por parte da Igreja católica. O problema das elites brasileiras era confundir qualquer tentativa de reforma social com populismo. O elitismo cegava. A realidade pedia reformas. A resposta viria com tanques.

A doutrina segundo a qual a obtenção de informações o mais cedo possível permitiria agir de modo a evitar consequências indesejáveis não produziu resultados. Um informe de outubro de 1961, dando conta dos problemas dos primeiros dias do governo João Goulart, indicava tudo o que aconteceria mais tarde. Antecipava o que viria em 1964: "Os remanescentes do golpismo, embora enfraquecidos com a derrota sofrida, continuam organizados e tentando reagrupar seus dispositivos para uma ação futura." A estratégia era "manter um clima de intranquilidade e agitação que crie condições favoráveis ao crescimento de suas forças e motivação nacional para uma intervenção oportuna". A semeadura tinha o seu adubo: "A tecla do comunismo continua sendo explorada e o será até que se crie uma consciência nacional de seu perigo." Não se pode dizer que o governo não tenha sido avisado a tempo.

Até mesmo o "fogo amigo" foi destacado: "A incompreensão de certos elementos tidos como de esquerda, como certos deputados do PTB federal e estadual têm demonstrado, atacando em termos demasiadamente duros os ex-ministros e as Forças Armadas, em geral, tem causado mal-estar, mesmo entre aqueles militares que desde o início

TENTATIVAS DE GOLPE EM RELATOS

estiveram contra o golpe." Tudo aquilo que minaria o governo de Jango em 1964 aparecia no informe de 1961: "Quando estas manifestações partem de elementos tidos como comunistas, simpatizantes ou esquerdistas, o seu efeito é desastroso." O informante advertia que a "séria crise financeira" atravessada pela nação poderia colocar os "trabalhadores e as classes médias em ebulição", levando ao uso da força pelos militares para garantir a ordem pública. Era preciso pacificar e controlar os quartéis com urgência. As disputas políticas e sindicais deletérias também eram citadas em tom de advertência.

Um certo Osmildo Staford, do conselho fiscal do IAPB (Instituto de Aposentadoria e Pensões dos Bancários), é citado no informe como um elemento gerador de embaraços. Ele teria se gabado em reuniões de ser recebido com facilidade por João Goulart e de ter sido incumbido de criar na Guanabara um "Comitê Técnico de Problemas Sociais" para atuar nos sindicatos. O órgão teria sido formado tendo como integrantes um grupo de "comunistas": Wanderley Guilherme dos Santos e outros. A atmosfera do relatório é aquela que se adensaria nos anos seguintes, jogando uns contra os outros e muitos contra o governo.

Outro informe, incompleto e sem data, relatava uma reunião no Clube Militar na qual oficiais fardados fizeram críticas ao presidente João Goulart, "inclusive à sua honorabilidade pessoal", e aos membros militares do seu governo, sendo poupado apenas o ministro da Guerra, general Kruel. Um repórter do *Jornal do Brasil*, Carlos Prata, teria sido ameaçado de prisão por se aproximar do local. O clima de tensão crescente era mapeado dia a dia. Nada escapava aos olheiros do governo, salvo o essencial. A conspiração que, de fato, derrubaria João Goulart cozinhava em fogo cada vez menos brando. Era questão somente de tempo, de ponto, de chefe e de estopim.

12. Religiosos pedem ou denunciam comunismo

Pedir ao presidente da República não era privilégio de políticos ou desespero de cidadão comum. Os religiosos do mais alto escalão também fariam genuflexão em busca do atendimento de favores. Em 4 de abril de 1962, o cardeal arcebispo de São Paulo, Carlos Carmelo de Vasconcelos Motta, enviou carta manuscrita a João Goulart agradecendo por um cartão do presidente de 24 de janeiro do mesmo ano. O religioso aproveitou para apresentar o portador da correspondência, monsenhor Victor Ribeiro Nicklesburg, "bacharel em direito, diplomado pela Universidade Católica de São Paulo" e "agrônomo, diplomado pela Escola Agrícola de Piracicaba". Nada mais é dito. Nem pedido.

O contato entre o arcebispo de São Paulo e João Goulart não pararia de ser alimentado. Em 22 de maio de 1962, dom Carlos Motta acusaria o recebimento de telegrama de Goulart saudando-o por sua "atitude" em relação à "questão agrária e outros assuntos nacionais". O religioso realçou sua posição: "Estou seguro que a organização da lavoura e da pecuária em termos técnicos e sociais será decisiva para a prosperidade da nossa pátria; e assim iremos tirar juros do imenso patrimônio que é o território nacional." Se pedia, também concedia.

A MEMÓRIA E O GUARDIÃO

Em 17 de dezembro de 1962, dom Carlos Motta torna-se mais explícito: "Venho mais uma vez recorrer à nunca desmentida generosidade de V. Excia; e, agora, em nome do meu parente e amigo, Sr. Geraldo Mauro Gomes, a fim de que V. Excia. se digne a nomeá-lo para o emprego de que falará pessoalmente." O padrão era o mesmo: amparar o indicado com uma carta capaz de explicar a demanda e de servir-lhe de passaporte para ter acesso ao presidente. Não poderia faltar uma justificativa: "Empenho-me em favor dele por se tratar de pessoa muito digna de confiança e, além disso, por ser um pai de família que luta por ela, destituído de recursos materiais."

Se pedia para gente modesta, dom Carlos Motta também interferia por homens importantes em momentos de especulação. Em 19 de outubro de 1963, escreve para apoiar o nome do médico Benjamin Farah, de quem recebera assistência no Rio de Janeiro vinte anos antes, para ministro da Educação: "Agora, constando-me que o seu nome está sendo lembrado para o Ministério da Educação, peço vênia para levar a V. Excia., Senhor Presidente, o meu apoio pessoal e aplauso a esse nome." O cardeal deu-se o trabalho de resumir o extenso currículo do indicado.

Não era só o arcebispo de São Paulo que pedia, sugeria ou recomendava. Henrique, irmão marista, diretor do Colégio Santana, de Uruguaiana, Rio Grande do Sul, onde o menino Jango estudou, escreve em 29 de fevereiro de 1964, ano bissexto, para declarar admiração, votos de saúde e felicidade e pedir algo muito singelo: "Ficaria imensamente honrado se pudesse receber de V. Excia. uma palavra de orientação para o seu e meu colégio." O bispo de Petrópolis, dom Manoel Cintra, como se fica sabendo graças ao seu telegrama de 16 de junho de 1963, fora mais concreto na sua demanda de ajuda. Ele vinha agradecer ao presidente da República "pelo despacho favorável" que fez a CSN não exigir "pagamento integral das estruturas metálicas fornecidas para torre catedral Petrópolis".

Ao bispo de Dourados, dom Carlos Schmidt, que, junto com "o presidente da Associação Rural, o presidente do Rotary, da telefônica, um

RELIGIOSOS PEDEM OU DENUNCIAM COMUNISMO

médico, um vereador, um funcionário, um advogado, três industriais, vinte e seis ruralistas", pediu a revogação do "decreto monstruoso que irá derramar o sangue dos nossos filhos", o decreto da reforma agrária, Jango anotou à mão: "Wamba: responder, o que desejo é exatamente evitar a luta entre irmãos." O assessor caprichou: o presidente pretendia fazer reformas para atender anseios de justiça "dentro da paz social".

Operar num contexto de tensão nacional e internacional levou João Goulart a buscar permanentemente a conciliação de classes. Negociar era a sua única alternativa. Essa estratégia nunca se revelou ganhadora ao longo do seu curto governo. O abandono dela, porém, com a aceleração das Reformas de Base, em 1964, o que foi visto por seus opositores como radicalização comunista, selaria o fim do precário entendimento baseado na troca de favores e o ocaso de uma experiência oscilante na busca de um salto de qualidade para a vida dos enormes contingentes populacionais brasileiros mantidos à margem dos direitos primordiais. Jango precisava completar o trabalho de Getúlio Vargas. A tarefa era imensa e fadada a enfrentar todo tipo de resistência, até a armada.

A arquitetura da conciliação, mediada por políticos e personalidades de todos os níveis da atividade pública, não dava espaço para dissidências, afastamentos, esquecimentos ou "desvios de conduta". A "etiqueta" devia ser seguida à risca. O limite dessa estratégia, contudo, era bastante estreito. Qualquer tentativa de ampliação do espaço de manobra em favor da parte menos favorecida, chamada então de "povo", resultava em acusação de populismo, terrível categoria de acusação e descrédito.

Quando não pedem para si ou para os seus, em ação direta de apropriação de espaços e de recursos públicos, os poderosos atuam como intermediários dos chamados desfavorecidos ou necessitados, muitas vezes vinculados a eles por laços de proteção a agregados ou vínculos trabalhistas informais, numa espécie de família ampliada ou tribalização moderna, o que só reforça o poder desfrutado alimentando uma cadeia de favores capaz de trazer "benefícios" da base ao topo, com nítida vantagem, mesmo não imediatamente contabilizada, para a cúpula.

A MEMÓRIA E O GUARDIÃO

Em 24 de novembro de 1961, o presidente João Goulart assinou uma resposta datilografada ao "eminente amigo Dom Jaime Câmara", cardeal arcebispo do Rio de Janeiro:

> Recebi, com todo apreço, a sua cartinha de 19 do corrente, recomendando o nome do DR. PAULO MONTEIRO MENDES para um posto de destaque na direção da Companhia Siderúrgica Nacional. Em resposta, apraz-me informar-lhe que já me dirigi, manifestando todo o interesse sobre o assunto, ao almirante Lucio Meira, Diretor Presidente daquela Empresa. Receba, nesta oportunidade, o testemunho da minha particular estima e consideração.

Religião, política e siderurgia podiam se encontrar. Poucos dias antes, em 19 de novembro de 1961, o cardeal dom Jaime Câmara escrevera ao presidente da República:

> Peço licença para passar às mãos de Vossa Excelência a carta aqui anexa que me foi dirigida pelo Governador do Bispado de Barra do Piraí, Monsenhor Clemente Mueller, que se encontra à frente da Diocese na ausência do Senhor Bispo Diocesano. Como o assunto escapa à minha competência, entrego-o a quem compete decidir, sem que isto, de forma alguma, signifique ingerência nas altas decisões de Vossa Excelência. Com respeitosos cumprimentos me subscrevo.

Monsenhor Clemente Mueller indicava ao cardeal Jaime de Barros Câmara, por razões de ordem moral, religiosa e patriótica, um nome para a CSN: Paulo Monteiro Mendes.

> Pedimos respeitosamente vênia para comparecer à presença de V. Eminência bem como para expor o seguinte: – Soubemos, por fontes autorizadas, probabilidade de serem nomeados para direção da C.S.N. vários indivíduos cujos princípios e cuja conduta para com a Igreja Católica nada têm de recomendáveis.

RELIGIOSOS PEDEM OU DENUNCIAM COMUNISMO

A separação entre Estado e Igreja podia ser contornada com "jeitinhos" e indicações. Padre Clemente alarmava-se com a possibilidade de comunistas ascenderem.

> Soubemos, outrossim, que há um movimento de simpatia ante as autoridades supremas do país em torno de alguns nomes já conhecidos e a quem a Igreja deve inumeráveis favores. Entre estes, destaca-se o nome do portador desta, o qual, sobre ser amigo de S. Excia. D. Agnelo Rossi, tem a seu favor uma bela folha de serviços prestados à sociedade de Volta Redonda e à Diocese de Barra do Piraí, através de numerosos empreendimentos no campo educacional, social e religioso. Apresentando-lhe o Dr. Paulo Monteiro Mendes, na ausência ocasional de D. Agnelo Rossi, temos a certeza moral de estar fazendo o que, seguramente, o faria nosso amado Bispo, se aqui estivesse, não impedido por compromissos sagrados que o prendem fora da Diocese.

Se não institucionalmente, a Igreja católica, por meio dos seus sacerdotes, dos menos aos mais graduados, queria indicar rumos para o governo já antes da crise. Católico e determinado a desfazer a ideia de que chefiava um projeto comunista, João Goulart estava disposto a fazer agrados para acalmar o clero mais conservador. O cardeal Câmara retoricamente salientava que não pretendia se imiscuir em assuntos políticos, mas não podia não saber que estava passando uma clara mensagem política. Cada cargo a ocupar passava a ser visto como parte da guerra contra o inimigo vermelho, ateu e antidemocrático.

13. Militares pedem

Se todos pedem, usando da influência disponível, os militares não poderiam ser diferentes. O grau de poder exercido por eles num país acostumado às intervenções fardadas ou às ameaças vindas das casernas era enorme. Basta lembrar que a Proclamação da República, em 1889, foi o golpe militar que levou Deodoro da Fonseca ao poder. Consagrado por eleição indireta e constitucionalização, Deodoro tentaria o seu golpe contra o Congresso Nacional, não sendo bem-sucedido. Floriano Peixoto, o seu vice, assumiu a presidência golpeando a Constituição, que previa eleições diretas em caso de vacância da presidência antes de completar dois anos de mandato do eleito. A Revolução Federalista (1993-1995), guerra civil no sul do país, e a Revolta da Armada (1893), promovida por setores descontentes da Marinha com a República, lançaram civis e militares aos campos de batalha promovendo banhos de sangue. Floriano Peixoto saiu vitorioso à custa de mão férrea e armas pesadas.

O século XX brasileiro seria uma sucessão de revoltas, insurreições, rebeliões, movimentos militares, esmagamento de planos revolucionários comunistas, integralistas e por aí vai. Ficção ou realidade, tudo passava pelas armas: Revolta dos 18 do Forte de Copacabana (1918),

A MEMÓRIA E O GUARDIÃO

tenentismo (agitações militares a partir de 1922), Coluna Prestes (1924-1927), Revolução de 1930, golpe civil-militar que levou Getúlio Vargas ao poder, Revolução Constitucionalista de 1932, reação paulista ao golpe bem-sucedido de Vargas, Intentona Comunista (1935), implantação do Estado Novo (1937), o golpe de Vargas à direita, sufocamento dos camisas-verdes (1938), derrubada de Getúlio (1945) por seus velhos amigos militares de 1930, crise de governo, politização da Aeronáutica e suicídio de Getúlio (1954), com manifestos de coronéis e generais, posicionamentos explícitos de almirantes e brigadeiros, os episódios pós-Vargas envolvendo o vice-presidente Café Filho, sucedido rapidamente pelo presidente da Câmara dos Deputados, Carlos Luz, o golpismo do civil Carlos Lacerda e, por fim, a posse de JK, garantida pela farda de Henrique Teixeira Lott, que se tornaria fiador da democracia e da constitucionalidade. E ainda, muito antes da Legalidade (1961) e da tentativa de golpe dos ministros militares contra Jango, os casos de Jacareacanga (1956) e Aragarças (1959), que reuniu militares da Aeronáutica antigetulistas, lacerdistas, adoradores do brigadeiro udenista Eduardo Gomes, o eterno derrotado pelo varguismo nas lutas pela presidência da República, em planos de conquista pela força aérea do que as urnas não permitiam.

Se o tenentismo foi um movimento progressista, construído a partir das descobertas das misérias do Brasil profundo por oficiais em contato com a realidade, se a Coluna Prestes se revelou um grito desesperado contra o absurdo da desesperadora desigualdade nacional, se o conservador Getúlio Vargas soube se tornar revolucionário, incorporando bandeiras tenentistas ao se instalar no poder, o conservadorismo ainda assim acabaria por prevalecer nas forças armadas. O golpe de 1964, que ceifaria os projetos de Goulart, seria o resultado da reação começada em 1932 e o divisor de águas sem volta.

Um informe, sem data e sem assinatura, enviado ao presidente João Goulart e guardado no arquivo de Wamba Guimarães dá a medida exata da força real ou imaginária exercida permanentemente como ameaça pelos militares.

MILITARES PEDEM

O esquema golpista ainda não foi desmontado.

O Cmt designado para o III Ex. pertence ao esquema golpista.

O Gen Osvino tem encontrado algumas dificuldades em recompor o I Ex que foi o centro da reação havida.

Não houve alteração no IV Ex.

A substituição do Gen Cordeiro pelo Gen Mota em nada alterará a orientação do EMFA. O licenciamento anunciado de 5.000 sgts causou mal-estar.

Na Marinha, o cmdo dos Fuzileiros Navais pelo Cmt Aragão e a possível prisão do Alm Heck, [sic] esfriará um pouco os elementos mais agitativos e possibilitará [sic] um melhor controle.

A ordem de retorno aos quadros da FAB, dos elementos à disposição das autoridades civis, provocou uma intensa reação dos elementos golpistas que planejam uma nova "Aragarças", para eclodir dentro de 3 dias e que está sendo contida pelos elementos mais prudentes.

Há um propósito de conjuração nas 3 FA, na qual os elementos do Ex é que se mostram mais cautelosos.

Em S. Paulo articula-se um movimento, havendo um QG com dois civis e um cel que pretende armar uma força de 15 a 20 mil homens, distribuídos em várias fazendas, com armamento a ser adquirido a traficantes americanos.

Não há falta de dinheiro, que é fornecido por firmas ligadas a interesses estrangeiros. A previsão é de um movimento armado dentro de 60 dias ou, no máximo, em princípios de 62, quando a crise econômica deverá atingir o auge.

Isto confirma a notícia de um documento (procura-se obter a fotocópia) distribuído pela Emb. Amer às firmas americanas, o qual refere-se a um golpe armado dentro de 60 dias e recomenda o recolhimento dos dinheiros dessas firmas a bancos ingleses ou suíços e que a Emb. está em condições de acolher os súditos americanos residentes no Rio.

A elevação constante do custo de vida trará uma onda de greves e de reivindicações salariais. O problema do campo irá aguçar-se ainda mais.

Esferas políticas (PSD e UDN) cogitam em restringir mais o círculo que envolve o Presidente ao mesmo tempo em que pressionam o 1º Ministro; conjeturam, mesmo, na renúncia de Jango Goulart.

A MEMÓRIA E O GUARDIÃO

Necessário se torna o reforçamento do dispositivo militar e a efetivação de várias medidas que contenham as massas.

A ideia lançada pela Frente Parlamentar Nacionalista já fora aventada há cerca de três meses na Com. Ex. do Movimento Nacionalista Brasileiro e levada à Frente.

Este Movimento, se lhe forem concedidos recursos, está em condições de mobilizar a opinião pública no sentido de defesa de suas reivindicações e contra qualquer tentativa de subversão da ordem legalmente constituída.

O povo está hoje mais esclarecido e evoluído, o que provam as greves realizadas pela posse de João Goulart.

O povo poderá realmente ser o sustentáculo do governo, conjuntamente com grande parte das F.A. não poluída.

A situação é efetivamente grave e exige medidas imediatas, como seja a coordenação urgente dos três governadores que se pronunciaram pela legalidade, a Frente Parlamentar Nacionalista e o Movimento Nacionalista Brasileiro que engloba em sua direção os elementos orientadores e condutores das classes estudantis e operária numa ampla campanha; além do já sugerido quanto às F.A.

Esse quadro de 1961 não era flagrantemente diferente do que ocorrera em outras épocas e só se agravaria nos anos seguintes. O que ele mostra? Um universo explosivo, confuso, conflituoso, com problemas de hierarquia, politizado, atravessado por insatisfações profundas e habituado a reagir sem se importar com a Constituição vigente. Rebelar-se fazia parte dos usos e costumes. A expressão "uma nova Aragarças" materializa a facilidade com que aventuras golpistas fracassadas podiam ser novamente planejadas, brandidas como ameaça ou usadas como parte de um arsenal retórico radicalizado. Como lidar com um setor tão propenso ao transbordamento legal?

Os militares ardiam em infindáveis disputas internas, sempre queimavam de vontade de interferir nos destinos da nação, deixavam-se marcar a todo momento com ferro em brasas pelas pressões de todos os lados e não continham as labaredas intensas das frustrações de

MILITARES PEDEM

classe, das "guerras" perdidas, dos voos abortados, das ilusões sacrificadas, dos conhecimentos ignorados e dos projetos de curto prazo concebidos como soluções definitivas para os males permanentes de um país incapaz de ter vontade política para diminuir o fosso das suas desigualdades cultivadas secularmente com o sangue, o suor, a dor viva e as lágrimas de uma maioria desolada e pouco ouvida.

Num sistema fortemente impactado pelas fardas, os militares não deixariam de recorrer aos governantes de plantão em busca de satisfação dos seus interesses pessoais menos republicanos. A conciliação de interesses não poderia deixar as forças armadas de fora. Fazer concessões a militares, atendendo a pedidos de natureza particular, era apenas mais um dos pilares de sustentação possível de um governo. Em 15 de agosto de 1963, em papel timbrado do "Ministério da Guerra – II Exército – Quartel-General – Comando", o coronel Pedro Bittencourt, ajudante geral do QG do II Exército, agradecia ao presidente da República por favor recebido e jurava-lhe fidelidade.

> Com os meus respeitosos cumprimentos, dirijo-me a Vossa Excelência a fim de agradecer a honrosa atenção dispensada ao meu pedido, autorizando a nomeação do meu filho Pedro Luiz Bittencourt para o cargo de tesoureiro auxiliar da Caixa Econômica Federal de São Paulo.
>
> Peço ao eminente Presidente que, ao aceitar o meu reconhecimento, aceite também os meus protestos de lealdade e admiração, na certeza que a orientação firme, serena e patriótica de Vossa Excelência conduzirá a nossa Pátria a glorioso destino.

Os colegas do coronel Bittencourt não deixariam João Goulart conduzir o Brasil a tão "glorioso destino". Uma carta manuscrita, de 12 de março de 1964, assinada pelo general Solon, descortina, ao mesmo tempo, a desconexão do remetente com a gravidade do período em questão e a sua franqueza entre ingênua, crua e reveladora do imaginário dominante. Ele pede autorização presidencial para obter um empréstimo na Caixa Econômica Federal. A introdução é um tratado sobre a sobreposição dominante entre coisa pública, relações pessoais e ação política:

> Prezadíssimo e denodado chefe Dr. João Goulart, a quem estou fortemente ligado por laços de indestrutível amizade, sentimentos afetivos de família e também pelas árduas lutas nacionalistas que juntos empreendemos e que vêm acelerando o processo histórico da nossa Pátria. Com um forte e afetuoso abraço, o meu cordial cumprimento, a nossa confiança e solidariedade irrestrita.

Uma antropologia dos vínculos sociais baseados em afetos, amizades, relações familiares, projetos políticos e sentimentos de pertencimento a uma parte, grupo, clã, partido, movimento, tribo, clube ou representação, resultando em pactos de fidelidade, solidariedade e reciprocidade, encontraria nesse singelo parágrafo material farto para a construção e sustentação de toda uma teoria. O abstrato, o conceitual, aparece encarnado numa sincera e pragmática saudação ao amigo poderoso.

A continuação da carta do general Solon é um manual de etiqueta: como pedir com elegância e humildade sem deixar de mostrar-se merecedor e parte de uma comunidade.

> Desejaria merecer do meu ilustre e digno chefe e amigo Jango uma especial e particular fineza, qual seja, autorizar ao Conselho Superior das Caixas Econômicas Federais através da Caixa Econômica Federal do Rio de Janeiro um empréstimo no valor de Cr$ 10.000.000,00 (dez milhões de cruzeiros) para aquisição da casa própria dispensando também o período de carência.

As formas de tratamento articulam astutamente submissão e altivez, proximidade e distância, formalidade e afetividade: o presidente é "ilustre e digno chefe", o que os separa e hierarquiza, mas também "amigo Jango", o que os aproxima e confunde. O uso do apelido Jango de forma direta quebra qualquer protocolo e reforça a ideia de vinculação. O solicitante pede, mas não deixa de lembrar o que lhe é

MILITARES PEDEM

devido, o resultado das tantas "lutas nacionalistas que juntos empreendemos e que vêm acelerando o processo histórico da nossa Pátria". O pedido aparece cifrado: dez milhões de cruzeiros. Ao valor se agrega que também seja dispensada a carência.

Fica claro que a autorização deve considerar os aspectos relacionais citados, elidindo qualquer elemento técnico. Não há esforço em mostrar condições de honrar o pagamento da dívida a ser contraída. O pedido é de natureza totalmente particular, ancorada em serviços patrióticos prestados e na "confiança e solidariedade irrestrita" que une os dois homens com um passado comum. Homem prático, Solon fornecia instruções para o andamento do processo diante da necessidade de não se perder tempo.

> Segue junto a esta carta o meu requerimento, sobre o qual deverá ser lançado o seu autorizo e depois enviado à minha residência [...] para que possa tomar providências adequadas junto ao nosso comum amigo Dr. Jerônimo Castilhos.

Morador na rua Duvivier, em Copacabana, no Rio de Janeiro, o general pretendia adquirir o apartamento em que habitava. Para isso contava com uma ordem do presidente da República a um amigo comum, fechando uma triangulação legal, corriqueira e ao alcance de poucos. A carta poderia ter terminado nesse ponto. Algo, porém, possivelmente um sentimento de desconforto, fez o general Solon gastar mais algumas linhas de justificação.

> Caríssimo amigo Jango, estou com 57 anos, dos quais 38 anos dedicados inteiramente ao serviço da Pátria e, por incrível que pareça, ainda não possuo residência própria. Resido há vários anos em um apartamento em Copacabana, que vai ser posto à venda e eu desejaria adquiri-lo, razão pela qual faço um apelo veemente à nossa velha e leal amizade e à sua peculiar boa vontade em atender aos casos justos que lhe são submetidos.

A MEMÓRIA E O GUARDIÃO

O general, conforme a expectativa de vida da época, era um ancião. Sem teto próprio. Havia dedicado 38 anos à pátria. Qual trabalho, contudo, não é dedicado à pátria? O pedreiro, o padeiro e o professor não passam a vida inteiramente dedicados ao serviço da pátria? O militar considerava o seu trabalho civicamente especial. A sua demanda, porém, alicerçava-se totalmente na "velha e leal amizade" que o ligava ao presidente da República, de quem destacava a "peculiar boa vontade em atender aos casos justos", ou seja, os pedidos dos velhos e leais amigos.

No melhor estilo aperta e assopra, ajoelha e belisca, o general Solon buscava reforçar a sua argumentação agregando elementos que não permitissem ao presidente escapar com uma desculpa protocolar. O ponto central consistia em não ser o primeiro, apenas mais um:

> Sei de vários companheiros meus já beneficiados pelo seu marcante espírito de solidariedade humana e elevada compreensão, por este motivo e também por já não constituir privilégio é que tomei a liberdade de lhe enviar este apelo que na sua simplicidade e humildade é realmente veemente. Assim, certo da boa e carinhosa acolhida que dará a este apelo, realmente interessado, aqui fica o agradecimento sincero do seu amigo, que o estima, considera e admira.

Outros já teriam recebido o mesmo honroso e justo favor. O general Solon podia racionalizar sem constrangimento: se outros haviam sido favorecidos com o mesmo tipo de empréstimo, por que não ele? Se outros podiam, então já não se trataria de "privilégio". Ao contrário, não o atender constituiria discriminação. Já não pedia, requeria o seu direito. Para terminar, sublinhava as palavras fundamentais do seu procedimento: simplicidade, humildade, um apelo realmente interessado. O que não se fazia por um teto em Copacabana? Um *postscriptum* mostrava um pouco mais dessa engrenagem do compadrismo, dos relacionamentos e dos intermediários: "Correspondência idêntica lhe enviei por especial obséquio do nosso comum amigo ministro Caillard *[sic]*." Solon Estillac Leal pedia no momento em que a casa ia cair.

MILITARES PEDEM

De fato, pedidos de autorização de empréstimos para comprar a casa própria não eram incomuns da parte de militares. Cerca de um ano antes, a assessoria de Jango resumiu secamente uma demanda do general reformado Alfredo Lemos Vila Flor, de Porto Alegre: "Em vista do fracasso de suas gestões pelos canais competentes a fim de obter financiamento de casa própria, solicita que o Sr. Presidente mande conceder-lhe um empréstimo de cinco milhões pela Caixa Econômica do Rio." Jango anotou à margem, em 29 de março de 1963, um lacônico "devolver".

Pedidos feitos chegavam carregados de agradecimentos prévios. Benefícios obtidos exigiam reverências imediatas. O general Arnaldo da Matta expressou em telegrama de Fortaleza a sua satisfação por ter sido nomeado para uma diretoria da Petrobras: "Surpreendido honrosa distinção muito agradeço nomeação MD diretoria da Petrobras, onde empregarei todo entusiasmo e lealdade."

Havia casos de grande urgência. Em 11 de março de 1963, Jango ordenou, em bilhete, que fosse providenciada a nomeação de Sérgio de Souza "c/+ – 50 mil", filho do coronel Joaquim de Souza Júnior, comandante do 10º Batalhão de Caçadores de Goiânia. Às vezes, as reclamações eram estrepitosas e cristalinas. O coronel Ubiratã Miranda anotou, em 26 de maio de 1962, em seu cartão de visitas, onde constava "of. de Estado Maior [sic] – eng. Militar", um recado curto e grosso para João Goulart: "Sr. Presidente. Não consigo falar com V. Ex. Nada resultou da sua decisão de fevereiro, em Brasília. Mangabeira, segundo informa o Gen. Kruel, não me quer na Petrobras, para a qual já foi designado até um coronel aviador. Decidi, assim, afastar-me, até que as coisas melhorem... ou piorem (vou me licenciar). Sinceros votos de boa saúde e de felicidades." No popular, pegou o boné e caiu fora.

O sistema funciona como um torniquete. Não é difícil imaginar a situação do presidente da República: se atende o que lhe pedem, cede ao esquema dominante; se não atende, ganha inimigos e produz insatisfação e instabilidade quando tudo recomenda trabalhar pelo oposto. A queixa do coronel Ubiratã Miranda é instrutiva: o chefe da nação pode muito, mas não tudo: "Nada resultou da sua decisão de fevereiro, em Brasília", diz o reclamante. A frase é forte. Ela mostra o presidente refém da engrenagem que comanda. Um elo inferior pode bloquear determinações e provocar curto-circuito.

Alguns pedidos talvez fizessem Jango rir na solidão das leituras e despachos. Ele era um homem bem-humorado. Sabia escutar, gostava de anedotas e, não raro, contava alguma para deleite dos amigos e colaboradores. Homem da região da campanha gaúcha, sempre teve convivência com os peões de suas estâncias nos galpões onde se contavam histórias, os "causos", enquanto o chimarrão passava de mão em mão ou se preparava o churrasco. Mesmo os pedidos mais engraçados continham, no entanto, algo de inquietante e até de assustador. Uma carta de 20 de julho de 1963, assinada pelo coronel Plínio Rolim de Moura, autorrotulada de "pessoal e confidencialíssima", conseguiu ser original a ponto de falar em desistir de um pedido já atendido e de apresentar outro rocambolesco.

> Apesar de ter votado em seu nome para vice, apesar de ter sido o único oficial da Força Pública de s.p. que publicou proclamações e foi ao microfone apoiar a sua posse na qualidade de um dos chefes da resistência, apesar de ter defendido o seu governo no meu livro "Operação Tempo", sempre supri uma certa incredulidade em relação a Vossa Excelência até o dia em que D. Cida, esposa do general Albino, me disse: "Posso garantir que Jango é um grande pai, um grande marido, um grande amigo e um grande idealista, como você é."

Um ideal de homem aparece como parâmetro para avaliar as qualidades de um presidente: grande pai, grande marido, grande amigo e grande idealista. O remetente elogia e se elogia fazendo do destinatário um espelho. A observação da esposa de um general provoca nele uma metamorfose. Passa a perceber Jango de outra maneira, embora na sua exposição se mostre como o fofoqueiro que finge se revoltar com a mensagem que precisa transmitir.

MILITARES PEDEM

Desde esse dia comecei a notar que os seus inimigos, não podendo fazê-lo diferente, procuram feri-lo na sua dignidade de homem e cidadão porque V. Excia. é UM AMIGO DOS HUMILDES, COMO EU SOU. É claro que não quero amargurá-lo com uma explicação da maneira que o infamam, o denigrem, o caluniam. Sei hoje que a sua esposa é mulher devotadíssima ao marido e aos seus filhos e partilha das suas amarguras. Entretanto nem o recesso do seu lar tem sido poupado, na mais torpe e canalha das campanhas surdas de slogans peçonhentos.

No caso concreto, o coronel Moura diz-se sincero e quer provar a sua conversão ao janguismo. Para melhor amparar a sua oferta de adesão, enumera os seus feitos.

Por isso resolvi colocar-me, agora sem a menor restrição, ao seu lado, tal como fiz com Jânio, Carvalho Pinto, Prestes Maia e Adhemar de Barros, que, na opinião exagerada da deputada Ivete Vargas, carreguei nas costas. Para começar, como é da minha ética, vou desistir do empréstimo na Caixa Federal, *autorizado por V. Excia.*, embora corra, contra mim, uma ação de despejo na 13ª Vara, porque não possuo apartamento e preciso alugá-lo.

O próprio autor sublinhou a passagem em destaque. A expressão em itálico foi por ele datilografada originalmente em vermelho, certamente para não deixar dúvida de que ali se encontrava o aspecto central da sua "ética", uma ética da renúncia em nome de algo maior. A afirmação do general Solon de que outros haviam recebido autorização presidencial de empréstimo na Caixa Econômica Federal para compra da casa própria obtém a sua confirmação. Moura tem uma excelente imagem de si: vê-se como homem ético, capaz de carregar poderosos nas costas, de fazer grandes sacrifícios pessoais e de ser amigo dos humildes.

Se desistia de um empréstimo, ficando na rua, o coronel Plínio Rolim de Moura pensava ter razões para isso. Procurava inscrever-se na categoria dos abnegados.

Não tenho ilusões sobre o perigo que V. Excia. corre e que submete os que o acompanharem, especialmente os idealistas honrados que o fazem sem objetivos subalternos. Mas espero que o meu modesto apoio sirva de alguma coisa. Faço questão de lembrar a V. Excia. que o deputado Dante Perri disse a Juscelino que eu sou "o maior estrategista político de S. Paulo"; que Juscelino disse ao deputado Hermógenes Príncipe "não sei onde o Jânio estava com a cabeça para perder um companheiro da qualidade do Rolim" e que a deputada Ivete Vargas declarou publicamente que eu "havia carregado Jânio, Carvalho Pinto e Prestes Maia".

O que pede e o que oferece esse "idealista honrado", abnegado, "sem objetivos subalternos" e "amigo dos humildes"? Oferece os seus serviços de "maior estrategista político de S. Paulo". O que quer? Ser herói. Salvar o governo. Carregar Jango nas costas.

Para começar, junto um impresso que estou distribuindo em S. Paulo. Dificilmente conseguirei resultados como os que proporcionou a minha entrevista no "Cruzeiro" que baixou a popularidade de Jânio em 17% e o levou à derrota. Mas se V. Excia. me fornecer os meios (revistas, rádio, televisão, jornais, impressos) poderei realizar uma grande "maluqueira", como a chama o Albino.

Rolim abria mão de um teto com financiamento público em troca de meios midiáticos para fazer uma "maluqueira". Poucas vezes Jango terá recebido um pedido tão esdrúxulo com laivos de megalomania e pitadas de falsa modéstia. A conclusão expressava um desejo e uma advertência: "Quero ajudá-lo arrasando essa dupla nojenta Carlos Lacerda – A.B. Peço urgente resposta (antes de agosto). Acredito que desta vez não passarei pela mágoa de ver um telegrama meu sequer respondido."

Plínio Rolim de Moura (1911-2001) ficaria conhecido como o "profeta de São Paulo", um personagem folclórico, misto de numerólogo, astrólogo, analista político e vidente.

MILITARES PEDEM

Trabalhou com alguns políticos importantes, foi subchefe da Casa Militar do governo Jânio Quadros, leu muito e misturou tudo o que foi possível, por exemplo, a Bíblia e O capital, história, complô e ficção, marxismo e religião, Jânio Quadros e Fidel Castro. Concluiu que a obra de Karl Marx era superior a todos os grandes e "nefastos" livros religiosos sagrados.* Ninguém levava a sério o Nostradamus brasileiro, que atravessou incólume o grande deserto do regime militar brasileiro de 1964. Gabava-se de ter previsto o atentado contra John Kennedy e a queda de João Goulart. Teria checado, junto com o general Zerbini, as condições do sítio de Ibiúna onde se realizaria o xxx Congresso da UNE** em outubro de 1968.

O general Albino Silva chegou a ser presidente da Petrobras no governo de João Goulart. No começo de 1964, acusou um diretor e outros subordinados da Petrobras de negociar contratos lesivos à petroleira brasileira. Em revanche, foi acusado de praticar o mesmo grave desvio de conduta. Jango demitiu todos, inclusive Albino. Houve CPI na Câmara dos Deputados. Nada foi provado.*** Os tempos eram outros. As ações presidenciais eram rápidas. A Petrobras, porém, já dava os problemas que a enxovalhariam nas primeiras décadas do século xxI.

Um bilhete de Jango, em 31 de janeiro de 1963, orientava o general Albino a fixar-se no nome de um general, ex-chefe de Polícia da Guanabara, para a presidência de um conselho a ser criado de acordo com a lei de repressão ao abuso de poder econômico. Os militares eram onipresentes. Eles podiam usar e abusar da influência que exerciam. Entravam em campo para defender o que consideravam justo a cada contratempo ou insatisfação. O general Stoll Nogueira enviou, em setembro de 1961, telegrama em tom incisivo pedindo a "decisiva intervenção" de João Goulart para ser "mantido no Hospital Geral de São Paulo nosso valoroso distinto nobre companheiro cel. José de

---

* Cf. MARQUEZI, Dagomir, "O profeta de São Paulo". Planeta, n. 127, abr. 1983.
** Cf. GASPARI, Elio. A ditadura envergonhada.
*** Ver <http://www.fgv.br/cpdoc/acervo/dicionarios/verbete-biografico/silva-albino>.

Oliveira Ramos, que foi afastado daquela função governo passado a despeito da sua eficiência e dignidade em que sempre pautou seus atos como médico e soldado". Rei morto, novo rei deveria estar disposto a recolocar nos postos as vítimas do anterior.

O general Stoll Nogueira disparou novo telegrama no dia seguinte: "Todos companheiros que horas difíceis estiveram firmes defesa [...] nosso eminente presidente, empenham-se maior interesse nomeação distinto amigo João de Oliveira Freitas cargo chefe estação aduaneira importação área São Paulo" como "justo ressarcimento" por demissão do cargo na alfândega de Santos exercido com "absoluto zelo, dedicação e honestidade" no governo JK. A mensagem era clara: uma mão lava a outra e muitas mãos garantem a posse de um vice-presidente suspeito de comunismo e objeto de tentativa de golpe de altos coturnos. O "devotado amigo e admirador" sabia cobrar.

As fontes de insatisfação eram infinitas. A todo mundo surgiam problemas por causa de sensibilidades feridas, indelicadezas cometidas, vaidades ofendidas, reconhecimentos não feitos, esquecimentos imperdoáveis ou simplesmente por incapacidade de prever as reações. O Gabinete Militar transmitiu a João Goulart este recado:

> O Brasil foi indicado para integrar a Comissão de Desarmamento que deverá se reunir no princípio deste ano. O General Emilio Maurell Filho, um dos estudiosos do assunto no Brasil, com vários trabalhos publicados, deseja ser incluído como membro desta Comissão, considerando que uma das razões da inclusão do Brasil entre as 18 nações que constituem a Comissão se deve aos trabalhos publicados pelo General Maurell Filho.

Jango não hesitou: "Min. Santiago – maior empenho." Militares de alta patente pediam e indicavam. O general Kruel, compadre do presidente, aquele que ao traí-lo, na condição de comandante do II Exército, decretaria o fim do governo Goulart, indicou, em 31 de janeiro de 1963, Paulo de Siqueira Castro para conselheiro do BNDE.

MILITARES PEDEM

A questão militar, nos seus aspectos mais profundos, exige um capítulo exclusivo para ser tratada. Em certo sentido, porém, ela permeava todo o cotidiano do governo e determinava os seus rumos. A grande crise chegaria trazendo para o centro do palco o problema que se converteria em desfecho. O último pedido seria feito por João Goulart: apoio. Não haveria tempo de atendê-lo.

O almirante Augusto Amaral Peixoto indicava nomes, como o de José Maria Carvalho Filho, para a direção da Caixa Econômica Federal, da qual fora presidente no governo JK, e agradecia a reserva de vaga para o PSD.

Partidos também pediam por militares. O PSD de Itabira, em Minas Gerais, em 25 de setembro de 1962, solicitava a nomeação do coronel Augusto Lima Galvão para uma das vagas de diretoria na Companhia Vale do Rio Doce.

O pedido de um militar podia ser de uma simplicidade cristalina: "Dr. Jorge Luís Werneck Viana – para Procurador – pedido do Brigadeiro Teixeira (trata-se do genro do Brig.)." Uma anotação à mão indicou: "Guanabara." A vida era simples assim. Indicava mais quem mais podia. Pedia "melhor" quem pedia para os seus. Era tribal.

14. Como se faz um discurso

Uma minuta de discurso, sem data, mas com anotações manuscritas, dirigido aos "Senhores Oficiais [do glorioso Exército Nacional – Jango cortou essa parte], Bravos suboficiais, sargentos e cabos das nossas Forças Armadas e auxiliares", resumidos como "soldados do Brasil", aborda todos os pontos sensíveis da cena final. As observações manuscritas de João Goulart indicam como ele construía as suas manifestações públicas decisivas.

> A crise que se manifesta [nesta hora] no País foi [verbo introduzido por Jango] provocada pela minoria de privilegiados que vive de olhos voltados para o passado e teme enfrentar o luminoso futuro que se abrirá à democracia pela integração de milhões de patrícios nossos na vida econômica, social e política da Nação, libertando-os da penúria e da ignorância.

Era aos militares que ele se dirigiria na esperança de interromper a sangria da crise, esses homens a quem tinha dedicado tempo, favores, atenção e respeito. O general Assis Brasil, um dos seus auxiliares mais próximos, havia concebido um "dispositivo" militar de defesa do governo. O presidente apostaria na emoção:

A MEMÓRIA E O GUARDIÃO

O momento que estamos vivendo exige de cada brasileiro o máximo de calma e determinação, para fazer face ao clima de intrigas e envenenamento que grupos poderosos estão procurando criar contra o governo, contra os mais altos interesses da pátria e contra a unidade de nossas Forças Armadas. Para compreender o esquema de atuação desses grupos que tentam impedir o progresso do país e barrar a ampliação das conquistas populares, basta observar que são comandados pelos eternos inimigos da democracia, pelos defensores dos golpes de Estado e dos regimes de emergência ou de exceção.

A memória das maiores tragédias políticas brasileiras ainda estava fresca para todos. O espectro de Getúlio rondava. O fantasma de Jânio Quadros, mesmo sem assustar, exigia um esclarecimento, uma iluminação, sempre retardado. Jango tentaria reavivar essas lembranças ainda mais para realçar a gravidade do destino para o qual se via caminhando a passos cada vez mais rápidos e firmes:

As forças e as pessoas que provocaram o suicídio do imortal Presidente Getúlio Vargas e que foram as responsáveis pela renúncia do meu antecessor, as que procuraram impedir em 1950, em 1955 e em 1961 a posse de três presidentes eleitos, são as mesmas que agora se unem contra as Reformas, combatendo-as com as armas da calúnia, do suborno e da mentira.

Um suicídio, uma tentativa de golpe branco e uma renúncia. Tudo isso em parcos dez anos, uma década tão curta na sua concentração de episódios desastrosos e tão longa e pesada para a história brasileira. Jango podia sentir-se legitimamente como a próxima vítima. Não era vidente. Não poderia imaginar que décadas depois tudo se repetiria, como nova tragédia, só que com a primeira mulher presidente do Brasil, a mineira Dilma Rousseff. Os inimigos, as ameaças e os métodos ainda eram os mesmos:

Na crise de 1961, os mesmos fariseus que hoje exibem um falso zelo pela Constituição queriam rasgá-la e enterrá-la sob a campa fria da

ESTADO DE GOIÁS
GOVERNADORIA DO ESTADO Goiânia, 30 de outubro de 1961.
GABINETE

Excelentíssimo Senhor
Doutor JOÃO BELCHIOR GOULART
Digníssimo Presidente da República
BRASÍLIA - DF.

Senhor Presidente:

        Tomo a liberdade de vir perante Vossa Excelência recomendar-lhe o nome do Sr. NELSON TABAJARA para uma das nove vagas de Embaixadas, existentes no Itamaraty.

        Trata-se de pessoa de particular merecimento e com grandes serviços prestados ao país no exterior, pelo que se lhe fará justiça, em aproveitando-o.

        Cordiais saudações,

(Mauro Borges Teixeira)
GOVERNADOR DE GOIÁS

/NC.

O governador de Goiás, Mauro Borges, alegando merecimento, indica Nelson Tabajara para uma vaga no Itamaraty.

MINISTÉRIO DA GUERRA
DIRETORIA GERAL DE REMONTA E VETERINÁRIA
GABINETE DO DIRETOR

Rio de Janeiro-GB, 5 de Abril de 1963

Exmo Sr
Dr João Belchior Goulart
D.D. Presidente da República

Permita-me Sr Presidente que me dirija a Vossa Excelência para fazer-lhe um pedido de caráter particular.

A tanto me animam as provas de confiança e estímulo que de V Excia sempre recebi durante a luta que por tanto tempo travei visando a criação no Exército dum Serviço Agro-Pecuário, e, a certeza da alta compreensão que sei, tem V Excia pelas coisas humanas.

Desejava Sr Presidente, que um filho meu, Cláudio Cidade de Rezende, fôsse nomeado Tesoureiro Auxiliar do Instituto de Aposentadoria e Pensões dos Ferroviários Empregados nos Serviços Públicos (IAPFESP) para preenchimento de uma das vagas existentes na 7ª Região da Autarquia, nesta cidade do Rio de Janeiro.

Sei que as nomeações estão suspensas temporàriamente e que V Excia aguarda melhor oportunidade para autorizá-las.

Embora avalie o quanto não estará sendo V Exa solicitado com idênticos pedidos não vacilo em alistar-me entre os que almejam aquêle favor.

As credenciais que disponho para pedir ao Chefe do Govêrno a nomeação de um filho para um cargo público, talvez sejam poucas, mas traduzem tôda uma sinceridade: é o pedido de um velho soldado que nunca exerceu comissão alguma fora do país, nunca se afastou do Exército e que devotou inteiramente a Pátria seus 45 anos ininterruptos de serviço.

Agradecendo a atenção que possa V Excia dispensar à este meu pedido, qualquer que seja a solução, peço-lhe que aceite os protestos da minha mais alta estima, respeito e distinta consideração.

GEN DIV ESTEVÃO TAURINO DE REZENDE NETTO

O general Estevão Taurino pede um cargo de tesoureiro do IAPFESP para seu filho. Acima, de próprio punho, Jango subscreve a Cailar: "atender ao pedido".

CÂMARA DOS DEPUTADOS

-Sergipe-

O deputado Leite Neto muito agradeceria ao Presidente -Joaõ Goulart a nomeaçaõ de Joaquim Martins Fontes para o logar de Diretor da Caixa Economica de Sergipe - vago em virtude da morte do dr. Edelzio Vieira de Melo.

::: ------------------------------------

Leite Neto

O presidente João Goulart anota o desejo de atender ao deputado Leite Neto e nomear um indicado para o cargo de diretor da Caixa Econômica de Sergipe.

PRESIDÊNCIA DA REPÚBLICA
GABINETE DO PRESIDENTE

<u>NÉVIO BARBOSA</u> - <u>Do P.R.</u> de São Paulo, alvitra a possibilidade de ser aproveitado no Govêrno "um homem nosso", como mola mestra para desenvolver o prestígio do Presidente no seio do Partido

Névio Barbosa aconselha Jango a aproveitar um correligionário em seu governo – "um homem nosso" – que fizesse lobby do presidente no PR.

COMPLEMENTAÇÃO DE INFORME: 12.5.63

1. Sindicando no sentido de apurar os nomes dos advogados, amigos de Lacerda, em cujo escritório houve a reunião de 8:9 do corrente, apurei o seguinte:

a) São êles Luiz Mendes de Moraes Netto, residente na Aveni-Rainha Elisabete, 129, Tel. 27-6224; Justo Mendes de Moraes, que reside juntamente com Luiz, tendo, porém, telefone próprio, de nº 27-1149; e Arthur César Rios, residente à Rua Pompeu Loureiro, 21, Tel. 57-8652, os quais, conjuntamente, estão instalados nas amplas dependências do Grupo 604 da Rua México 31.

b) Estiveram êles presentes à reunião, participando dos planos e inclusive estudando a fórmula jurídica a ser empregada na defesa dos integrantes e colaboradores do "grupo-compacto" que vai entrar em ação;

c) Luiz Mendes de Moraes Netto, é Oficial da Reserva do Exército, já tendo participado do movimento de Aragarças;

d) José Henrique Cordeiro da Rocha, filiado ao "grupo compacto", é especialista em "guerrilhas e sabotagem", conforme se intitula, e, em sua rápida palestra com o "nosso homem" esclareceu, ainda, que sòmente 6a. feira à noitinha (dia 10), iria saber de Luiz Mendes o dia e hora exatos da partida para Brasília, sendo certo que que alguns seguiriam de avião e outros em ônibus.

2. Os carros que na noite da reunião acima citada, encontravam-se em permanente ronda pelas imediações, entre outros, eram os seguintes: 13-18-71, 19-1266, 13-18-85, 19-18-34 (54 ou 19-18-54) e o táxi que conduzia a "turma de choque", 57-60-69.

3. Assuntos diversos, a serem ainda pesquisados:

a) O ministro Kruel teve forte atrito com o Presidente, de sexta para sábado, com relação ao caso "Brizolax Murici", chegando mesmo a pedir exoneração em caráter irrevogável;

b) Brizola falará pela TV, 2a.feira, dia 13, para esclarecer o caso "Murici";

c) Lacerda, sabedor do fato, tenta,por todos os meios e modos conseguir horário para 3a. feira, com a intenção de atacar Brizola e o próprio Presidente e, dêsse modo, exacerbar ainda mais os ânimos;

d) Kruel determinará a punição do Subtenente Paraquedista, orador na homenagem ao Gen. Osvino;

e) O CGT, caso o confirme a punição deflagará greve geral no país, em represália;

f) Gen. Oromar, à vista dos acontecimentos, foi se avistar com o Presidente, na noite de hoje (domingo), rumando em seguida para a Vila Militar, a essa altura de sobreaviso;

g) Consta que, a Polícia de S. Paulo, no caso de entrar de prontidão em razão da greve a ser deflagrada no Estado, (os sargentos) não cumprirão ordens do Gov. Ademar, que é chamado de "gorila". Esse fato foi ventilado pelo representante daquela Corporação, por ocasião da homenagem ao Gen. Osvino; durante a qual, ecoava por todo o salão o "slogan" "Osvino sim, gorilas não".

Informe secreto de 1963 resume acontecimentos importantes ao presidente da República, como a participação de Carlos Lacerda em uma reunião conspiratória.

CÂMARA DOS DEPUTADOS

Dr. WAMBA GUIMARÃES:

      Pela ordem de preferência deixo a seu critério os nomes abaixo, para aproveitamento, na forma do possível, como o amigo observou.

1 - Drª Marília Fonseca (advogada), para qualquer aproveitamento, a partir do nivel 14.

2 - Salvador Pontes, (técnico de eletronica) - aceita qualquer designação.

3 - Jairo Pazzini (curso cientifico) - igualmente aceita o que surgir.

4 - Marina Dario Gonçalves de Sá - instrução secundária - minha irmã. Escriturária, atendente ou semelhante.

Do amigo

Bras. 23/7/63

Argilano Dario
Repr. E Santo

Carta de Argilano Dario endereçada a Wamba Guimarães pede "aproveitamento" de afilhados em cargos públicos.

Belo Horizonte, 21 de novembro de 1962.

Eminente Amigo
Presidente João Goulart

Com a minha cordial visita, venho solicitar-lhe, com interêsse, o obséquio de examinar a possibilidade de ser promovido ao pôsto de General o Coronel Floriano de Faria Amado, atualmente no Ministério da Guerra, no Rio.

Antecipando agradecimentos pela atenção que dispensar ao assunto, renovo-lhe a segurança do meu alto aprêço

José de Magalhães Pinto
Governador do Estado de Minas Gerais

Magalhães Pinto, governador de Minas Gerais e banqueiro – um dos articuladores do golpe de 1964 – pede promoção para o coronel Floriano de Faria Amado.

PRESIDÊNCIA DA REPÚBLICA

Presidente Gamal Abdel Nasser

Particularmente grato pelos votos que me enviou por ocasião do Natal e Ano Novo, em mensagem de que se fez portador o ilustre Embaixador de seu Govêrno em meu País, agrada-me retribuí-los de modo muito cordial, augurando a Vossa Excelência e ao bravo povo egípcio venturoso porvir.

João Goulart

Brasília, janeiro de 1962

Jango responde cartão de Natal e Ano-Novo do presidente egípcio Gamal Abdel Nasser, personagem central da Revolução Egípcia de 1952.

Belo Horizonte 3/12/63

&mo S? Presidente da
Republica D? joão goulart

Agradecendo pela tenção que me despençou
por tudo que me fizeste pela minha Aposentaduri
no I.A.P.C. pesso e rogo á Deus, que derrame
Sobre V.sei. e tua &ma Familia as bençãos
de Saude e Paz e que á Estrela de Natal
Sejas á transpertadoras de toda plicidade
Para O ano novo

antecipando os meus agradecimentos

Subscrevo-me

Alberto Olegario Moreira

O sr. Alberto Olegário Moreira, cidadão brasileiro, agradece pela aposentadoria.

END. TELEGRÁFICO
"HOBALCOP"

TELEFONE:
57-1620

COPACABANA PALACE
APARTAMENTO 3

RIO DE JANEIRO

November 13, 1961.

The President of the
 United States of Brazil
Palácio da Alvorada
BRASILIA

Dear Mr. President,

My friends and I wish to express our thanks for your kindness to us in Brasilia. The use of your plane was very helpful, and we are deeply indebted to you for your thoughtfulness.

It is a wonderful country, where you find such warmth and friendliness exemplified by its President as well as every individual you meet. I am sorry we did not have the opportunity to talk, but I will look forward to that on my next visit.

With much appreciation and admiration for you and your country,

Janet Leigh

Carta da atriz Janet Leigh, que recebeu o Oscar por *Psicose*, agradece a gentileza de Jango por disponibilizar a ela seu avião particular.

PRESIDÊNCIA DA REPÚBLICA
GABINETE DO PRESIDENTE

<u>GENERAL REFORMADO ALFREDO LEMOS VILA FLOR</u>
Pôrto Alegre

     Em vista do fracasso de suas gestões pelos canais competentes afim de obter financiamento de casa própria, solicita que o sr. Presidente mande conceder-lhe um empréstimo de <u>Cinco Milhões</u> pela Caixa Econômica do Rio.

General reformado pede autorização de empréstimo para compra da casa própria.

CÂMARA DOS DEPUTADOS

Brasília, 23 de Fevereiro de 1962

Exmo. Snr.

Dr. Ney Naves Galvão

Banco do Brasil

Meu caro Presidente:

Mui grato ficaria caso pudesse contar com seu beneplácito no sentido de mandar nomear o snr. ABEL TEIXEIRA DA SILVA para o cargo de continuo do Banco do Brasil em qualquer cidade de Minas Gerais.

Certo de poder contar com o apoio do ilustre amigo, agradeço enviando-lhe meu abraço cordial

Deputado Manoel de Almeida

Deputado pede nomeação de contínuo para o Banco do Brasil, no estado de Minas Gerais.

que o governo pretende substituir todos os Diretores de Emprego, razão -porque lhe venho pedir considerar o nosso comum e leal amigo Mendes de Souza fora dessa regra geral- Agradeço-lhe, penhorado, a atenção que dispensar a este, e cordialmente lhe envio um grande abraço.

Juscelino Kubitschek
Rio 9.1.63

Meu caro Presidente João Golart,

Com os meus afetuosos cumprimentos, assim como com a satisfação natural de sua grande vitória no plebiscito, venho rogar ao ilustre amigo que continue dispensando ao Mendes de Souza o apoio que nunca lhe faltou de sua parte. Conta, não sei si com fundamento,

Juscelino Kubitschek pede proteção a apadrinhado, em carta de 9 de janeiro de 1963.

M. 10

SERVIÇO RADIOTELEGRÁFICO DE MINAS GERAIS
RADIOGRAMA

O RADIOTELEGRAFISTA

De **BELO HORIZONTE** N.º **694** Data **9-9-63** H **21.10**

MINISTRO CAILAR FERREIRA

PALACIO PLANALTO

BRASILIA DF

      RECEBI SEU ATENCIOSO CARTÃO DE 5 AGOSTO
ULTIMO VG ACOMPANHADO AUTORIZAÇÃO SENHOR PRESIDEN-
TE REPUBLICA PARA CONCESSÃO EMPRESTIMO OITO MILHOES
DE CRUZEIROS VG ATRAVEZ CAIXA ECONOMICA FEDERAL DE
MINAS GERAIS VG AO SR. ARI FERNANDES DA ROCHA ET
SOLICITO LHE FAZER CHEGAR SUA EXCELENCIA MELHORES
AGRADECIMENTOS PELO ATENDIMENTO PEDIDO PT

      SAUDS CORDS

      JOSEH DE MAGALHAES PINTO
GOVERNADOR ESTADO MINAS GERAIS

Magalhães Pinto agradece a Cailar a autorização de empréstimo a protegido.

ESTADO DE MINAS GERAIS
GABINETE DO GOVÊRNADOR

Belo Horizonte, 12 de março de 1955.

Prezado Amigo Dr. João Goulart:

        De acôrdo com os entendimentos verbais que mantivemos, visando o apôio do Partido Trabalhista Brasileiro à minha candidatura à Presidência da República, venho declarar-lhe que assumo perante o prezado amigo e o P T B os seguintes compromissos:

        1º - O candidato à Vice-Presidência da República, na chapa por mim encabeçada, será indicado pelo Partido Trabalhista Brasileiro.

        2º - Se eu for eleito Presidente da República, o Ministério do Trabalho com as Autarquias ligadas à sua atividade, o Ministério da Agricultura e a Carteira Agrícola do Banco do Brasil caberão ao Partido Trabalhista Brasileiro.

        3º - O Partido Trabalhista Brasileiro terá participação nas nomeações para os cargos públicos federais, na proporção de 1/3 (um têrço).

        4º - A política do Estado do Rio Grande do Sul será realizada através do Partido Trabalhista Brasileiro e da dissidência local do P S D que vier se somar ao P T B para efeito da campanha eleitoral e do apôio ao futuro Govêrno Federal no mesmo Estado.

        5º - A mesma condição do item anterior prevale-

Nesta página e na seguinte, Juscelino Kubitschek oficializa acordo e partilha de cargos em 1955.

ESTADO DE MINAS GERAIS
GABINETE DO GOVÊRNADOR

cerá com relação à política dos Estados de Pernambuco e Santa Catarina.

6º - Os recursos financeiros para a campanha eleitoral do Partido Trabalhista Brasileiro para a próxima sucessão presidencial, serão proporcionados pelos órgãos centrais diretores de minha campanha à Presidência da República.

Cordialmente,

Juscelino Kubitschek

COMO SE FAZ UM DISCURSO

ditadura fascista. Tudo isto é história recente, que não precisa ser repetida, porque está indelevelmente gravada na memória do povo brasileiro. Falemos apenas dos últimos meses do agitado período [Jango trocou por "fase"] que vimos atravessando, e no qual as forças mais reacionárias e os eternos [Jango riscou a palavra "eternos"] inimigos do povo intensificam a luta contra o meu governo, procurando desviar--nos do caminho das reformas e da deliberação de usar exaustivamente todos os poderes da Presidência da República para atender aos justos e inadiáveis reclamos nacionais.

Todos os meios deveriam ser bons para tentar evitar o pior. O problema eram as reformas de base. Ao colocá-las como prioridade, Goulart acionara o botão *eject*. As elites não estavam preparadas para ceder os anéis. Acostumadas a nada ceder, queriam continuar indiferentes aos dilemas da maioria. Jango precisava jogar tudo. Só lhe restava pregar junto aos militares das patentes mais baixas e intermediárias na esperança de mobilizá-los.

A Nação é testemunha do meu empenho em falar ao povo brasileiro sempre com absoluta franqueza. No final do ano passado, percebi que uma onda de crises se erguia ameaçando a estabilidade do país. Fixei as suas causas e propus um esforço nacional para enfrentá-las. Começamos a trabalhar, mas logo percebemos o recrudescimento da sabotagem ao esforço administrativo do governo e ao encaminhamento pacífico das reformas.

O pacto de conciliação de classes com interesses tão divergentes se revelaria insuficiente. O discurso de Jango reconheceria o fracasso dessa estratégia política:

O governo procurou desenvolver todos os esforços para obter soluções conciliatórias e de composição política para os graves problemas que afligem a nação brasileira. Convoquei como auxiliares de confiança expressivos representantes das classes dirigentes tradicionais, submetendo-me, muitas vazes, à crítica amarga daqueles companheiros que, na hora da trama contra a legalidade, da conspiração contra a minha posse, não me faltaram com a sua solidariedade, com seu apoio corajoso e com a sua esperança.

Os esforços conciliatórios do presidente da República haviam servido no máximo para satisfazer os eternos apetites clientelistas dos setores privilegiados da nação ou para torná-lo inicialmente mais aceitável, sobretudo depois da rejeição pelos ministros militares que tentaram, em 1961, impedi-lo de assumir a presidência, na vacância de Jânio Quadros, sob a pecha de comunista. Jango atravessaria o seu mandato crivado de duras e injustas críticas: bêbado, frouxo, comunista, dominado pelo cunhado Leonel Brizola, incompetente, fraco. A imprensa jamais o pouparia. O seu discurso era franco:

> No entanto, todos esses esforços conciliatórios encontraram a resistência do preconceito, a frieza da intransigência, o hábito do insulto pessoal, e a insensibilidade dos mais favorecidos, que encaravam como sinal de fraqueza o meu desejo de encontrar soluções negociadas, mais condizentes com a índole do povo brasileiro.

Triste e tardia constatação. A partida fora jogada sem que Jango jamais fosse considerado realmente como parte do clube. Ele, enquanto revisava o seu discurso, ainda sonhava em dar as cartas, em virar o jogo. Só que agora o esquema seria outro, da conciliação ao ataque:

> O veto desta minoria reacionária ao meu governo impôs-se quando tornei claro que não reprimiria pela violência os movimentos legítimos de reivindicações dos operários e dos camponeses; fortaleceu-se quando afirmei que as Reformas de Base são um imperativo da hora em que vivemos; ganhou novo vigor e maior odiosidade quando procurei trazer para a atividade democrática, na luta pelas reformas, as multidões que o privilégio tinha reduzido à condição de marginais da vida nacional.

COMO SE FAZ UM DISCURSO

A aliança não poderia mais ser com os setores privilegiados, aqueles que o crivaram de pedidos de favores ao longo de menos de três anos, mas com a base para a qual se destinavam as suas reformas inadiáveis. Daí certamente a necessidade deste grito patriótico: "SOLDADOS DO BRASIL!" E do alerta quase desesperado e comovente de que os inimigos estavam misturando política e religião para acusá-lo do que nunca seria: "A campanha de sabotagem foi além da deformação das diretrizes legalistas do governo. Procurou envolver e aliciar os próprios sentimentos religiosos do povo brasileiro."

Discursos de crise costumam revelar muito sobre o imaginário de uma época. Jango debatia-se contra duas acusações nada veladas: comunismo e anticristianismo. Duas faces de uma moeda gelada pela Guerra Fria. O Brasil cristão era sensível a tudo que se apresentasse como ameaça ao poder de Deus, esse Deus da Igreja católica tão presente na formação da cultura brasileira. Jango buscaria lembrar o quanto se impressionava com as receitas e bulas papais de onde, de certo modo, emanavam as suas reformas e a sua concepção de política e Estado. Ele só poderia se considerar ultrajado por ousarem duvidar da sua religiosidade e de sua fé católica:

Vimos, de repente, os políticos que mais pregaram o ódio neste país estenderem a mão para os políticos mais corruptos da história brasileira e juntos terem o cinismo de falar em nome dos sentimentos católicos do povo. Passaram a acusar de anticatólicos não apenas ao Presidente da República, mas ao próprio Cardeal de São Paulo. Na hora em que ainda ressoam as Encíclicas Sociais de João XXIII, é demasiada audácia a desses aventureiros se atreverem a falar em nome da Igreja. Não me cabe, porém, combater essa usurpação, pois a Ação Católica de Minas e de São Paulo já tomou essa iniciativa. E a maior resposta a esses fariseus foi dada por aquele prelado brasileiro que, a 2 de fevereiro de 1963, afirmava que os ricos [Jango trocou por "poderosos"] da América Latina falam muito em reformas de base, mas chamam de comunistas aqueles que se decidem a levá-las à prática.

A MEMÓRIA E O GUARDIÃO

Ele explicava: "É fácil de entender: os ricos da América Latina continuam a deter 80% das terras do continente; muitas vezes controlam o Parlamento e têm o grande idealismo da fé no futuro." Dizia por fim: "O egoísmo de muitos ricos, sua cegueira, é um problema muito mais grave e urgente do que o próprio comunismo."

No futuro, a corrupção também seria pretensamente combatida por corruptos de mãos dadas contra o inimigo comum, o reformismo de centro-esquerda. No discurso em preparação, João Goulart buscava amparar-se numa figura em ascensão para tentar convencer soldados da sua fé: "Esse sacerdote, Dom Helder Câmara, acaba de ser designado pelo Papa para arcebispo de Recife, uma das cidades que mais reflete a crise social do nosso país." Quem diria que mais de cinquenta anos depois, em pleno século XXI, com o império soviético morto e esquecido, o "comunismo" voltaria a ser no Brasil uma categoria de acusação usada pelos "ricos" fustigados no seu egoísmo?

O ainda esperançoso João Goulart preparava-se para a guerra com as melhores palavras de que ele e sua assessoria dispunham. Burilava cada frase destinada aos "fiéis da balança", os militares de base, aqueles que o haviam garantido no poder em 1961 contra a vontade dos ministros fardados, engalanados, anticomunistas e tementes a Deus. A ameaça, porém, vinha de muitas frentes. Jango estava disposto a atirar contra todas elas em sua oração: "Reconheço que há muitos iludidos de boa-fé. Venho adverti-los que estão sendo manipulados em seus generosos sentimentos por grupos de pressão que hoje controlam facções políticas, agências de publicidade e órgãos de cúpula das classes empresariais." Ele precisava lutar contra a cruz, a pena, a espada e as gravatas pretas.

Aos bravos soldados, carregadores de piano e espada, pretendia provar que não era menos carola do que muito papa-hóstia. A sua Igreja, porém, queria ser dos pobres.

> Aconselho, portanto, a todo brasileiro que hoje esteja envolvido, por motivos religiosos, em comícios [Jango trocou por "manobras"] polí-

COMO SE FAZ UM DISCURSO

ticos, que medite um pouco se está realmente defendendo a doutrina d'Aquele que pela salvação da humanidade morreu na cruz, ou apenas os interesses de alguns grupos financeiros ou eleitorais. Recorde-se da palavra de Pio XI que, tomando consciência de que a Igreja se estava transformando em escudo de privilégios injustificáveis, reconheceu que "o grande escândalo do nosso tempo foi a Igreja ter perdido contato com a classe operária".

Apagaria o fogo com gasolina? O conciliador não ouvia mais a força das palavras que apagava ou acrescentava na inflamada busca do discurso ideal a ser proferido diante dos supostos garantes da sagrada ordem constitucional? Ele parecia se fazer o apóstolo de uma redenção para a qual a devotada elite brasileira não estava preparada:

> Não existe sentimento mais cristão e democrático do que aquele que se devota a melhorar a situação do povo e a reformular velhas estruturas, que só poderão manter o Brasil na estagnação [sic] no subdesenvolvimento e o povo na miséria. Não existem maiores inimigos dos sentimentos que queremos preservar, soldados brasileiros, do que a injustiça, a fome, a miséria e o sofrimento, que podem conduzir ao caos e ao imprevisível, o que nós desejamos evitar.

O campo de batalha já se mostrava coalhado de inimigos armados até os dentes. João Goulart queria mirar em todos eles numa só peça de artilharia oratória. O oponente interno estava mancomunado com poderosas forças externas. Diante dos defensores da pátria, os soldados da nação, o presidente não poderia deixar de valorizar o nacionalismo e fustigar os interesses estrangeiros:

> A posição do Presidente e seus compromissos são, como sempre foram, exclusivamente, com o povo e em defesa dos interesses nacionais. Tenho afirmado reiteradas vazes que, como chefe de uma nação independente e mandatário de 80 milhões de brasileiros livres e democratas, não aceitarei jamais figurinos estrangeiros, venham de onde vierem e quaisquer que sejam as suas cores, pois desejo, ao lado do povo e das

A MEMÓRIA E O GUARDIÃO

forças armadas do país, realizar as reformas básicas à sombra única e soberana do pavilhão auriverde da nossa pátria.

Depois da primeira parte em tom de ressentimento com a incompreensão diante do seu credo conciliatório, o discurso ganharia uma dimensão mais inutilmente retórica:

> As cores que aceitamos são o verde das vossas túnicas, dignos comandantes e soldados do Exército, o azul da nossa brava Aeronáutica e o branco [Jango cortou] da nossa Marinha. Todas elas cobrindo corações de bravos soldados de todas as Armas, que iriam ao sacrifício extremo, como já foram nos campos da Europa, para que jamais se maculassem as cores da nossa bandeira, e muito menos que a substituíssem.

Era João Goulart agora quem pedia. Não o fazia por razões pessoais, ou não estritamente, pois se colocava na posição do estadista que era, que pensava ser, embora não tivesse reconhecimento dos adversários, para ao mesmo tempo alertar seus compatriotas, convocar seus cidadãos à resistência ordeira e pedir atenção contra as manobras ardilosas, com ajuda estrangeira, dos seus oponentes:

> Continuemos, ao lado das nossas famílias, a defender, até com a própria vida, as instituições cristãs, que nos forem legadas. Continuemos, ao lado das nossas mães, mulheres e filhos, a acompanhar as suas orações e a prestigiar e a respeitar a sua fé e os seus sentimentos que são também os nossos. Mas não nos iludamos diante da torpe exploração que procura envolver os sentimentos mais puros como se a religião e a fé fossem servir de escudo a interesses contrários ao nosso povo e ao nosso país – e muito menos podemos admitir que o dinheiro do IBAD venha a macular a pureza das nossas instituições cristãs e do sentimento religioso dos nossos filhos.

O pedido de João Goulart era candente e bastante simples: queria ser visto como ele mesmo se via: um presidente responsável, cristão,

COMO SE FAZ UM DISCURSO

nacionalista, preocupado com os setores mais desfavorecidos da nação e disposto a enfrentar os privilegiados de sempre para fazer reformas capazes de arrancar o país do seu atraso quase feudal. Pedia à base militar que não ouvisse o canto das sereias de parte dos mais altos escalões das Forças Armadas.

> Aos bravos sargentos, que constituem um dos alicerces básicos da nossa estrutura militar, digo que devem se manter unidos, coesos e disciplinados, não aceitando de forma alguma, por prejudiciais ao nosso país e sua organização militar, os extremismos sectários e o radicalismo, partam de onde partirem.

Aos que o acusavam de querer solapar o edifício legal, sugerindo que ele preparava um golpe, contra o qual se prepararia um contragolpe, o presidente da República, duas vezes eleito vice-presidente do Brasil, acostumado aos pleitos eleitorais, fazia questão de afirmar o seu mais profundo respeito à Constituição vigente, a Carta Magna aprovada em 1946, que pôs fim à falsa constitucionalidade do Estado Novo, para o qual Getúlio Vargas fizera aprovar uma constituição de ocasião, a chamada "polaca", de 1937, cópia feita por Francisco Campos de uma autoritária Carta polonesa. Jango era herdeiro de Vargas com uma carreira na democracia.

Pedia que aceitassem emendas à Constituição. Não pretendia desrespeitá-la. Invocava o direito de mudá-la, ou seja, de propor alterações ao Congresso Nacional:

> Tudo temos feito dentro do âmbito constitucional das nossas atribuições. E temos apelado ao Congresso para que também faça tudo dentro do âmbito de suas atribuições. Afirmamos com clareza que não é possível realizar as reformas sem reformar a Constituição. Ao fazer essa afirmativa estamos dando uma prova cabal da nossa fidelidade aos princípios constitucionalistas. Queremos que as reformas sejam alicerçadas no próprio texto da nossa Lei magna. Não desejamos que sejam impostas de fato e recebam vigência fora da nossa Carta.

Queremos que sejam, antes de tudo, um ato constitucional promulgado pelo Congresso.

O problema era a previsão constitucional relativa à desapropriação de terras para fins de reforma agrária com pagamento prévio em dinheiro. Esse dispositivo impedia a desconcentração de terras num país continental dominado por uma oligarquia latifundiária. Advogado de formação, assessorado por importantes juristas, João Goulart podia informar o óbvio aos seus ouvintes iludidos ou confusos:

> Os constituintes de 1946 estabeleceram no art. 217 princípio de que a Constituição pode ser emendada precisamente porque compreenderam que a Constituição tem uma vigência histórica: não deve servir apenas para resguardar as instituições do presente, mas para criar as instituições do futuro. A Mensagem que dirigi ao Congresso inspira-se, portanto, em nítidos princípios constitucionalistas.

A história precisava dar um salto econômico e social. O futuro queria nascer. O Brasil não podia mais se permitir a permanência no atraso em benefício de muito poucos, num capitalismo retrógrado e incapaz por isso mesmo de possibilitar o acesso a um novo patamar de produção, de tecnologia, de bem-estar e de produtividade.

> Nesta Mensagem, que submeti à alta consideração dos senhores membros do Congresso Nacional, cumprindo um dever constitucional, aponto o caminho brasileiro das Reformas de Base que o desenvolvimento do Brasil exige imperativamente e não podem mais ser adiadas.

A ironia da história, dessa história que terminaria mal, talvez por ter começado mal, embora o conservadorismo tomasse como mal qualquer tentativa de correção dos nefastos caminhos da desigualdade percorridos até então, é que Jango estava certo. Quanto mais certo estava e mais lapidava as frases para expressar essa pertinência, mais se aproximava da queda. Rumava para o abismo com um discurso

COMO SE FAZ UM DISCURSO

ponderado. Pregaria a constitucionalidade enquanto os seus inimigos já se preparavam para violar a Constituição sem o menor pudor. Jango, o fazendeiro de São Borja, o rei do gado, o empresário do agronegócio quando ainda nem se usava essa expressão, pronunciaria mais uma vez as palavras fatais:

> A mais urgente e humana dessas reformas, porque irá beneficiar milhões de camponeses brasileiros, é a Reforma Agrária, que exige a reformulação da Constituição da República, para que nela se inscreva o princípio de que a ninguém é lícito manter a terra improdutiva por força do direito de propriedade, ou seja, de que a terra, numa nação de 80 milhões de pessoas, existe para ser usada e não como objeto de especulação. Para que se inscreva na Constituição que o preço da terra para arrendamento, aforamento, parceria ou qualquer outra forma de locação agrícola, jamais excederá o dízimo do valor das colheitas comerciais obtidas e, ainda, o princípio de que os arrendamentos agrícolas, tal como já ocorre com as locações urbanas, serão regidos pela lei e não pelo arbítrio do proprietário, sendo automaticamente prorrogados todos os contratos.

Quase se podia ouvir o eco da encíclica de João XXIII. Não era o comunismo que pregaria. Não se tratava de espoliar proprietários nem de anular o princípio da propriedade privada, cláusula pétrea da Constituição. Ao contrário, o que se buscava era o caminho legal para prover o Estado de um instrumento eficaz de pagamento àqueles que fossem atingidos pela reforma agrária com os seus critérios bem definidos e perfeitamente justos. Goulart sabia que se encontrava numa encruzilhada: ou acelerava as reformas para mudar o país e fazê-lo crescer com justiça social ou se afundava na crise. Para obter apoio e ampliar a sua base, precisava mexer em tabus:

> Nessa Mensagem, que chamei de O Caminho Brasileiro para o Desenvolvimento Pacífico, digo expressamente [Jango cortou a expressão "caros amigos" e acrescentou "oficiais, suboficiais"], sargentos, cabos

e soldados, serem "inadmissíveis, na composição do corpo eleitoral, discriminações contra os militares, chamados ao dever essencial de defender a Pátria e assegurar a ordem constitucional, mas privados, uns do elementar direito de voto, outros da elegibilidade para qualquer mandato".

Se uns pediam direito de votar e outros de serem votados, João Goulart propunha um pacto pelo desenvolvimento, uma republicana troca de favores sob o manto de uma constituição a ser emendada o mais urgentemente possível. Oferecia o que lhe era pedido em troca de sustentação ao seu governo para pressionar o Congresso Nacional. O mais difícil, porém, seria acalmar a imprensa, em surto contra os seus planos reformistas, parte do empresariado, em franca conspiração com setores militares, e frear a influência dos Estados Unidos, expressa por meio de organismos como o Ipes e o Ibad. Restava ao presidente a ligação direta com a base:

> Para erradicar da Constituição esta discriminação odiosa contra os militares [Jango apagou essa adjetivação] e também para assegurar aos analfabetos que formam o principal contingente da nossa força do trabalho, mas aos quais é negado o direito de voto, peço, também, ao Congresso Nacional que inscreva na Constituição da República, como princípios básicos da nossa vida política, as seguintes normas [Jango cortou essa parte, que incluía "são alistáveis os brasileiros que saibam exprimir-se na língua nacional" e "são elegíveis os alistáveis", e acrescentou "também voto ao analfabeto".

Quanto mais procurava acalmar os afoitos, mais o discurso de Jango roçava o precipício. A elite não queria saber de analfabetos votando nem de sargentos eleitos. Muito menos de reforma agrária, salvo se a venda de terras ao Estado fosse um maná altamente compensador permitindo uma colheita antes da semeadura. Historiadores mais antigos poderiam ter usado uma velha imagem para descrever a metamorfose de Jango em março de 1964: ele cruzou o Rubicão. Sem se

COMO SE FAZ UM DISCURSO

transformar num revolucionário comunista, ele ousou propor que as reformas acontecessem. Até a última palavra, porém, ele acreditaria que a elite poderia compreendê-lo e ver o benefício que tiraria se aprovasse as mudanças e cedesse uma parte das suas riquezas em nome da preservação do todo. Pura ilusão.

> Finalmente, para superar de uma vez por todas as dúvidas sobre a vontade do nosso povo com respeito às Reformas de Base, sugiro ao Congresso, caso não se sinta capaz de conceder prontamente as Reformas, uma consulta à fonte de todo o poder legítimo [Jango acrescentou "que é o povo"] a fim de que apure, pelo voto majoritário de todos os brasileiros maiores de 18 anos, se o Brasil deve ter as Reformas que julgo indispensáveis e inadiáveis ao progresso da nossa Pátria, ou se elas são desnecessárias.

Nada pode ser mais apavorante para os conservadores do que uma proposta de plebiscito por um presidente de esquerda. O discurso, cuja autoria seria de Luís Carlos Prestes, para ser lido, em 30 de março de 1964, naquele que seria o fatídico comício no Automóvel Clube, tomaria outro rumo. Jango acabaria enveredando pela improvisação. No original, havia "confissões" que de certo modo explicam a história ou revelam o grau de consciência do presidente sobre a situação em que se encontrava:

> Senhores Oficiais
> Soldados brasileiros
> Vê-se pelo que acabo de expor que cometi um erro tático, diriam alguns [Jango riscou essa frase]. Acirrei contra o meu governo o exército dos Inimigos do povo. Mas prefiro assim para [palavras riscadas] estar ao lado do povo e por confiar na capacidade do povo [frase riscada] para defender seus interesses, a ficar [acréscimo] ao lado dos exploradores da nossa Pátria, dos privilegiados, dos reacionários [trocado por insensíveis] que querem manter nossa gente atada à penúria e ao analfabetismo.

A MEMÓRIA E O GUARDIÃO

Um trecho impactante jamais seria lido. Nem sequer seria mantido para possível utilização na hora das grandes emoções. Jango ainda pesava o que poderia dizer:

> Quero afirmar, com serenidade, que não marcharei para a morte como o grande presidente Vargas, nem renunciarei como meu antecessor [Jango eliminou essa abertura de parágrafo]. Exercerei o meu mandato com a dignidade de homem e de brasileiro que tem plena consciência de suas responsabilidades históricas e com a convicção mais profunda de que só no dever de bem servir ao povo se encontram razões permanentes para a participação na vida política.

O que revela essa passagem riscada à caneta por João Goulart? Certamente a visão desesperada do redator do discurso, que parecia disposto a recorrer aos apelos retóricos mais fortes e dramáticos numa tentativa derradeira de comover e mobilizar o seu público-alvo. Comparar Jango com Getúlio e Jânio era admitir que a situação estava perdida. O presidente ainda tinha fé:

> Com fé em Deus e confiança no povo, quero afirmar que não admitirei que a desordem seja promovida em nome da ordem; que o conflito entre irmãos seja pregado, abertamente, por aqueles que ignoram o que seja o espírito fraterno; que a religião dos meus pais, a minha, de minha mulher e dos meus filhos, seja usada como instrumento político de ocasião por aqueles que ignoram o seu sentido verdadeiro e pisoteiam o segundo mandamento da Lei de Deus.

Essa fé se amparava na crença em Deus, sinal talvez de esmorecimento, tentativa de agarrar-se a alguma coisa, ao metafísico, mas também na ilusão da democracia. Apesar de educado num tempo de tentações autoritárias e golpistas, João Goulart fazia profissão de fé no voto:

> O meu mandato, conferido pelo povo e por ele depois confirmado, há de ser respeitado. Quero exercê-lo na plenitude dos poderes constitucionais, na pureza das minhas intenções, na humildade do respeito ao

COMO SE FAZ UM DISCURSO

espírito da lei, na deliberação de conduzir nossa Pátria à emancipação econômica e o nosso povo ao progresso social, político e cultural.

Teria conversado longamente com o redator do discurso para situá-lo sobre o que pretendia dizer? As palavras acima pareciam expressar mais a personalidade do próprio Jango do que, por exemplo, a de Luís Carlos Prestes. O tom de cada frase tinha a sua dicção, o seu imaginário, a sua cadência, até mesmo a sua por vezes criticada tendência a supervalorizar os aspectos positivos:

> Nesta hora grave da vida nacional, nesta hora de incompreensões e de exaltação, em que uma minoria encastelada em privilégios e insensível aos anseios populares tenta, inutilmente, se antepor aos grandes projetos e esperanças do povo brasileiro, sinto-me no dever de falar aos soldados do Brasil, de dirigir-me aos bravos soldados das três armas que, em todos os momentos de nossa história, têm dado os mais altos e vibrantes exemplos de fidelidade democrática e de amor ao Brasil.

O discurso pretendia transmitir calma e confiança: "Minha palavra, Senhores Suboficiais e Sargentos, é de serenidade, mas é, ao mesmo tempo, de inabalável firmeza." Não seria assim. Diante de mil militares, o clima seria de emoção absoluta. Quem poderia pretender que as paixões assumissem o comando quando toda racionalidade era submetida à polarização entre comunistas e anticomunistas? Nada mais seria como antes.

> Vemos, neste momento, teimosos indisciplinados de outras ocasiões, especialmente de agosto de 1961, pretenderem levantar-se em favor da disciplina. Mas até ao pregá-la, utilizam processos de violência e subversão. Tenho a consciência tranquila com relação a providências adotadas com o apoio decisivo do Exército e da Aeronáutica para solucionar a grave crise irrompida recentemente na nossa Marinha. Assim que tive conhecimento de suas proporções desloquei-me imediatamente para o Rio e, debatendo com os Chefes Militares, chegamos à mesma conclusão relativamente às medidas a serem prontamente

A MEMÓRIA E O GUARDIÃO

tomadas para sufocá-la [Jango acrescentou "interferências estranhas resultarão no divórcio entre comandantes e comandados"].

Essas partes não seriam pronunciadas. No calor da oratória, tudo ficaria mais simples, mais direto e até mais pessoal. Nomes seriam citados: "símbolo de disciplina e de bravura das nossas Forças Armadas, o grande Marechal Henrique Teixeira Lott foi punido com recolhimento a uma fortaleza." Na minuta, estudada minuciosamente, havia espaço para cada esclarecimento, mas tudo era mais abstrato, cauteloso ou até contido:

> Apenas uma providência sempre me repudiou adotar: a da violência e do massacre que contrariem meus sentimentos cristãos e que não conduziriam a resultado positivo. Fui coerente com a mesma posição que invariavelmente tenho adotado e que guiou também meu comportamento nos graves acontecimentos de agosto de 1961. Ali também, em face da indisciplina de todos que se levantavam contra o povo e a Constituição e diante daqueles que prenderam sargentos e humilharam grandes comandantes do Exército Brasileiro jogando-os como réus vulgares dentro de fortalezas militares pelo crime que cometeram de defender a Constituição que juraram, soube eu transigir e aceitar, sem mágoa e para bem da Nação, a diminuição de meus poderes constitucionais.

No dia 31 de março de 1964, apenas um dia depois talvez da sua mais apaixonada oração, exceto pela de poucos dias antes, no inesquecível e igualmente fatídico 13 de março, na Central do Brasil, João Goulart seria desmentido naquilo que tomara o cuidado de não ler ou que simplesmente esquecera de pronunciar por utópico:

> Tanto naquele momento como agora restabelecemos a normalidade sem emprego de violência. A disciplina só se consolida quando se concilia com o respeito a [sic] dignidade humana. Essa é a tradição das Forças Armadas brasileiras, que meu Governo tem sempre procurado prestigiar e fortalecer como nenhum outro Governo na história da República.

COMO SE FAZ UM DISCURSO

Restava o parágrafo final, o fecho de ouro, a frase derradeira, o elemento retórico de efeito para ficar nos corações e nas mentes daqueles que poderiam garantir a permanência de um governo jurado de morte e agonizando.

> Soldados brasileiros!
> Continuaremos a nossa luta pelo desenvolvimento do Brasil e pela implantação da justiça social através das reformas democráticas e cristãs. Conto com a vossa disciplina [Jango acrescentou "a vossa lealdade, a vossa coesão dentro da hierarquia legal, e sei que conto com o vosso patriotismo de cidadão e soldado"] a serviço dos supremos interesses do povo brasileiro.

À mão, o presidente rabiscou um parágrafo: "O meu apelo é no sentido da ordem, mas estaria faltando a um dever de consciência se não vos alertasse a respeito da campanha movida por forças poderosas que se somam contra meu governo, contra as reformas e contra os ideais do povo brasileiro." Os inimigos e seus interesses atingidos aparecem em palavras soltas: remessa de lucros, petróleo, laboratórios, especuladores de apartamentos, latifundiários, com um "sempre" entre parênteses, fiscalização do comércio, calçados, tecidos, livros, matrículas. Uma última anotação, abaixo de "mensagem ao Congresso", diz que "o povo pode estar tranquilo", mas termina com "golpistas e reacionários". Um mapa do fim.

Essas anotações manuscritas finais serviriam para encerrar o discurso de fato pronunciado por Jango numa clara demonstração do imenso trabalho do presidente na busca pela expressão mais justa para o momento crucial:

> Se os sargentos me perguntassem – estas são as minhas últimas palavras – donde surgem tantos recursos para campanha tão poderosa, para mobilização tão violenta contra o governo, eu diria simplesmente, sargentos brasileiros, que tudo isto vem do dinheiro dos profissionais da remessa ilícita de lucros que recentemente regulamentei através de

A MEMÓRIA E O GUARDIÃO

uma lei. É do dinheiro maculado pelo interesse enorme do petróleo internacional e de companhias nacionais contra a lei que também assinei do monopólio da importação de petróleo pela Petrobras. É do dinheiro que se levantou contra outro ato que também praticou o Presidente da República, que foi a encampação de todas as companhias particulares de refino, mas atos que pratiquei rigorosamente dentro da lei e no espírito da Lei 2004, criada pelo grande e imortal Presidente Vargas. Esse é o dinheiro graúdo. Se os sargentos me perguntarem sobre o dinheiro mais miúdo, mas também muito poderoso, eu diria que é o dinheiro dos proprietários profissionais de apartamentos em todo o Brasil, de apartamentos que estavam sendo negados aos brasileiros, de apartamentos que não se alugavam mais em cruzeiros, de apartamentos cujo aluguel já se exigia pagamento em dólar, como se Copacabana fosse um país estrangeiro, como se os brasileiros vivessem subordinados a outros interesses. É o dinheiro, por outro lado, senhores sargentos, de comerciantes desonestos que estavam explorando e roubando o povo brasileiro e que o governo, no direito legítimo que lhe confere a lei, defendeu e deu ordem ao Ministro Jurema para que não mais permitisse a exploração e que defendesse o povo em toda a sua integridade. Enfim, trabalhadores, enfim, militares, enfim, brasileiros, é o dinheiro dos grandes laboratórios estrangeiros de medicamentos. De laboratórios que terão que cumprir a lei ou terão que ser subordinados à lei porque o Presidente da República não vacilará um instante sequer na execução de todas as leis e de todos os decretos.*

O tiro sairia pela culatra. O discurso de João Goulart, que muitos o aconselharam a não fazer, desencadeou, apesar de tantas correções e mudanças, a ira derradeira dos militares golpistas. O general Olímpio Mourão Filho – a "vaca fardada", como ele se definiria em algum momento – colocou as suas tropas na estrada, partindo às pressas de Juiz de Fora para o Rio de Janeiro. O fazendeiro cristão, o advogado que acreditava no poder do mandato, o civil sempre pronto a ouvir os militares e a atender suas reivindicações e promoções, o homem

---

* Cf. *Jornal do Brasil*, 31 mar. 1964.

rico acusado de corrupção, sem que algo jamais viesse a ser provado, seria derrubado por generais em nome do capital internacional e do anticomunismo devoto. O pedido de Jango, essa demanda tocante de tolerância, preocupação social e respeito à Constituição, nunca seria atendido.

Como todo governante, Jango precisava explorar um imaginário que conquistasse adesão e resultasse num esforço comum de resistência e transformação. Um imaginário é um conjunto de histórias compartilhadas como se fossem realidades objetivas. Se a economia move o mundo, o imaginário move a economia e o mundo. As pessoas só agem coletivamente quando dividem certas crenças, esses valores imaginários ou imaginados que servem de alavancas e jogam tudo para a frente quando nada parece destinado a avançar. O imaginário é mais do que ideologia, na medida em que não se limita a uma perspectiva política suspostamente racional ou a uma deformação da realidade por manipulação de alguma elite ou vanguarda. Que imaginário podia Goulart emular para não perecer?

Certamente o imaginário da solidariedade entre os sofredores. Homens costumam ter mais disposição para o improvável quando lhes é contada alguma história, mesmo fictícia, na qual possam crer como sendo uma verdade nua e crua, pura e dura, inquestionável, motivadora. A história que Jango contava era real e comovente, a de um país imenso e rico em recursos naturais capturado por uma elite insaciável de privilegiados disposta a tudo para não ceder o mínimo. Bastaria que a maioria sacrificada lhe dissesse sim, em manifestações de rua ou num plebiscito, para que as coisas começassem a mudar. Do ponto de vista racional, nada pareceria mais óbvio do que as ruas se encherem de desfavorecidos determinados a dar sustentação a um governo que lhes prometia terra, educação, comida mais barata e melhores condições de vida. O que poderiam mais querer ou esperar todos aqueles que inchavam as estatísticas da desigualdade no país?

Houve apoio a Jango. A sua narrativa conquistou adeptos. A narrativa oposta, porém, amparava-se numa situação internacional que

A MEMÓRIA E O GUARDIÃO

a tornava mais convincente e urgente: a cruzada anticomunista no âmbito da Guerra Fria. Os inimigos haviam colado em Jango a etiqueta de comunista, protocomunista ou sensível à pressão dos comunistas. Por comunista não se devia entender apenas os adeptos de uma economia coletivista sem propriedade privada, atrelados ao marxismo e à União Soviética, mas ateus, homens e mulheres sem Deus, sem fé, o que significava sem limites morais. Se a narrativa de Jango era verdadeira e justa, a dos seus inimigos era verossímil e tecida por poderosas máquinas de propaganda internacional. Por vezes, o verossímil parece mais verdadeiro do que o verdadeiro, numa verdade hiper-real tramada sem brechas, e solapa qualquer possibilidade de vitória da verdade na sua simplicidade material.

João Goulart queria convencer com números e realidades. Os seus adversários trabalhavam com convicções, com as crenças fundamentais que estruturavam o imaginário dos brasileiros. Jango dirigia-se ao trabalhador e aos soldados enquanto os seus inimigos acessavam o imaginário das mães desses trabalhadores e soldados. O discurso derradeiro de Jango recorre à emoção. Pouco podia contra a emoção desencadeada por uma narrativa assentada no combate ao inimigo da propriedade individual e de Deus. Os comunistas perderam suas guerras quando mataram Deus. No Brasil de 1964, país profundamente religioso, ninguém seria capaz de reunir forças para manter os "inimigos de Deus" e da ordem natural das coisas no poder. Nesse sentido, o católico João Goulart pedia muito. Pedia que acreditassem nele e na sua fé. O campo já estava minado.

15. Filinto Müller pede, Olivetti faz lobby

Não se esperava que João Goulart mudasse o Brasil. Queria-se apenas que ele atendesse aos pedidos que lhe faziam. Esse era o sistema dominante. De certo modo, Jango forjou-se numa narrativa que o colocaria num lugar especial da história brasileira como reformador social, inspirado certamente em Getúlio Vargas, seu mestre e figura tutelar, mas essa história não estava no roteiro da elite nacional, nem mesmo convencia a parte mais desfavorecida da população, acostumada a, no máximo, ter algum pedido atendido pelo presidente de plantão, visto como um "pai do povo" ou como uma autoridade providencial capaz de aliviar o sofrimento sem mexer na estrutura.

Mudar a história vivida até aquele momento exigiria um novo roteirista. Jango não deixava de ser um homem condicionado pelo seu passado ou pelas influências que sofrera. Percebia a necessidade de mudança, tinha faro para o futuro, mas lhe faltavam os métodos para superar os bloqueios sem violentar a sua personalidade conciliadora e sem esbarrar na violência de uma oposição compacta e decidida a radicalizar para forçar uma reação equivalente capaz de justificar o script em preparação.

Nunca haveria trégua. Jango recebia os luminares de todos os partidos e tentava estreitar laços com antigos colaboradores do seu mestre Getúlio Vargas. Ele se gabava de manter a porta sempre aberta para quem quisesse dialogar. Aos poucos, porém, o verdadeiro diálogo não passaria de uma simulação. Cada um que o procurava colhia o que buscava ou o que podia. Fidelidade quase todos juravam sem medo de quebrar o juramento. A política era um jogo de raposas astutas a quem tudo era permitido.

Figuras lendárias da política brasileira também pediam. Filinto Müller, chefe de Polícia do Distrito Federal do Estado Novo, responsável pelo aparelho repressivo da ditadura Vargas, conhecido por suas simpatias pelas potências do Eixo (Alemanha, Itália e Japão) durante a Segunda Guerra Mundial, com fortes pendores fascistas e nazistas, apesar de ter sido o executor das operações para liquidar a Aliança Integralista Brasileira, também enviou a sua lista de pedidos, em 31 de maio de 1962, a João Goulart. Era senador pelo PSD. Depois do golpe, entraria na Arena.

O bilhete manuscrito de Filinto Müller, em papel timbrado do "gabinete do líder da maioria" no Senado Federal, corresponde ao padrão praticado em todos os elos da cadeia: depois de conversa prévia com o presidente da República, segue a materialização, mesmo informal, da demanda, com as devidas desculpas de cortesia.

> Meu caro presidente Goulart, ontem, apesar de sua insistência delicada e espontânea, não me animei a deixar-lhe meus pedidos para amigos que tenho grande interesse em amparar. É que tenho horror de estar pedindo a quem tem graves preocupações e imensa responsabilidade. Em face, entretanto, de sua generosa insistência, venho pedir-lhe as seguintes nomeações: I – José de Figueiredo Loureiro, para veterinário no Ministério da Agricultura, em Cuiabá, Mato Grosso; II – nomeação de Benedito Clodoaldo para agrônomo no Ministério da Agricultura, em Cuiabá, Mato Grosso; III – nomeação do Bel. Augusto Frederico Müller para um lugar de tesoureiro ou equivalente em Brasília.

FILINTO MÜLLER PEDE, OLIVETTI FAZ LOBBY

Não poderia faltar alguém do mesmo sangue.* Um sobrinho. A insistência em vincular Cuiabá a Mato Grosso era possivelmente uma homenagem à cidade natal, um cacoete, um transbordamento afetivo. O bilhete revela um traço do jogo: João Goulart teria insistido para que o visitante deixasse a sua lista de indicações. Ele não era forçado a recebê-las. Fazia parte das suas atribuições. Quando necessário, procurava deixar o solicitante à vontade para expressar as suas necessidades. Ou, talvez, chegasse mesmo a induzir a pessoa a desembuchar.

Alguns, especialmente os mais ambiciosos, não esperavam que a ocasião lhes fosse proporcionada: iam à luta com pompa e circunstância. Em 30 de outubro de 1963, um jovem chamado Hélio Bicudo, chefe de gabinete do ministro da Fazenda, Carvalho Pinto, enviou correspondência a Wamba Guimarães, oficial de gabinete do "excelentíssimo senhor presidente da República", para responder positivamente a uma demanda importante:

> Restituo-lhe a carta dirigida ao Excelentíssimo Senhor Presidente da República pela firma Olivetti Industrial S/A, relativa a pedido de aumento do seu teto operacional, encontrando-se junto à mesma o ofício do Banco do Brasil S/A, que contém esclarecimentos a respeito, na qual o Sr. Ministro proferiu o seguinte despacho: "Ao Sr. Pres. da República, já tendo sido atendido, nos termos supra."

Luigi Bianchi, diretor-superintendente da Olivetti, em 10 de dezembro de 1962, enviara longa carta ao presidente da República para solicitar condições especiais de financiamento do Banco do Brasil à empresa produtora de máquinas de escrever. A demanda, que provocaria certo alvoroço, passaria pelo presidente do banco e pelo ministro da Fazenda. O executivo tomou o cuidado de apresentar detalhadamente a sua empresa, instalada em Guarulhos, São Paulo, numa área de 35 mil metros quadrados, empregando 3.600 pessoas, com uma venda de

---

* Cf. "A família Müller de Mato Grosso". Disponível em: <http://www.cbg.org.br/wp-content/uploads/2012/07/muller.pdf>.

A MEMÓRIA E O GUARDIÃO

15 mil máquinas de escrever por mês e um faturamento de 1,2 bilhão de cruzeiros.

A Olivetti podia gabar-se de levar os seus produtos a todas as cidades do Brasil. O plano era exportar:

> Temos assim a satisfação de comunicar a Vossa Excelência que iniciaremos, este mês, nossas primeiras exportações, com contratos já fechados, para países da América do Sul e da própria Europa. As primeiras remessas de nossas máquinas alcançarão, em sua fase inicial, quinhentas unidades mensais, significando, somente nesse setor industrial altamente especializado, uma entrada de divisas da ordem de US$ 720.000 (setecentos e vinte mil dólares) por ano.

Louvada a qualidade do próprio produto, que não temia "confronto com similares estrangeiros", o dirigente da Olivetti expunha o problema que o fazia recorrer ao presidente da República de forma tão objetiva e franca: "Infelizmente, conseguimos o pagamento dessas exportações a longo prazo, isto é, a 180 dias, em virtude das exigências do mercado externo, onde serão colocadas as primeiras máquinas de escrever fabricadas com matéria-prima toda nacional." Só o Banco do Brasil podia ajudar.

Que político pode deixar de atender a uma demanda empresarial capaz de criar empregos e de trazer divisas estrangeiras para o seu país? O pedido era muito claro:

> Vimos operando há longos anos com o Banco do Brasil, na base de Cr$ 100.000.000,00 (cem milhões de cruzeiros) com desconto rotativo de nossas duplicatas e Cr$ 25.000.000,00 (vinte e cinco milhões de cruzeiros) com duplicatas caucionadas. Excepcionalmente, a título esporádico, esse prestigioso estabelecimento de crédito, em diferentes circunstâncias, nos concedeu outros descontos de duplicatas. Constituíram para atender a uma exigência momentânea, operações isoladas à regra, mas, uma vez liquidadas, ficávamos sempre, como norma assentada, no teto mencionado para as duas formas indicadas,

somando o total Cr$ 125.000.000,00 (cento e vinte e cinco milhões de cruzeiros).

Para ampliar a produção e ganhar o mercado externo, a Olivetti precisava de seiscentos milhões de cruzeiros "divididos em descontos, cauções e eventuais empréstimos a prazo fixo maior por intermédio do Banco do Brasil".

Jango expandiu-se no despacho manuscrito ao ministro da Fazenda: "Examinar especificamente no que refere ao programa de ampliação da indústria e aumento da exportação, que informa a empresa, mercê perspectivas animadoras, o que já foi iniciado para o Chile e Turquia (c/mais de 700 unidades por mês)." A carta seguiu em frente "já recomendada pelo presidente da República". O ministro consultou o presidente do Banco do Brasil, Nilo Medina Coeli, que respondeu em 10 de outubro de 1963:

> Temos a honra de referir-nos ao despacho de 25.7.63, com o qual V. Exa. nos encaminhou a carta nº 2965-SG, de 10.12.62, em que OLIVETTE INDUSTRIAL S. A. – INDÚSTRIA E COMÉRCIO DE MÁQUINAS PARA ESCRITÓRIO solicita aumento do seu teto operacional, junto a este Banco.
>
> 2. Após cuidadoso exame do assunto, que mereceu nossa melhor atenção, apraz-nos comunicar-lhe que aquele teto vem de ser objeto de elevaço [sic], da ordem de 66% sobre o nível anterior – máximo permitido pelas possibilidades atuais – consoante instruções já transmitidas à nossa Agência Centro em São Paulo (SP).
>
> Restituindo a carta de início mencionada, valemo-nos do ensejo para renovar a V. Exa. a expressão de nossa elevada estima e apreço.

O caso estava resolvido. Certamente não fora tão rápido quanto havia desejado o empresário, apesar de o despacho de Jango ter acontecido já em 4 de fevereiro de 1963, apenas dois meses depois de redigida a demanda. O teto operacional foi aumentado em 66%. O presidente determinou que a novidade fosse comunicada à empresa em Brasília e

A MEMÓRIA E O GUARDIÃO

em São Paulo. Contar uma história significa fazer escolhas e recortes. Os protagonistas também escolhem e recortam como querem ou podem. João Goulart atuava em várias frentes. Algumas, contudo, nem sempre receberam maior atenção. Entre as suas preocupações sempre estava o desenvolvimento industrial do Brasil.

A Olivetti não era obviamente a única empresa a recorrer diretamente ao presidente da República em busca de financiamento. Algumas recorriam a um intermediário na Câmara dos Deputados. Caminho mais longo, mas promissor:

> A SOCIEDADE CONSTRUTORA TRIÂNGULO S.A. deseja um financiamento de Cr [sic] 80.000.000,00 (oitenta milhões de cruzeiros) no Banco do Brasil, para conclusão de serviços rodoviários na rodovia Brasília-Acre, em Vilhena – Estado de Mato Grosso. A firma, das mais importantes no gênero, oferecerá as garantias necessárias, sendo certo que o resgate do empréstimo se fará em parcelas divididas para os meses de maio, julho e do corrente ano, quando lhe serão feitos os pagamentos pelo D.N.E.R.

Com os devidos despachos rabiscados de Jango, o pedido foi em frente. Só que encontrou um obstáculo. Em consequência, voltou para nova rodada de autorização:

> Falar ao Geraldo Carneiro, diretor do Banco do Brasil, no sentido de conceder o empréstimo de 80 milhões de cruzeiros pleiteado pela Sociedade Construtora Triângulo. O presidente do Banco do Brasil, a pedido do presidente João Goulart, se interessou fortemente pelo assunto. No entanto, o Geraldo Carneiro quer a metade (40 milhões de cruzeiros), solução que não acode ao interesse da empresa postulante. Pede-se que o presidente João Goulart manifeste, junto ao Geraldo Carneiro, seu interesse favorável.

Jango liquidou a fatura: "Caillar falar ao Geraldo Carneiro em meu nome." Naqueles tempos ditos românticos, quase pré-históricos, fe-

FILINTO MÜLLER PEDE, OLIVETTI FAZ LOBBY

vereiro de 1962, empreiteiras pediam empréstimos dessa forma. Algo mudaria no futuro.

A Fábrica de Charutos Walkyria, de Estância, em Sergipe, fundada em 1916, recorreu a Nestor Jost, diretor da Carteira de Crédito Agrícola do Banco do Brasil, para renegociar sua dívida em função de crise provocada pelo "bicho do fumo" e pela redução das vendas, "que se agravou face a medidas amplamente conhecidas, tomadas pelo Governo Federal, as quais, se de futuro poderão concorrer para a melhoria das condições econômico-sociais da Nação, no momento geram a falta de negócio da qual temos prova concreta através da nossa indústria". Jango leu a extensa exposição de motivos e mandou atender.

Algumas empresas experimentavam situações ainda mais graves e de difícil solução. O Frigorífico Cruzeiro estava quebrado. O presidente da Federação dos Trabalhadores nas Indústrias de Alimentação do Estado de São Paulo escreveu implorando ajuda sob a forma de empréstimo à empresa ou de encampação de suas instalações para salvar seiscentas famílias do desemprego. O prefeito de Cruzeiro escreveu pedindo ajuda a Jango, que determinou que o presidente do Banco do Brasil o recebesse e não deixasse de informá-lo do andamento da negociação.

Governos parecem se deparar sempre com os mesmos problemas. O Banco do Brasil tornara-se o maior acionista da Companhia de Aços Especiais Itabira – Acesita. Enfiara em torno de "três e meio bilhões de cruzeiros" no negócio. Estimativas indicavam que teria de investir mais no futuro próximo, mas tinha pouco controle sobre a empresa por ser estranho ao setor. A Carteira de Crédito Agrícola e Industrial do Banco do Brasil aconselhava o presidente da República, diante de uma possível proposta de compra por brasileiros conhecedores da área, a ter cautela. Poderia perder tudo o que investira e ficar a ver navios.

Mais simples parecia a tarefa do senador Paulo Coelho (do PTB, depois deputado federal pelo PDC):

> Senhor Presidente, atendendo ao que me foi solicitado pelo interessado, solicito as abalizadas providências de Vossa Excelência no sentido de

ser removido do Banco de Crédito da Amazônia S/A. em Manaus/ Amazonas – para idêntica função em São Paulo – o cidadão bancário Raimundo Lopes de Souza.

Já a indicação do senador petebista Rubem Braga era mais genérica e, ao mesmo tempo, reveladora de uma cultura, de um sistema enraizado na sociedade brasileira:

> Tenho a grata satisfação de apresentar-lhe o portador – senhor ROLDÃO CAVALCANTI DE OLIVEIRA –, solicitando todo seu valioso e imprescindível empenho no sentido de colocar o seu nome em um dos Quadros de Pessoal a serem aprovados pelo excelentíssimo Senhor Presidente da República.
>
> Esclareço a Vossa Senhoria que trata-se de um moço trabalhador, honesto e possuidor de experiência no ramo a que se dedica. Há de ser útil em alguns dos vários setores da Administração Pública.
>
> O meu apresentado é pessoa necessitada, pai de família e pleiteia uma nomeação modesta de Servente, Artífice ou Carpinteiro em qualquer dos vários órgãos de qualquer Instituto.

Transferir bancários podia ser fácil, embora nada presidencial. Como, porém, contemplar todas as demandas coletivas que desabavam sobre a sua mesa com a força das causas justas ou com a urgência das pressões bem calçadas ou barulhentas? Na tribuna da Câmara, o deputado Nelson Carneiro, em 24 de janeiro de 1963, pediu ao presidente um abono de 70% no salário do funcionalismo público até o envio, três meses depois, da mensagem com o aumento definitivo. Uma semana mais tarde, Jango anotou: "Evandro, pedir Celso Furtado preparar resposta." Furtado foi um dos seus esteios e uma das suas esperanças no sentido de colocar o Brasil nos trilhos. Nesse mesmo dia, João Goulart pediu que fosse repassada ao ministro Celso Furtado a mensagem da sua assessoria sobre reclamação do deputado Aarão Steinbruch quanto ao aumento do custo de vida "decorrente de medidas adotadas pelo Conselho de Ministros, dizendo que o plebiscito foi uma mistificação". Ninguém tinha resposta certa para tudo.

FILINTO MÜLLER PEDE, OLIVETTI FAZ LOBBY

Celso Furtado tentava, como neste bilhete sem data, traduzir em projetos claros o que se apresentava como aspiração: "Presidente, modifiquei o texto dando ênfase ao problema das reformas de base e ligando o planejamento a essas reformas e à melhoria das condições de vida do povo. A linguagem é menos técnica, mas não perde em precisão. Algumas frases foram adaptadas do outro texto, que segue conjuntamente, conforme sua solicitação."

As reformas eram a base de tudo o que o país precisava e o governo se propunha a oferecer. Seria possível, contudo, reformar o espírito que dominava a política brasileira cuja base era a troca de favores e a concessão de benesses pelo poder público como modo de formar base de apoio? A história que Jango tentava contar e que gostaria que se imortalizasse passava por uma transformação radical, embora pelos meios legais, do imaginário nacional. Era como se Jango quisesse meter o pé na porta do atrasado capitalismo brasileiro sem, no entanto, provocar danos materiais e fazer muito barulho.

A passagem de Celso Furtado pelo Ministério do Planejamento terminaria laconicamente em julho de 1963. Era o começo do fim. O economista, que dirigiria a Superintendência do Desenvolvimento do Nordeste, a Sudene, até 1964, despediu-se elegantemente em tom menor:

> Recebi de Vossa Excelência a honrosa incumbência de dirigir a elaboração de um plano de desenvolvimento econômico e social e de encaminhar junto aos diversos ministérios medidas visando à execução desse plano.
>
> Estando concluída essa tarefa, pois cabe especificamente aos ministérios o detalhamento dos planos setoriais dentro dos esquemas financeiros já estabelecidos, solicito ao eminente amigo queira liberar-me das responsabilidades de Ministro Extraordinário a cargo do planejamento.
>
> Aproveito a oportunidade para agradecer a Vossa Excelência a honra que me concedeu, permitindo-me que integrasse o seu Ministério, e para expressar-lhe os protestos de meu profundo respeito.

Terá sido a melhor decisão? Convidado para ser paraninfo de uma turma de direito da Universidade de São Paulo, em abril de 1963, Jango rabiscou o discurso que faria no convite para a formatura com cabeçalho do Centro Acadêmico XI de Agosto. Toda a sua esperança está nessas linhas escritas com um entusiasmo quase juvenil: "Daqui desta trincheira dirijo-me a todos os universitários. Dirijo-me à mocidade da nossa pátria para que não esmoreça na luta pelas reformas indispensáveis. Não há reforma sem povo." Todo o discurso seria uma incitação à rebeldia juvenil e uma crítica às "forças da reação".

O quadro no qual Jango estava emoldurado era clássico: precisava dividir o bolo para que ele pudesse crescer e ter mais volume para ser ainda mais fatiado, gerando bem-estar e arrancando milhões de pessoas da miséria e da falta de perspectivas. Os militares que o derrubariam apostariam no crescimento do bolo antes da divisão. Sabe-se que uma economia estagnada ou atrasada só pode dividir riqueza subtraindo-a de alguém. Se um ganha, outro perde. O crescimento, porém, pode trazer ganhos para todos. Como crescer quando a desigualdade é tão grande que impossibilita a criação de um sólido mercado interno capaz de amparar a indústria, a qualificação dos trabalhadores e a geração de uma classe média pagadora de impostos e demandante de serviços?

O discurso aos formandos realçava essa condição desesperada: para crescer o Brasil precisava dividir riquezas; para dividir riquezas, precisava crescer. A condição inicial de divisão, identificada por economistas como Celso Furtado, dependia de vontade política, que Jango tinha ou passou a ter enquanto governava, e de diálogo com a elite econômica, que se recusaria a negociar. Restava a Jango a oratória inflamada, "ninguém nos arrancará das mãos a bandeira verde-amarela que é o símbolo da nossa soberania, das reivindicações do povo por uma pátria forte, livre, respeitada e economicamente liberta". Uma pátria economicamente liberta só poderia nascer se acontecesse a incorporação dos seus deserdados. Esses só podiam esperar por reformas ou pedir favores.

FILINTO MÜLLER PEDE, OLIVETTI FAZ LOBBY

Noutro esboço de discurso, em papel timbrado do governo de Pernambuco, com anotações à mão sobre o texto datilografado, por ocasião de uma reunião do ministério em Recife, a primeira fora da capital federal, João Goulart destacaria o Nordeste por seu passado de riqueza, especialmente Recife e Salvador, como "expressões de uma civilização, a civilização do açúcar". Dito isso, falaria do Nordeste que o recebia, "Nordeste de subdesenvolvimento". A saída estaria nas reformas que propunha. Jango cortou um parágrafo que falava em "estruturas arcaicas" e em incapacidade de inserir a população no mundo das tecnologias modernas. Queria concentrar a sua análise na resistência que enfrentava:

A conspiração sempre existiu, hoje como ontem. Os reacionários sempre reagiram contra a marcha do progresso, porque o progresso arranca-lhes os privilégios. No passado esses reacionários chamavam-se escravocratas, porque pretendiam manter a senzala como uma instituição eterna e intocável. Hoje são todos os que de um modo ou de outro lucram e prosperam à custa da miséria popular; o golpismo é uma forma de luta dos reacionários, a forma de luta dos reacionários em desespero, daqueles que pretendem se opor às reformas a qualquer preço, mesmo à custa de uma convulsão social. Na verdade, toda a nação trabalha tranquilamente e o país progride. As agitações, as ameaças partem exatamente daqueles que temem o futuro, porque são saudosistas de um passado de privilégios.

O tom era alto. Jango acusava os seus adversários de quererem perpetuar a escravidão. Não estava de mãos vazias. Oferecia reformas e atos concretos de desenvolvimento:

Os atos de hoje. Reunião de governadores e despacho. Obras da Sudene: 20 bilhões este ano, parte de um total de mais de 200 bilhões a serem gastos até o fim deste governo. Isto representará a redenção do Nordeste, redenção definitiva pela integração no desenvolvimento do país.

A MEMÓRIA E O GUARDIÃO

Se tinha consciência dos problemas e convicção das soluções, o resto era feito de ilusões: "Volto retemperado deste contato com o povo nordestino, o bravo povo de tantas campanhas libertárias. Agora o povo do Nordeste tomou em suas mãos a bandeira das reformas, a bandeira democrática do progresso e da paz social."

O Nordeste estava na base das preocupações de João Goulart. Noutra minuta de discurso, a ser proferido diante de governador e ministros, em reunião do Conselho Deliberativo da Sudene, o presidente destacou todo o empenho do seu governo pelo desenvolvimento da região: "a) levantamento dos recursos naturais; b) aperfeiçoamento do fator humano; c) criação de uma infraestrutura; e d) aumento da produtividade e da produção na agricultura e nas indústrias". Cada item seria analisado para mostrar os investimentos feitos.

O futuro é que realmente importava na hora de apresentar elementos capazes de pavimentar a confiança no governo. Diante de dez governadores, Goulart exultaria:

> Não é sem real emoção que presencio hoje a realização desse grande esforço de construção das bases do futuro Nordeste. Por muitos decênios a situação desta região, em permanente declínio dentro da economia nacional, preocupou a todos os brasileiros. Vultosos recursos foram para aqui carreados em momentos de grande calamidade. À falta de continuidade no esforço e de suficiente audácia para enfrentar a luta em todas as frentes simultaneamente, os resultados obtidos foram reduzidos, para decepção de todos os brasileiros.

Os anúncios eram robustos. O presidente certamente imaginava estar minando as resistências ao seu governo ao superar todos os pedidos possíveis com obras colossais:

> Também teremos a satisfação de hoje instalar duas empresas que desempenharão papel decisivo no desenvolvimento do Nordeste, A primeira é a de Boa Esperança, que reunirá os recursos da SUDENE, da Eletrobras e do DNOCS para a construção da grande hidroelétrica

FILINTO MÜLLER PEDE, OLIVETTI FAZ LOBBY

do Parnaíba, base para o desenvolvimento do Nordeste Ocidental. A segunda é a Siderúrgica da Bahia, que reunirá os recursos da SUDENE, da Cia. Siderúrgica Nacional e da Cia. Vale do Rio Doce, empresa que será para o Nordeste o que foi Volta Redonda para o Centro-Sul do país, como esteio de sua definitiva industrialização.

Fiel ao seu estilo, Jango acrescentaria um longo parágrafo à mão ao discurso datilografado. Queria afirmar aos brasileiros do Nordeste que cumpriria o seu dever em qualquer situação. Por que, apesar de tudo isso, o IV Exército, baseado em Recife, comandado pelo general Justino Alves Bastos, seria um dos bastiões do golpe que derrubaria um presidente cristalinamente preocupado com a situação nordestina e cercado de ministros e assessores, como Celso Furtado, presidente da Sudene, nordestinos? Talvez porque os militares representassem interesses do Sudeste. Jango certamente pensou nisso no seu exílio.

16. Cidadãos "comuns" escrevem e pedem

Enquanto o bolo não crescia nem era dividido para que crescesse, os cidadãos ditos comuns faziam como as elites: escreviam ao presidente da República e pediam favores. O que pediam? Empregos, transferências, ajuda financeira, autorização para empréstimos, passagens áreas, bolsas de estudos e tudo o que se possa imaginar.

Nunca é demais salientar que o país chafurdava no seu atoleiro. Um telegrama de 19 de maio de 1962, assinado por Alberto Carneiro, dá uma medida das dificuldades enfrentadas pelo governo: "Comunicamos a Vossa Excia. que o SAPS continua grande carência de recursos necessários ao abastecimento do Nordeste." Cada centavo empregado surtia efeito: "A ação que o SAPS tem desenvolvido na Paraíba, com os seus minguados recursos, tiveram [sic] alta repercussão na baixa do custo de vida." O pedido era pungente: "Coloque prestígio interesse governo sentido tornar Banco do Brasil sensível gravidade hora presente propiciando recursos." A missão era cristalina: "Atender reclamos população e atender propósito governo minorar aflitiva situação abastecimento." O Saps (Serviço de Alimentação da Previdência Social) cumpria a dura tarefa de tentar minimizar o gigantesco problema da fome.

A MEMÓRIA E O GUARDIÃO

De toda parte os problemas surgiam e estabeleciam contradições. Era necessário dar condições de consumo e, ao mesmo tempo, controlar a inflação, cortar gastos públicos, restringir aumentos e evitar o descontrole da máquina governamental. Uma correspondência do ministro da Fazenda, Carlos Alberto Carvalho Pinto, de 5 de setembro de 1963, ao presidente da República revela os impasses:

> Tenho a honra de comunicar a Vossa Excelência que, atento ao desenvolvimento do plano financeiro em curso, e atendendo à imperiosa necessidade de contenção dos fatores determinantes da desvalorização monetária, nesta data enderecei ao Excelentíssimo Senhor Ministro do Trabalho e Previdência Social ofício do seguinte teor:
>
> "Em boa hora o Excelentíssimo Senhor Presidente da República houve por bem baixar o Decreto número 52.275, de 17 de julho último, que instituiu o Conselho Nacional de Política Salarial, conjugando os esforços de vários Ministérios, sob a presidência de Vossa Excelência, em torno dos problemas relacionados com o regime de remuneração do pessoal das autarquias federais de natureza econômica e das sociedades de economia mista, assim como das empresas que recebam subvenção do Tesouro Nacional.
>
> Noutros setores, entretanto, a contenção que se traçou o Governo, visando a reduzir o ritmo inflacionário para a imperiosa recuperação financeira, ainda se expõe à influência de fatores de vital importância, dependentes da orientação que venha a ser tomada nas revisões salariais em curso.
>
> Nessas circunstâncias, certo de contar com a esclarecida e corajosa atuação de Vossa Excelência, tomo a liberdade de encarecer a conveniência de se evitarem excessos em tais negociações, como o estabelecimento de níveis salariais superiores à comprovada elevação do custo de vida, de modo a evitar-se a precipitação de um processo de inflação galopante, que seria fatal às instituições e ao próprio País."

O ministro da Fazenda comunicava ao presidente da República que havia enquadrado o seu colega ministro do Trabalho, num curso de economês por correspondência, determinando que para controlar a

CIDADÃOS "COMUNS" ESCREVEM E PEDEM

espiral inflacionária não fossem dados aumentos ao funcionalismo acima da inflação devidamente comprovada. Como diz a piada, só faltava combinar com os russos, ou seja, os funcionários.

Cabia a João Goulart administrar essas diferenças com base na sua extraordinária capacidade de escuta. Até que se tornaria impossível. Os interesses divergentes não cabiam num mesmo governo. Cada escolha feita resultava num laço desfeito. Era uma corrida contra o tempo e contra as forças subterrâneas que se organizavam para estancar as reformas vistas com uma grave ameaça à ordem tradicional, aquela que colocava o presidente da República como gestor de favores e provedor de cargos.

E o povo? O povo pedia em longas cartas manuscritas. Olga Oliveira enviou, em 23 de agosto de 1963, de Curitiba, carta de agradecimento a Wamba Guimarães pelo cargo obtido para o seu marido: "O cargo para o qual foi designado será bem desempenhado. Ele sempre me falava: 'Dr. Wamba me disse que faria algo em meu favor e fará. É meu amigo e, acima de tudo, um homem sincero.'" O cargo público era garantia de estabilidade: "Agora estamos tranquilos e muitos felizes, pois a constante preocupação que tínhamos em não poder alimentar, atender e educar nossas filhinhas, essa passou." Fica comprovado o poder de influência do modesto assessor e a importância de uma nomeação. De certo modo, a população só via segurança colocando-se à sombra da função pública. Se o capital não gosta de correr risco, muito menos os assalariados.

Em 17 de março de 1964, quando a tempestade já desabava sobre o governo, Euzelinda dos Santos escrevia ao secretário Cailar para agradecer por um favor já feito – "pedi para que me protegesse junto ao Exmo. Presidente da República" – e implorar um financiamento do IAPC para comprar "um imóvel pequeno para mim e minha mãe". Ela informava receber Cr$ 40.400,00 por mês e que, graças a decreto presidencial, passaria para Cr$ 42.000,00. Em 20 de agosto de 1963, Maria Cordeiro, de Curitiba, dirigia-se a João Goulart cheia de satisfação: "Eu sou aquela senhora que lhe escreveu solicitando um

A MEMÓRIA E O GUARDIÃO

emprego no Hospital de Clínicas. Agradeço-lhe muito a atenção. Só V. Excia. poderia me oferecer essa oportunidade. Recebi vossa resposta, carimbada com o n. 18.326, datada de 19.4.1963. E graças a Deus e a Vossa Excia. comecei a trabalhar dia 10 de junho, com o cargo de Servente de Dietética, e estou muito acostumada com o serviço." A senhora pedia perdão pelos erros "porque meu estudo é apenas o curso primário". A burocracia funcionava. Tudo era catalogado, respondido e, se possível, atendido.

Irvênia de Araújo Ribeiro, de Jundiaí, reclama para Wamba Guimarães que a situação do seu marido, rebaixado de gerente de uma agência do Banco do Brasil para "simples funcionário" em outra, não se resolveu. Wamba teria recomendado que aguardasse. Passados seis meses, ela não suportava mais. Alegava que o esposo era vítima de uma "trama de maldades e calúnias". Ensinava: "Infelizmente o inocente é sempre injustiçado." A sua primeira carta fora endereçada diretamente a Jango. Em dois momentos, a esposa desesperada, mãe de três filhos, sobe o tom: "Faça algo por ele" e "dê-me algo a respeito do caso". Aguardaria "com impaciência" a resposta.

Uma carta de Porto Alegre expõe a Wamba Guimarães uma situação de família e, ao mesmo tempo, típica do machismo da época: "Estou vivendo, como sabes, separada do teu primo [...]. Preciso, Wamba, incontinenti de um emprego que me dê o direito de uma vida mais humana, mais calma e que eu possa me manter financeiramente." Wamba sinalizara por intermediário disposição para ajudar a familiar.

Juvenal de Oliveira escreve a Jango para agradecer por já estar internado em sanatório desde 6 de julho de 1963. Maria Martins da Conceição pede ao presidente, em 27 de fevereiro de 1964, que interceda para que o irmão dela "permaneça na Costeira" e obtenha a "carta de 2º piloto". Ela quer morrer sossegada. Fica o convite, se ele viajar a Bahia, para "tomar um cafezinho" com ela.

Nilza Maria Gomes Vieira escreve de São Paulo, na condição de quem é próxima, para cumprimentar Jango pela escolha de Carvalho Pinto para o Ministério da Fazenda. Despede-se "pedindo aos mestres

CIDADÃOS "COMUNS" ESCREVEM E PEDEM

da Índia milenar" que orientem o presidente "nesta hora em que criaturas mal-intencionadas procuram perturbar o teu governo". Alberto Olegário Moreira, de Belo Horizonte, agradece por tudo que Jango fez pela sua aposentadoria no IAPC. Amílcar escreve a Wamba, de Porto Alegre, para falar do caso do oficial Nelson Dornelles da Silva, "da engenharia do Exército", que tem um "galho" a quebrar. O militar foi transferido para uma unidade de construção no Nordeste.

> Tratando-se de grandes amigos, tanto ele como a esposa e os familiares desta, são ainda ótimos vizinhos, gostaríamos sinceramente – e muito te agradeceríamos – se obtivesses do ministro Jair, ou do general Assis Brasil, um "jeitinho", no sentido de, no caso, quebrar a resolução ministerial e, em consequência, ficar o amigo Nelson servindo em uma das unidades da engenharia de combate – em Porto Alegre existe uma – próximas desta capital, ou de comunicações (São Leopoldo). Se, de um todo for impossível isso, seria bom então Bento Gonçalves ou Vacaria (esta é a ordem de preferência).

O oficial servia em Cachoeira do Sul. Por decisão ministerial todos da sua turma deveriam atuar em unidades de engenharia de construções. No Rio Grande do Sul, as opções nesse sentido eram Bento Gonçalves e Vacaria. Muito longe da vizinhança. Só um "jeitinho" o salvaria.

Em 28 de fevereiro de 1964, o próprio Nelson escreve a Wamba: "Valho-me, como último recurso, do oferecimento que me fez seu irmão Amílcar." Informa que não pretendia usar de tal influência por "julgar mais correto tentar a retificação pelos competentes canais militares". Nada tendo conseguido e ouvindo de Amílcar que não seria difícil alcançar o objetivo, deu o passo constrangedor. Pedia "algo mais fácil" do que ficar em Porto Alegre ou arredores: uma transferência para um dos batalhões rodoviários ou ferroviários do Tronco Principal Sul (TPS): Bento Gonçalves, Rio Negro, Vacaria ou Lajes. Era tudo.

Pedir e agradecer ensejavam cartas com oferecimento de serviços ou declarações de que Deus saberia proteger o presidente da República. Elonir de Castro Antunes, do Ministério da Marinha, escrevia para

A MEMÓRIA E O GUARDIÃO

João Goulart pela "sábia e humana iniciativa de mandar organizar pelos próprios ministérios os seus casos de readaptações". Uma esposa escreve, em 13 de fevereiro de 1964, de São Roberto para agradecer ao "bondoso João Goulart", de quem pede que Deus ilumine os caminhos, pelo "abono de Natal" e pelo "abono família": "O senhor nem queira saber quanto coração de pai de família o senhor aliviou, quantas lágrimas o senhor fez parar [...] pelo jeito que o senhor está fazendo ainda temos esperanças de dias melhores, não é mesmo?" Jango deve ter gostado deste trecho: "Eu tenho 8 filhos, a mais velha está com 11 anos, já pensou como é difícil para um sozinho tratar de tudo ganhando pouco e com as cousas tudo caríssimas. Mas até que enfim achamos um pai aqui na terra." A política social dava frutos.

A elite midiático-civil-militar brasileira pensava de outra maneira. Tudo era complicado. Os meandros da justiça e da burocracia pareciam indevassáveis. Sueli Aparecida Dotti pedia que o presidente interviesse para corrigir uma injustiça: o seu pai sofrera um processo da Estrada de Ferro Central do Brasil: "No entanto, foi absolvido de um crime que lhe imputaram e a sentença absolvitória também confirmada pelo egrégio Supremo Tribunal de recursos." O que fazer? A filha era direta: "Dado a isso eu pergunto a V. Excia. se meu pai tem ou não tem razão de pleitear o seu emprego de volta do qual foi demitido." A questão principal era terrível: "E se V. Excia. pode ou não ajudar o meu pai, a fim de que ele possa dar um pouco de conforto para sua família que no momento está passando grandes as maiores necessidades."

Algumas cartas eram cômicas ou tragicômicas. Djanira Saraiva Avelino, de Marília, avisa que sua carta é diferente, pede que o presidente não a jogue no lixo nem a mostre para qualquer pessoa, e diz que tem um sonho: conhecer João Goulart. A remetente sustenta que Jango realizou todos os sonhos dele porque "teve força de vontade aliada com um amigo muito poderoso: o dinheiro". Provoca: "Sem isso talvez o senhor fosse um cidadão qualquer." Djanira conta que estava hospitalizada quando o presidente visitou a sua cidade. Garante que chorou muito e chamou pelo nome dele. Detalha o sonho que tem:

CIDADÃOS "COMUNS" ESCREVEM E PEDEM

O maior desejo é conhecê-lo pessoalmente, conversar com o senhor, admirá-lo de frente como o admiro em fotografias, abraçá-lo de verdade e não em sonhos como acontece, mas muitos quilômetros nos separam [...]. Eu lhe digo que esse sonho é impossível porque para poder conversar com o senhor eu precisaria ser política, ricaça ou filha de um "tubarão", e eu não sou nada disso. Sou simplesmente uma professora normalista cheia de sonhos e de ilusão e quero conhecê-lo a todo custo. Mas como?

A moça precisava de dinheiro para passagens e hospedagem em Brasília. O que ela queria? Financiamento:

Se eu pudesse e o senhor me ajudasse, eu poderia concretizar esse meu sonho, e talvez mesmo ficasse aí em Brasília, trabalhando ao seu lado, pois sei que minha pessoa não iria decepcioná-lo. Tudo faria para obter a sua confiança e agradá-lo. O senhor quer tornar esse meu louco sonho em realidade? Quer me ajudar a conhecer Brasília juntamente com a sua pessoa? Conhecerei algum dia a "Granja do Torto"? Tudo isso depende de uma palavra sua.

O presidente despertava paixões. Em 18 de setembro de 1963, a mineira Joana D'Arc Mendes de Sousa agradecia a Jango pelo emprego no IAPC. Estava "satisfeitíssima" e "amedrontada porque logo no primeiro dia de trabalho correu a notícia que os interinos iam para a rua". A carta, em tom emocionado, pede que o presidente "não deixe o mal acontecer". A remetente colocava o seu futuro e o dos seus filhos nas mãos do presidente da República. Concluía com o pensamento dominante num tempo de incertezas: "Espero que, ao término da leitura desta, Vossa Excelência há de me compreender e me dará segurança no serviço público." Esse era o imaginário da época.

Em 5 de fevereiro de 1964, Jango recebeu uma carta de Teresina, de Ana do Amparo Souza Prado, esposa de Benedito Prado, segundo-sargento da Polícia, endereçada de início ao arcebispo dom José Newton de Almeida Batista. Ela pede desesperadamente um emprego.

Mãe de seis filhos, afirma escrever há dois anos a João Goulart, recebendo como resposta "fórmulas para enganar a esperança". O marido ganhava Cr$ 19 mil mensais. A miséria batia na porta. Jango, cuja letra não aparece sobre a maioria dessas cartas de cidadãos comuns, anota, em 27 de fevereiro de 1964, com letra vermelha: "Caillar: desejo atender, providenciar e responder."

Terá dado tempo? De Manaus, em 10 de setembro de 1962, Auxiliadora Zuazo, de 18 anos, conta a Jango que sonha em ser jornalista e em viajar muito. Há já uma viagem em vista, mas ela não tem recursos: "Será que o senhor não pode bancar a fada encantada para mim? Você é tão poderoso, chefe de uma nação, possui um bom coração, vamos, ajude-me, sim." A menina enfatiza: com um sim ela poderá ser considerada "a mais feliz do globo". Promete retribuir o mais cedo possível "ajudando nas campanhas e em outras coisas úteis". Aceita ir em terceira classe. Garante que as experiências de viagem lhe servirão como assuntos para os seus romances e para a sua formação.

Maria Neide Araújo, de Fortaleza, escreve, em 6 de março de 1964, para agradecer pelas palavras recebidas, esperando que as promessas se concretizem para um dia "cantar vitória". Deseja "felicidades ao governo". Há cartas emocionantes. De Mogi Mirim, em 30 de setembro de 1963, Márcia Goulart, de 12 anos, pede desculpas por ter demorado a agradecer: "Minha mãe teve uma grande surpresa quando recebemos a sua carta e o dinheiro, pois se o senhor não tivesse mandado passaríamos necessidades no Natal." A menina aproveitava para informar que todos na sua casa, exceto os dois menores e a mãe, trabalhavam e gozavam de boa saúde, mas "as coisas estão cada vez mais caras e o que ganhamos não dá para o nosso sustento". Ela mesma e a irmã de dez anos trabalhavam de empregada e ganhavam mil cruzeiros. Como não tomar uma atitude?

Havia pedidos bastante originais. Ione Teixeira, de Belo Horizonte, autodesignada "a louca por cavalos", apresentou a sua demanda em versos de rimas equestres.

CIDADÃOS "COMUNS" ESCREVEM E PEDEM

Meu Cavalo Negro

Corre, salta, empina, relincha,
Teu pelo é negro como carvão,
Mancha branca na testa;
És um belo alazão.

Tu és a minha distração,
O teu nome é Alazão,
Não te chamo de Tesouro,
Porque és algo mais precioso.

Alazão! Oh! Alazão!
Aonde está este equino?
Aonde está este cavalo que tanto falo?
Oh!!! Apenas na minha imaginação.

Sempre quis um cavalo,
E só consigo no sonho,
Por isto peço e imploro,
A vós Presidente Jangolar,
Para meu sonho realizar.

Farei qualquer coisa,
Que V. Excia comandar,
Até um foguete entrar,
E minha vida arriscar.

Quase não sou ninguém,
Para vos fazer o tamanho pedido,
Vossa Excia sois um rei no trono,
Eu uma escrava aos vossos pés,
Aos pés do trono.

Gosto tanto de cavalo,
Que se um milhão eu tivesse,

231

A MEMÓRIA E O GUARDIÃO

Compraria uma bela fazenda,
Para cavalos eu criar.

Desejo a V. Excia
Um próspero ano novo,
E que façais um bom governo,
Tal qual tendes feito.

Com a vossa permissão,
Mais umas palavras vou dar,
Para V. Excia mandar,
Se não muito incômodo,
Uma resposta me dar.

Um cavalo negro podia não ser o pedido mais bizarro feito ao presidente da República. A carioca Geralda, de 14 anos, estudante, escreveu a Jango para pedir-lhe uma operação plástica para os lábios, grossos demais: "Eles não são lábios, mas sim beiços." A moça dizia ter nariz chato e enviava também a figura de uma bela boca sendo pintada com um batom vermelho. Terminava com uma observação divertida: "Lembre-se que o sonho de toda moça é pintar os lábios na idade devida."

Em meio a tantos pedidos, João Goulart parecia ter arroubos para não sucumbir a qualquer dúvida: "Nomeação urgente de Benedito José da Mota e João José Cunha para D.C.T. na D.R. da Bahia lotado em Jacobina." Qual seria a urgência de nomear postalistas? Certamente a pressão dos padrinhos. Se nomeava, colhia os aplausos. O comandante Armando Lopes agradeceria em telegrama pela nomeação de Yolanda Lopes Rondon para o cargo de oficial de administração no IAPC.

Era preciso também ser árbitro de conflitos: Waldir Ferreira Leite, funcionário do Banco do Brasil em Brasília, fora removido para a Guanabara por desentendimento com o diretor da agência. A mensagem, em papel timbrado do Ministério da Guerra, informava que o funcionário era "janguista, aliás como toda a sua família, muito conhecido no

CIDADÃOS "COMUNS" ESCREVEM E PEDEM

PLANALTO. O Diretor Sr. MORAES vai tirando os contrários". Jango enviou para o ministro da pasta examinar. Era janeiro de 1964.

O que dizem essas narrativas de um ponto de vista mais amplo? O que escondem por trás de um padrão de demanda? Não é impertinente sustentar que elas revelam uma concepção do poder e, mais especificamente, do papel do presidente da República na pirâmide desse poder. Mais do que isso, trazem à tona a situação de um país num dado momento da sua história. Espera-se do presidente que se comporte como um provedor individual poderoso. Não se recorre ao Estado, mas ao chefe da Nação. Louva-se a sua bondade, a sua grandeza, a sua generosidade, a sua humildade ou a sua sensibilidade social. É ao homem, na sua singularidade, que cada pedinte se dirige.

A segurança e o futuro aparecem reiteradamente vinculados a uma expressão quase mágica: emprego público. Ricos e pobres batem à porta do presidente da República em busca de benesses variadas. Uns pedem por absoluta falta de perspectivas, por desespero e necessidades primárias. Outros, por ganância e conhecimento da lógica do sistema. Sabem que o poder não deixa vácuo. Se há cargos, querem preenchê--los. A retórica da demanda tem dois polos: o pedido e a indicação. O pobre pede; o rico indica. Há, porém, uma situação em que a indicação se transforma em pedido, exibindo certo maneirismo: é quando um político com poder de indicação tenta arrumar uma "colocação" para um familiar direto: filho(a), esposa(o), pai, mãe, irmã, irmão, ente querido.

A possibilidade de modernização do Estado, com a adoção de concursos públicos, assustava mais do que seduzia. Por um lado, quebraria o poder de favorecimento detido pelos políticos. Por outro, destruiria a esperança de cada um de ser favorecido e arrancado da insegurança do emprego privado. O pedinte mais humilde não acreditava no surgimento repentino de um Estado racional, impessoal e transparente. O concurso poderia ser apenas um jogo de cartas marcadas para maquilar contratações. O discurso liberal sobre a importância do risco só podia arrancar risos.

17. Jango despacha

Um presidente da República não pode se contentar em fazer discursos, receber políticos, tentar prever as reações dos seus opositores e lutar por reformas dependentes do Congresso Nacional. Precisa todo dia despachar. É um trabalho árduo, enfadonho e interminável. Há memorandos, informes, relatórios, cartas, ofícios, bilhetes, telegramas e uma infinidade de outros textos a serem lidos, pensados e respondidos.

Um bilhete diz: "Autorizar contratar pelo SERPRO, em Roma $ 500 mensais, Nádia da Costa Ribeiro e Eliane Barreira Leitão, em Montreal, Canadá." O pedido é de Carlos Jereissati. Jango despacha: "Caillar, falar Archer para atender." Outro bilhete determina: "Falar Ney [Galvão, presidente do Banco do Brasil] urgente atender empréstimo pref. Campos." Os despachos versam sobre quase tudo: "Caillar, pedir Ney para tomar todas providências para a instalação imediata de Agência B.B. em Sapé (Paraíba)." Supõe-se que para despachar o presidente tenha informações e entendimentos prévios. O que sabe sobre Sapé?

Este é o seu trabalho: tomar conhecimento, pedir esclarecimentos, ouvir interessados, pesar consequências, avaliar gastos, tomar decisões e dar instruções. Alguns assuntos envolvem dinheiro, muito dinheiro,

A MEMÓRIA E O GUARDIÃO

recursos devidos. Em papel timbrado do Senado: "O INIC tem a receber de 'restos a pagar', de 1960, 200 milhões de cruzeiros. Processo nº 154028/62, que se encontra no Ministério da Fazenda. Mandar pagar cem milhões (ou mesmo cinquenta milhões dessa verba) a fim de ser solucionado o problema aflitivo da colônia em Dourados." Jango despacha: "Caillar, falar urgente Dr. Walter. Responder ao Sen. Filinto."

Os nomes vão e voltam. Vivem num sistema de vasos comunicantes. Francisco Cysne Filho, funcionário do Banco do Brasil, lotado em Mossoró há oito anos, quer transferência para Fortaleza. Jango despacha: "Caillar, telefonar para atender." Do Senado vem a comunicação: "Importante e urgente: substituir por qualquer outro imediatamente o gerente do Banco do Brasil em Dourados, ou afastá-lo da gerência e mandar que o seu substituto legal reassuma o posto." Jango despacha: "Caillar, falar hoje Ney e avisar Sen. Filinto." A lista de pequenos casos é infindável.

Da Câmara dos Deputados: "Nomeação de José Marques Luz, coletor federal, para a Delegacia Fiscal de Alagoas." Jango despacha: "Para falar em meu nome com ministro Moreira." Agências do Banco do Brasil não saem da pauta: "Caillar, falar Ney, tenho todo empenho na criação da agência do B.B. em Xanxarê." Diretamente a quem de direito: "Ney, tenho compromisso instalação menor prazo possível agência Caiapônia (Goiás), terra do nosso ministro da Justiça." Era um agrado a Alfredo Nasser, deputado eclético, guindado ao Ministério da Justiça pelo primeiro-ministro Tancredo Neves, capaz de ser moralista com a UDN, desenvolvimentista com o PSD de JK e sensível aos interesses dos trabalhadores com o PTB.*

A rotina de despachos não tem charme nem encantos. Dá, porém, frutos. Passado tanto tempo, a sensação é de que o presidente perdia tempo com nomeações para cargos demasiadamente modestos. A lógica do sistema, contudo, era essa mesma. Cada indicação atendida acionava uma cadeia de comprometimentos e de lealdades. Certamente

---

* Ver <http://www.fgv.br/cpdoc/acervo/dicionarios/verbete-biografico/nasser-alfredo>.

JANGO DESPACHA

foi nessa ordem das coisas que Jango determinou a Ney Galvão, em 1962, a designação de Edgard Valle, funcionário do Banco do Brasil, "para a direção do DEPIM (Departamento Imobiliário do Banco)".

Fica evidente a importância do Banco do Brasil como "cabide de empregos" ou como suporte de uma política baseada em fidelidade aos benfeitores. Jango determina ao seu secretário pessoal, Cailar Ferreira, que fale com Ney Galvão sobre a nomeação de José Vieira de Andrade para gerente da agência do BB na Cidade Industrial, em Belo Horizonte. É claro que todos esses nomes não são conhecidos do presidente. Ele pressiona o botão que dá continuidade a uma espécie de linha de montagem, um processo com vários níveis ou elos de interesse, de pressão e de cobrança.

O já citado deputado Aloysio Nonô enviou, em 15 de dezembro de 1961, um duplo pedido bem amarrado: transferência de Jairo Jucá, gerente do Banco do Brasil em Palmeira dos Índios, Alagoas, para União dos Palmares, no mesmo estado; promoção de Francisco de Barros Vasconcelos de subgerente em Santana do Ipanema (AL) para gerente em Palmeira dos Índios; nomeação de José Veloso Pimentel para contínuo na agência de Viçosa (AL). Jango despachou no mesmo dia: "Caillar, telefonar para Ney, para fazer c/urgência." As transferências do Banco do Brasil consumiam tempo, articulações, consultas, tinta e decisões rápidas ou não.

A Caixa Econômica Federal não deixava por menos. Da Câmara dos Deputados: Armando Simone Pereira para diretor em São Paulo. Ninguém imaginaria que tantos cargos fossem preenchidos de forma burocrática e sem interferência política. O aspecto que chama a atenção e merece destaque é a capilaridade e a extensão da rede. A nomeação de um contínuo podia passar pelo presidente da República a pedido de um deputado. Ou a transferência de um escriturário do Banco do Brasil, como Alcides Ziz, de Erechim, no Rio Grande do Sul, para Brasília. Tudo era questão de Estado.

Heládio Pereira de Figueiredo conseguiu nomeação para Aracaju. Como não se produzir um Estado inchado quando tudo gira em torno dele? João Goulart não era o responsável por um sequestro da máquina pública por interesses partidários. Inseria-se numa lógica azeitada de longa data. Buscava, como se viu com o projeto de concursos públicos, alterá-la ou domesticá-la.

Às vezes, a máquina falhava no coração do sistema. Em junho de 1962, em papel timbrado do Gabinete do Presidente, um pedido sobressai:

> Ney, o funcionário Fernando da Gama e Souza, atualmente meu Oficial de Gabinete, foi dispensado da Comissão de Inspetor sem que houvesse razões de ordem funcional ou moral que justificassem a medida. Gostaria, por isso, de vê-lo reintegrado naquelas funções.

Jango anotou à mão: "Caillar, telefonar Ney pedindo atender." A interferência do presidente da República para concretizar simples transações de funcionários fica explicitada em pedidos como este do deputado petebista pernambucano Lamartine Távora em favor de Antônio Almino Alencar: "Caillar, peço-lhe seu empenho junto ao presidente para determinar essa transferência. O candidato é gerente há oito anos em Goiana e, pelas instruções do Banco do Brasil, tem de ser transferido para outra agência como gerente. Caruaru está livre." Jango avalizou. Em frente. Essa era a marcha.

A sinceridade de alguns políticos merece registro. O deputado Paulo Pinheiro Chagas (que passou da UDN para o PDS) pediu a criação de agências do Banco do Brasil nos municípios de Cássia e São Gonçalo de Sapucaí, em Minas Gerais, com um argumento cristalino: "Tratando-se de municípios localizados em minha zona eleitoral, é de ver o empenho que ponho na solução favorável do assunto." Como resistir a uma exposição de motivos tão franca e pertinente? Jango fez a sua costumeira anotação: "Pedir ao Ney em meu nome."

Nem só de bancos, bancários e agências para todos os lugares eram feitos os despachos do gabinete de João Goulart enquanto os inimigos do presidente costuravam com ajuda externa o golpe que o levaria a

JANGO DESPACHA

viver e morrer no exílio. Havia mais. Anotação em papel timbrado da presidência da República: "Companhia Agroindustrial de Jequitaí – São Paulo (Mattarazo) – empréstimo agropecuário na Carteira Industrial para aquisição de gado – atender ao pedido solicitado totalmente."

Alguns problemas furavam a alçada do judiciário e desabavam na mesa do presidente como se ele tivesse a capacidade e a atribuição de tudo resolver, inclusive de fazer justiça. A Imobiliária Copacabana, do Rio de Janeiro, enviou a João Goulart um extenso histórico do seu problema com o Ministério da Guerra. Isso mesmo. A empresa e as Forças Armadas não conseguiam fazer a paz. A questão começava em 1891 com a compra de extensa área da "Ponta do Leme à rua Siqueira Campos". Em 1931, "o Exército determinou *manu militari* a ocupação dos terrenos, na orla marítima do Distrito Federal". A guerra começava.

Historiado longamente o problema, que passara por ministros e presidentes da República como Eurico Gaspar Dutra, a Imobiliária Copacabana expunha a sua pretensão republicana:

> Que seja ordenada a retirada da guarda, urgentemente. A imobiliária paga os impostos, está sobrecarregada de juros por empréstimos conseguidos para retirar os barracos e outras despesas com remissão de foro, caução para execução da urbanização, etc. etc. Paga diariamente um juro de Cr$ 22.600,00. Caso não venha urgentemente a solução, já no próximo mês de dezembro, em face aos vultosos títulos que vencem, não terá outra alternativa senão declarar-se falida.

O que pedia finalmente a Imobiliária Copacabana: "Nessas condições, os acionistas e Diretores apelam para o alto espírito de justiça de V. Excia. para solução possível dos problemas angustiosos ora relatados." Não há no arquivo de Wamba Guimarães registro do despacho de Jango.

Se a vida de Jango como burocrata não se resumia a despachar pedidos de transferência do Sr. Rato, gerente da agência do Banco do Brasil de Pouso Alegre, para algum lugar, nem a promover Maurício Ferreira Bacelar de "conferente a subchefe de seção do Banco do

A MEMÓRIA E O GUARDIÃO

Brasil", ela passava de todo modo por essa rotina de escritório. O homem que sorria cativante para as multidões quando a ocasião aparecia ou que tentava controlar a ansiedade diante das ameaças que se intensificavam gastava horas diárias administrando os negócios da grande loja Brasil de varejo.

Vez ou outra, uma boa notícia permitia-lhe reduzir o despacho a "Caillar, guardar", com a sensação certamente de dever bem cumprido. Foi o caso, em 19 de junho de 1962, deste informe:

> O Ministro da Indústria e Comércio comunicou ao Conselho a recente assinatura de um convênio entre o Instituto do Açúcar e Álcool e o Banco do Brasil, pelo qual terras pertencentes a usinas de açúcar nas áreas canavieiras do Nordeste, a serem liberadas como ociosas ou mal utilizadas, em consequência de projetos integrais de reaparelhamento agroindustrial já em fase de execução pelo IAA, serão cedidas à Carteira de Colonização do Banco do Brasil. O produto da venda das ditas terras deverá ser investido no reaparelhamento da produção agrícola e Industrial, segundo os referidos projetos integrais.

Era o sonho de desenvolver culturas diversificadas no Nordeste usando essas terras, numa parceria também com a Sudene e com o Ministério da Agricultura, e de fazer decolar o Plano Nacional de Desenvolvimento Econômico e Social "submetido pelo Conselho de Ministros ao Congresso, em setembro de 1961". Ainda se acreditava na Carta de Punta del Este e na Aliança para o Progresso. Despachar podia então rimar com apostar, sonhar, planejar e aguardar resultados.

18. Adolpho Bloch oferece empréstimo

Despachar era se deparar com os mais singulares pedidos. Coriolano de Góis, conforme síntese da assessoria da presidência, "ocorridas vagas na Caixa Econômica Federal de São Paulo, pede ao eminente e melhor amigo considerar seu nome para uma das carteiras". Uma observação manuscrita alertava: "Lembro ao senhor presidente seu compromisso com o candidato do dep. Plínio Salgado." O famoso Coriolano de Góis, ou Góes, fora chefe de polícia da capital federal no governo Washington Luís, e ministro do Superior Tribunal Militar.* Nascido em 1896, aposentado desde 1951, estaria querendo voltar à ativa? No último governo de Getúlio Vargas, Góis presidiu o Conselho Federal do Comércio Exterior, a Cexim e dirigiu a Carteira de Crédito Geral do Banco do Brasil. Foi acusado de quase quebrar o país com as suas ideias. Não se intimidou. Respondeu. Pelo jeito, queria mais.**

Despachar era também tomar conhecimento de mágoas e de cobranças como esta de 7 de dezembro de 1961:

---

* Ver <http://www.fgv.br/cpdoc/acervo/dicionarios/verbete-biografico/coriolano-
-de-araujo-gois-filho>.
** Ibid.

O Dr. Olavo Drumond (Minas Gerais), que foi convidado para Diretor da Agência Nacional, julga-se totalmente desprestigiado com a retirada de sua nomeação, já divulgada pela Imprensa. Lembra ao Presidente que sempre foi um defensor de sua causa e não sabe o que dizer ao seu eleitorado. Espera uma compensação do P.T.B. e do amigo Jango.

Vez ou outra, alguém oferecia algo em vez de pedir, ou se oferecia para alguma missão bastante ampla. Em papel timbrado do Hotel Nacional de Brasília, um amigo prontificava-se a ir ao Japão "negociar os créditos para o reequipamento da indústria têxtil". Avisava que havia combinado com o ministro Antônio Balbino [Indústria e Comércio] "todo o programa cobrindo também créditos para o reequipamento da indústria do calçado e da pesca".

No Natal de 1962, em papel timbrado da revista *Manchete*, Adolpho Bloch oferecia empréstimo ao Brasil:

> Um grupo de homens e de empresas está disposto a ajudar os seus planos de sanear as finanças e recuperar a economia brasileira. Industriais e comerciantes, com os quais tenho conversado ultimamente, manifestam o seu empenho em ajudar o Governo de V. Excia. É idêntico o interesse de todos e é um só o dever de contribuir para esse movimento de salvação nacional. Daí a ideia que lhe proponho de lançar um EMPRÉSTIMO DE HONRA, através do qual seria oferecida ao Governo, com destinação específica, uma pequena parte de nossos recursos, em moeda forte, para resgate na mesma moeda, dentro do prazo de 5 anos, aos juros de 5%, até o limite suficiente para pagamento de nossas dívidas externas.

O dinheiro não viria das arcas do empresário da comunicação, mas das "classes produtivas", do empresariado com senso cívico e patriótico, da "burguesia" nacional e estrangeira com visão de futuro:

> O Empréstimo será feito ao Governo em dólares, libras, francos suíços e franceses, pesetas, escudos e outras moedas fortes, devendo ser recuperado, em seu vencimento, nas moedas correspondentes. Este

ADOLPHO BLOCH OFERECE EMPRÉSTIMO

apelo dirige-se também às comunidades estrangeiras que aqui mantêm grandes empresas, aos membros de suas colônias, às classes produtoras da indústria, da lavoura e do comércio e ao povo, sempre sensível aos movimentos patrióticos.

O discurso nacionalista de um empresário judeu nascido na Ucrânia, que migrara para o Brasil fugindo da fome e do comunismo, fazia sentido. Era a fala de um homem que encontrara no Brasil terra fértil para crescer e enriquecer. Em 1952, fundara a revista *Manchete*. Ele teria o seu império de comunicação. Em relação ao governo de João Goulart, porém, tudo não passaria de um sonho:

> A fórmula de executá-lo o mais rapidamente possível ficará a critério de V. Excia. Desde já, posso garantir-lhe o apoio e a cobertura jornalística, bem como a solidariedade de vários grupos industriais. Estamos certos de que V. Excia. encontrará um meio de cercar esse empréstimo de toda a segurança, garantia e tranquilidade não só para o Governo que vai recebê-lo como para os homens que vão contribuir. Confiamos neste País e desejamos retribuir-lhe um pouco do que ele nos deu a ganhar. Cremos mesmo que esta é uma obrigação nossa: a obrigação de participar do desenvolvimento brasileiro, colaborando com ele e ajudando-o com este Empréstimo. Não temos dúvidas sobre as grandes repercussões, internas e internacionais, que ele terá sob o aspecto político, financeiro, moral e psicológico, no sentido de mostrar ao mundo inteiro que os brasileiros e os estrangeiros aqui residentes, unidos ao Governo, estão dispostos a ajudar o Brasil. Cada um de nós sente em si mesmo o dever de auxiliar o nosso País na caminhada para o seu progresso, o seu desenvolvimento, a sua justiça social e a sua emancipação econômica.

Grande amigo de JK, de quem nunca se afastaria, Bloch não deixaria de se encantar com o regime implantado pelos militares em 1964. Era um empreendedor. Queria fazer negócios. Acreditou na ideologia nacionalista, autoritária, desenvolvimentista e centralista dos generais. Por algum tempo, foi visto como o homem que acreditava na generosidade dos anticomunistas do Brasil.

A MEMÓRIA E O GUARDIÃO

O cotidiano do governo de João Goulart era menos idílico e sem tantas ofertas generosas. De todo lado chegavam cobranças e informações assustadoras. Um telegrama do líder camponês Francisco Julião ao senador Nelson Maculan, de 17 de março de 1962, foi parar nas mãos de João Goulart. A mensagem era altamente preocupante:

> Denuncio Vossência capangas mandados latifundiários feudalistas usando armas inclusive exército nacional assassinam camponeses como vem ocorrendo frequentemente Paraíba. Sua vigorosa advertência Senado sobre Nordeste será confirmada pelas massas famintas desesperadas fazendo justiça com as próprias mãos porque não há mais lugar para os humildes em nossa pátria. Encareço eminente patrício fazer sentir essa casa que amanhã pode ser tarde demais.

Nunca houve trégua. A proposta de Bloch era uma excentricidade em meio à guerra aberta. O espírito conciliador de João Goulart talvez não se adaptasse a tamanha polarização. O estilo de Jango era totalmente diferente daquele, por exemplo, de seu antecessor, Jânio Quadros. Em 19 de maio de 1961, Jânio recebeu uma carta que lhe cobrava ter deixado que uma Comissão de Sindicância nomeada para investigar o Instituto dos Bancários divulgasse acusações improcedentes, "sem individuar fatos nem produzir provas", o que era descrito como "leviandade", gerando "revolta" no remetente. Como as comissões eram designadas pelo presidente da República, cobrava-se dele o "estranhável procedimento". Jânio Quadros despachou na margem do documento: "Restitua-se a carta ao ilustre signatário por não se encontrar vazada em termos próprios, além de não representar a verdade."

Goulart costumava ser mais sinuoso. Quando o senador Menezes Pimentel lhe pediu a "fineza" de cancelar o pedido de nomeação de seu filho Crisanto de Holanda Pimentel, delegado regional do Trabalho no Ceará, conforme promessa que teria sido feita ao deputado Carlos Jereissati, Jango apenas anotou: "Guardar." O senador sabia das dificuldades surgidas na nomeação e avisava que pleitearia outra função para o querido rebento. A palavra "promessa" aparecia duas vezes na breve carta. Se Jango viu nisso uma ironia ou uma alfinetada, não confessou para o papel. A sua escola era a de conter estragos.

Todo dia lidava com os mesmos pedidos. O senador Dix-Huit Rosado queria uma vaga de escriturária na Caixa Econômica Federal, em Brasília, para Maria do Socorro Saldanha Ramalho, "pessoa bastante competente, possuindo curso de datilografia, curso ginasial completo, residente nesta Capital, o que muito me obrigará". Um senador mandava recado: "Caro colega, um abraço. Pode entregar ao Jango minha pasta que você como ministro efetivo e sem pasta do PSD do Maranhão despacha com o presidente." Outro bilhete recomendava um primo, Antônio Carlos Guimarães de Carvalho, para advogado da Caixa Econômica Federal. Aspecto destacado determinante: membro do PTB.

Neyde Silva de Oliveira escreve uma carta comovente: admira o presidente da República, deseja êxito na função, pede ajuda: foi secretária pessoal do ministro Maurício de Medeiros [titular da Saúde nos governos de Nereu Ramos e JK], responsável pela sua correspondência particular, o que no seu entender lhe confere altas "qualidades pessoais e intelectuais" pela "responsabilidade e sigilo" exigidos pela função. Afastada depois da saída de Medeiros, por ser cargo de confiança, foi servir no Departamento Nacional de Endemias Rurais, na Escola Nacional de Saúde Pública, em regime de meio turno. Uma portaria de Jânio Quadros exigindo cumprimento de horário integral a deixaria sem emprego, pois precisava trabalhar no comércio em outro turno e cuidar do pai, vítima de derrame cerebral. Implora por uma vaga no estado da Guanabara. Oferece como referências o ex-ministro Maurício Medeiros e o deputado Milton Brandão, do Piauí.

A carta seria levada a Jango por uma "bondosa senhora", mãe do noivo da remetente. Esta se declara em "premência financeira, social e moral", acima de tudo uma admiradora do presidente "como brasileira, como funcionária, uma aliada, e como pessoa, sua serva".

O presidente da República é uma espécie de totem em torno do qual todos se manifestam. O Comitê Central da Produção de São Borja, cidade natal de João Goulart, envia uma longa carta de pedidos

A MEMÓRIA E O GUARDIÃO

e recomendações. Saúda Jango como "dileto discípulo" de Getúlio Vargas. Homenageia-o por medidas em favor da lavoura: "Moratórias, perdão de dívidas, escolas técnicas e de experimentação, financiamentos, bonificações, armazéns e silos e tantos outros." Pede que os fertilizantes sejam isentados de qualquer ônus, pois "representam colheitas fartas, tranquilidade social e melhor arrecadação pública". Sugere que sejam construídos açudes por toda parte. Reclama importação de sementes melhores. Ensina: "O crédito deve ser fácil, estimulante e sem burocracia."

Clama pela importação de técnicos detentores dos saberes e técnicas modernas de produção, quer que a produtividade do arroz suba de cem sacas para 130 por quadra, sugere aulas volantes, com filmes, para ensinar os agricultores a plantar melhor, faz um elogio ao milho com um slogan: "Plantai milho." O milho é descrito como riqueza e fartura, gostoso desde verde. O Banco do Brasil deveria forçar a cultura do milho. Defende que o agricultor "deve ser amparado com um seguro real, propiciando garantias contra os riscos das suas colheitas". Pede que as vias de transporte sejam melhoradas. Aposta em tecnologia: quer comunicação com os grandes centros por "micro-ondas". Termina com um grito de entusiasmo: "Jango nos apoia. Apoiemos Jango."

Os grandes produtores rurais não ficariam com Jango em 1964. As grandes indústrias estrangeiras desconfiavam de planos como o que fora destinado pelo presidente a Hugo Borghi, conforme as palavras do encarregado antes de partir em viagem a Europa deixando equipe formada, o "fornecimento a baixo custo de produtos farmacêuticos ao povo brasileiro, inclusive atribuindo-me a missão de constituir um Grupo de Trabalho, na Legião Brasileira de Assistência, para o definitivo exame do assunto".

Que sistema era esse? Que presidente era esse? Tudo se repete interminavelmente. Lá está João Goulart determinando que se atenda o pedido do deputado Clemens Sampaio (PTB) para nomear José Vaz servente do Banco do Brasil em Nazaret, na Bahia. O pedido do deputado Amaral Furlan (PSD), em favor do prefeito de Conchas,

ADOLPHO BLOCH OFERECE EMPRÉSTIMO

em São Paulo, que solicita a construção de um prédio dos Correios e Telégrafos na sua cidade, também é despachado. Não pode ficar sem despacho o pedido do município de Feijó, no Acre, com "angustiante apelo das classes produtoras" pela nomeação de um escriturário e de um marinheiro no Posto Fiscal do Ministério da Fazenda, fechado havia 11 meses por falta de pessoal, trazendo grandes prejuízos para os que "ali vivem e lutam em condições sobre-humanas", nas palavras do demandante.

A maioria dos pedidos fazia sentido e expressava situações de extrema gravidade. João Goulart pilotava um país com sérios problemas de navegabilidade. Entre a possibilidade do naufrágio e a deriva, o comandante procurava corrigir o rumo da embarcação. Conforme a gíria da época, o grande problema era o excesso de "tubarões".

A burocracia a serviço do presidente da República, ou dos próprios interesses, podia ser muito eficiente. Os agradecimentos dos que tinham seus pedidos atendidos indicam que o tempo das tramitações dependia dos mais diversos fatores, sendo certamente a influência o mais forte deles. Um pedido atendido em tempo recorde, em 15 de março de 1964, dia em que Jango enviou a sua mais importante Mensagem ao Congresso Nacional, revela que a roda administrativa girava mesmo no meio da agitação política mais intensa. Ignácio Machado Barroso agradece

> Ministro Caillar: saudações cordiais. Venho manifestar em meu nome e no de minha esposa nossos sinceros agradecimentos pela acolhida cavalheiresca e positiva, atendendo em vinte e quatro horas meu pedido, encaminhado por tio Hugo Gouthier. Apesar de moço, tenho vivência e longo contato com os que trabalham ao lado dos homens públicos e confesso-me surpreso com a rapidez com que o eficiente Ministro levou o assunto à consideração do Sr. Presidente da República. Rogo ao Senhor a fineza de transmitir ao Dr. João Goulart nossa profunda gratidão pelo financiamento que nos foi concedido junto à Caixa Econômica Federal. Já escrevi ao nosso caro Hugo, relatando a decisiva intervenção do Senhor no deferimento do requerido, de transcendental importância para mim.

A MEMÓRIA E O GUARDIÃO

Hugo Gouthier era amigo de JK e de Jango. Diplomata, serviu em grandes cidades como Paris, Bruxelas, Washington, Londres e Nova York. Ajudou João Goulart a voltar da viagem que fazia à China quando Jânio Quadros renunciou. Teve papel importante na organização dos encontros entre Jango e John Kennedy nos Estados Unidos, garantindo que o brasileiro só conversasse com o anfitrião com a ajuda de intérprete.* A imprensa americana estaria pronta para explorar qualquer deslize do visitante rotulado de comunista. Gouthier era, portanto, sem dúvida, um padrinho de primeira categoria. No agradecimento do sobrinho chama a atenção também o destaque dado ao secretário Caillar no encaminhamento da demanda. O assessor sabia com quem estava lidando. O documento foi catalogado nos assuntos "particulares".

De resto, o poder desses assessores tão próximos do presidente só podia ser grande. Uma longa carta, de 15 de outubro de 1961, do general Estevão Taurino de Rezende a Wamba Guimarães, dá a dimensão da posição ocupada pelo assessor de gabinete. O general, que servia em Belém do Pará, afirmava ter sabido havia poucos dias da nova função do amigo Wamba. Cumprimenta-o. Aproveita para explicar que chegara a ter audiência marcada com o presidente da República para falar-lhe do projeto, tramitando a passos lentos na Câmara dos Deputados desde 1956, de criação do Serviço Agropecuário do Exército (Seape). O encontro acabara desmarcado por oposição do ministro da Guerra, general Segadas Viana, que ainda não via a ideia madura.

Taurino enxergava na mediação de Wamba a oportunidade para realizar o sonho de sua vida: "A razão de ser do restante de minha vida militar é a criação do Serviço Agropecuário do Exército." Segundo ele, João Goulart conhece o projeto sobre o qual conversaram em certas ocasiões. O militar ousa um conceito arrojado:

---

* Ver <http://www.fgv.br/cpdoc/acervo/dicionarios/verbete-biografico/hugo-
-gouthier-de-oliveira-gondim>.

ADOLPHO BLOCH OFERECE EMPRÉSTIMO

Já tenho apregoado, alto e bom som, que, sendo o Brasil um país de economia subdesenvolvida, não pode dar-se ao luxo de querer ter suas Forças Armadas unicamente como elemento de preparação para a guerra, pesando no orçamento da República, sem contribuírem para a economia do país. O conceito de Defesa Nacional está hoje muito mudado.

O general propunha que o Exército se tornasse aliado do Ministério da Agricultura fazendo "extensionismo agrícola", ajudando a disseminar uma "agricultura racional". Seria preciso, avisava, superar a resistência dos "reacionários" para avançar. Incendiava a utopia:

Não nego que a ideia tem inimigos. Mas quem? Os não esclarecidos, os despeitados, os que têm interesses ocultos, os tubarões, os boas--vidas, os inimigos do povo. Comecemos e façamos a reforma agrária democraticamente antes que o povo a faça revolucionariamente.

O sinal estava dado. Era avançar ou ser engolido pela massa. O general Taurino vibrava de entusiasmo:

Para mim nada quero, senão a satisfação de, servindo ao Governo, nos meus exames de consciência, num olhar retrospectivo da minha vida militar e de cidadão, perguntando a mim mesmo o que fiz pelo meu país, jamais ouvir, em resposta, a palavra NADA!

Queria fazer muito. Dependia da ajuda de Wamba Guimarães para ser recebido pelo presidente da República. Despedia-se esperançoso: "Você sabe, caro Wamba, que lhe sou muito grato. Pediria que acusasse o recebimento desta e, depois, me respondesse. Recebas um forte abraço deste seu amigo certo." O projeto acabou vetado por Jango, que recebeu o general Taurino para explicar seus motivos. Em 1964, o general Taurino apoiou o golpe. Foi promovido a marechal e, em seguida, designado para chefiar a Comissão Geral de Investigações (CGI), responsável pelos inquéritos policiais militares (IPM) durante a

A MEMÓRIA E O GUARDIÃO

"Operação Limpeza", os primeiros meses do regime militar. Demitiu-se quando o seu filho, o economista Sérgio de Resende, foi acusado de participar de ações subversivas.* Como não andava em linha reta, tentaria ser deputado pelo MDB.

Marcio Moreira Alves, na sua denúncia visceral das torturas e execuções praticadas já nos primeiros meses do regime imposto sob a chefia de Castelo Branco, escreveu:

> O marechal Estevão Taurino de Resende, encarregado da Comissão Geral de Investigações e que posteriormente seria uma das vítimas do aparelho triturador montado pelos radicais das Forças Armadas, baixou, a 18 de maio, instruções iníquas. Sem atentar para o Código de Processo Penal ou, sequer, para o que a respeito estipula a legislação penal militar, permitiu aos encarregados dos Inquéritos Policiais Militares que retivessem presas por tempo indeterminado as pessoas cujos depoimentos pudessem ser úteis às investigações em curso. Esta instrução foi posteriormente anulada por uma interpretação da lei militar que permite a detenção de suspeitos por 50 dias, e que foi aplicada no próprio filho do marechal Taurino de Resende, o economista Sérgio de Resende, preso sob acusação de subversão, pelos inquisidores de Pernambuco.**

A ditadura tentou proibir o livro de Alves. Agiu, perdeu e finalmente proibiu o próprio Marcio Moreira Alves, estopim da crise que daria origem ao AI-5.*** O general Taurino batia continência ao modesto assessor de gabinete? Não. Reconhecia a intrincada teia de relações em torno do poder ao qual não se chega pela via direta. A relação

---

* Ver <http://www.fgv.br/cpdoc/acervo/dicionarios/verbete-biografico/estevao--taurino-de-resende-neto>.

** Marcio Moreira Alves. *Tortura e torturados no Brasil*, p. 33.

*** Como deputado pelo MDB, Marcio Moreira Alves pronunciou, em setembro de 1968, um discurso na tribuna pregando que as mulheres não namorassem oficiais do Exército. Era a greve de sexo e de amor como resistência à ditadura. A Câmara recusou a autorização para que Alves fosse processado. Os militares decretaram, em 13 de dezembro de 1968, o Ato Institucional n. 5, fechando o Congresso Nacional. Alves partiu para o exílio.

ADOLPHO BLOCH OFERECE EMPRÉSTIMO

com Wamba era forte. Em telegrama, dias depois, pediria que o assessor de Jango o esperasse no aeroporto. Guardaria mágoas de Jango? A alma dos homens, inclusive dos homens fardados, costuma ser muito sensível. Em 5 de abril de 1963, o general Taurino pediu uma compensação:

> Permita-me, Sr. Presidente, que me dirija a Vossa Excelência para fazer-lhe um pedido de caráter particular. A tanto me animam as provas de confiança e estímulo que de V. Excia sempre recebi durante a luta que por tanto tempo travei visando à criação no Exército dum Serviço Agropecuário, e a certeza da alta compreensão que, sei, tem V. Excia pelas coisas humanas.
>
> Desejava, Sr. Presidente, que um filho meu, Cláudio Cidade de Rezende [sic], fosse nomeado Tesoureiro Auxiliar do Instituto de Aposentadoria e Pensões dos Ferroviários Empregados nos Serviços Públicos (IAPFESP) para preenchimento de uma das vagas existentes na 7ª Região da Autarquia, nesta cidade do Rio de Janeiro.
>
> Sei que as nomeações estão suspensas temporariamente e que V. Excia aguarda melhor oportunidade para autorizá-las. Embora avalie o quanto não estará sendo V. Excia solicitado com idênticos pedidos não vacilo em alistar-me entre os que almejam aquele favor. As credenciais que disponho para pedir ao Chefe do Governo a nomeação de um filho para um cargo público talvez sejam poucas, mas traduzem toda uma sinceridade: é o pedido de um velho soldado que nunca exerceu comissão alguma fora do país, nunca se afastou do Exército e que devotou inteiramente à Pátria seus 45 anos ininterruptos de serviço.
>
> Agradecendo a atenção que possa V. Excia dispensar a este meu pedido, qualquer que seja a solução, peço-lhe que aceite os protestos da minha mais alta estima, respeito e distinta consideração.

Tudo acabava no mesmo lugar: um cargo público. Cada um se ajoelhava como podia ou devia, com poucas ou muitas credenciais. Pedir exigia um ritual de modéstia ou de humilhação pelo qual se reconhecia o abuso. Razões familiares, porém, sempre justificavam a genuflexão. Taurino arriscava-se a pedir mesmo com as nomeações suspensas e

A MEMÓRIA E O GUARDIÃO

reconhecendo "o quanto não estará sendo V. Excia solicitado com idênticos pedidos". Mesmo assim, permitia-se dar o salto no escuro das ambições, "não vacilo em alistar-me entre os que almejam aquele favor".

Solícito, Jango despachou prontamente: "Caillar, quero atender [...]. Telefone ao general avisando que vou atender." O poder era uma varinha mágica da felicidade capaz de realizar o grande sonho da estabilidade ou de um tempo de bonança à sombra das grandes tetas estatais.

19. Troca de congratulações

Na agitação permanente de um período turbulento, a quente Guerra Fria, a vida de João Goulart não deixava de ter seus momentos de glamour e suas compensações para quem convivia, conforme gostam de dizer os franceses, com os "grandes deste mundo". Quantas vezes terá Jango parado para se deliciar com as mensagens congratulatórias que recebia dos poderosos do planeta? Quantas vezes terá aproveitado, especialmente por ocasião das festas de final de ano, para fitar os cartões que lhe chegavam como um reconhecimento pela sua posição, mas também, quem sabe, como aplauso pelo esforço que fazia para melhorar a situação brasileira no tabuleiro internacional?

Um cartão com um boneco de neve; outro com modernos edifícios norte-americanos; montanhas, cavalos e ideogramas num cartão do poderoso "Chou En-lai, premier of the state council of the People's Republic of China"; um mosaico romano dionisíaco com os votos de Habib Bourguiba, que se eternizaria no poder – "Le président de la Tunisie, avec ses meilleures voeux"; os votos de Feliz Natal, em 1961, da estonteante Jacqueline Kennedy; uma imagem do "oratório de la

Vierge del Este" com os votos de Eduardo Víctor Haedo, presidente do Conselho de Governo do Uruguai, e uma fórmula tão necessária e irrealizável – *In terra pax hominibus bonae voluntatis.*

Um homem de poder olhava esse tipo de cartão ou apenas os despachava das suas vistas com um sorriso de satisfação protocolar? Sorria ao ler "Felices pascuas y Año Nuevo – 1962-1963", do "Presidente de la República y la Señora de Betancourt"? Tentava saber mais sobre o Grande Templo de Abu-Simbel no cartão de Natal e Ano-Novo do já mitológico egípcio Gamal Abdel Nassar? Emocionava-se diante da austera imagem do monastério Debre Libanos na mensagem natalina do imperador da Etiópia Haile Selassie, conhecido como Rás Tafari, ou seja, o "cabeça"?

Cada personalidade envia-lhe um cartão-postal do seu país. O presidente do Gabão manda-lhe a natureza exuberante já nos selos da sua postagem. Eduardo Haedo, num bilhete, diz que "voltou cansado" para casa. O chinês Tung Pi-wu manda uma montanha esverdeada. Não é demasiado melancólica? O presidente da Bolívia e a "señora Paz Estenssoro" desejam um próspero ano-novo de 1963. Os hondurenhos Ramón Villeda Morales e Alejandrina Bermúdez de Villeda Morales enviam seus votos tendo como cenário as "ruínas de Copan", palco esplêndido da cultura maia.

O que falam essas imagens de santuários, ruínas e paisagens? O que dizem esses costumes? Um presidente assina sozinho os seus votos, outro cita a esposa pelo seu sobrenome, Alejandrina teve direito ao próprio e belo nome, Jacqueline mandou seu cartão sem citar o marido. Estaria Honduras à frente do tempo da América Latina em questões de gênero ou o presidente estava mais apaixonado por sua Alejandrina? Jacqueline fazia questão de mostrar a sua independência? Será que Jango, na solidão do poder, pensava nesses detalhes por ser curioso e sempre atento aos costumes dos outros? Osvaldo Dorticós Torrado, presidente de Cuba em 1962, e senhora Dorticós enviaram cartão. Osvaldo presidiria figurativamente a ilha de Fidel Castro, que fora de tantos ditadores, até 1976.

TROCA DE CONGRATULAÇÕES

Pode-se contar a história a partir de muitos pontos de vista e de muitos vestígios. Os cartões de Natal e ano-novo para um presidente da República também falam. O que terá pensado Jango ao ver o cartão de 1962 com a inscrição em inglês "The Supreme Council for National Reconstruction Republic of Korea"? O presidente da República do Níger, sob o brasão de quatro lanças, agradecia pelas felicitações enviadas por João Goulart na ocasião do quarto aniversário da frágil nação africana. João Goulart refletiria sobre a pobreza, a coragem e os desafios desses amigos mergulhados na construção de um país? Faria comparações com o Brasil? Sentiria medo?

Faria reflexões semelhantes contemplando o prédio com a bandeira do Togo no cartão desejando um feliz 1963? Não poderia nem de longe suspeitar que poucos dias depois, em 13 de janeiro, o presidente Sylvanus Olympio, que lhe desejava o melhor possível para o novo ano, seria assassinado por golpistas. Muito menos que ele próprio só permaneceria mais uma virada de ano no poder.

O que significa essa imagem de uma casa simples e ocre numa melancólica campanha com a assinatura "Eisenhower 58"? O militar e presidente dos Estados Unidos gostava de desenhar. Ele desenhou, por exemplo, a casa em que planejou o desembarque na Normandia, começo do fim da Segunda Guerra Mundial. Terá Jango pensado em São Borja, no seu passado, nos seus galpões e nos seus recantos, enquanto saboreava os votos de ano-novo do homem mais poderoso do mundo, um personagem coberto de glória?

Que efeito faria em Jango, o gaúcho são-borjense, receber uma mensagem de fim de ano do magnata Nelson Rockefeller, governador do estado de Nova York, sob um desenho do Capitólio de Albany? Mesmo o homem de poder se sentia lisonjeado, ainda mais sendo também ele um homem de negócios? Tudo isso era protocolar, enfadonho, burocrático, ou havia alguma emoção e encantamento?

O presidente do Panamá, Roberto Chiari, e esposa desejaram um feliz 1964. Seria talvez o pior ano da vida de Jango. O próprio

Chiari teria de levar o seu país a romper relações diplomáticas com os Estados Unidos por causa de um episódio envolvendo estudantes que hasteariam uma bandeira no Colégio de Balboa, na zona do canal do Panamá. Onze jovens seriam mortos. Chiari terminaria seu governo em 1964 e tomaria outros rumos. João Goulart veria o seu mandato ser enterrado com apoio americano.

Um dos votos de um feliz 1963 havia sido de Julio Adalberto Rivera Carballo e esposa. Em 1961, Rivera dera um golpe de Estado em El Salvador. No ano em que enviava felicitações ao colega brasileiro elegera-se presidente do seu país pelo Partido de Conciliação Nacional. Jango sorriria? Essa era a sua América Latina. Golpeava-se num ano, buscava-se a conciliação no outro, sofria-se um golpe mais adiante. Ele mesmo quase fora golpeado no ano em que Rivera ajudava a golpear na sua América Central. O tenente-coronel Rivera, com dinheiro da Aliança para o Progresso, anteciparia o "Minha Casa, Minha Vida" no seu país carente de moradias, e com a ideologia da Guerra Fria inauguraria os esquadrões da morte de triste memória.

Sobre fundo branco, sem imagens nem ostentação, destacava-se a objetiva mensagem do presidente da República da Nicarágua, certo Luis A. Somoza Debayle, para 1963: "Muchas felicidades." Ele era filho do ditador Anastasio Somoza García, assassinado em 1956, e irmão de Anastasio Somoza Debayle, que se tornaria famoso pelo controle autoritário da Nicarágua até 1979, quando, enfim, seria derrotado pelos sandinistas que combatiam a sua família desde 1963. Luis Somoza morreria com apenas 45 anos de idade, em 1967, de um ataque cardíaco. Felicidade e poder combinavam em tempos de ditadura.

Votos chegavam também da República Popular da Hungria e de outros países socialistas ou de repúblicas africanas recentes como a Guiné de Ahmed Sékou Touré, que se manteria no poder até 1984 driblando atentados. Pode-se ver nesses cartões uma marca da política internacional desenvolvida por João Goulart como presidente do

TROCA DE CONGRATULAÇÕES

Brasil? Estaria em cada mensagem de fim de ano estampada a política externa dita independente do governo Goulart? Pode-se enxergar em cada um desses cartões, com ou sem imagens nacionais exuberantes ou melancólicas, um sinal do não alinhamento automático do Brasil aos Estados Unidos naqueles anos de polarização? O Brasil buscava parceiros com os quais pudesse dividir paz, industrialização, crescimento e anseios de solidariedade.

Obviamente que Jango também disparava mensagens de felicitações para os seus colegas e amigos poderosos. Ele buscava manter boas relações até com quem se dividia. Um cartão para a República Popular da China, outro para a resistência.

TELEGRAMA DO GENERAL CHIANG KAI SHEK
Agradece a mensagem enviada por ocasião do 50º aniversário da República Chinesa e formula votos de felicidades pessoal e prosperidade para o Brasil.

Ao presidente do Gabão, Léon Mba, Jango agradeceu efusivamente: "Honrou-me o ilustre Chefe de Governo gabonês com a sua mensagem de fim de ano, recebida como demonstração afetiva, que tanto nos desvanece." O final é quase um manifesto de comunhão política: "Nossos melhores votos de grande ventura no caminho a que nos conduz o futuro. Com grande simpatia e muita amizade." Primeiro governante do Gabão independente, Mba sofreria uma tentativa de golpe, abortada depois de 24 horas, em 1964. Morreria, em Paris, em 1967. Governar era sofrer.

Nem só de votos de feliz Natal e próspero ano-novo de poderosos, como o espanhol Francisco Franco e o xá do Irã, Reza Pahlavi, vivia o afetuoso e disponível João Goulart. Franco desejou "bem-estar pessoal e prosperidade para a nação". Em 15 de dezembro de 1962, Jango recebeu de Oldemar Lima Andrade uma mensagem mais original e sem qualquer papel especial ou pompa de circunstância:

Presidente:

Para não dar asas aos TUBARÕES, resolvi não comprar cartões, neste ano, de BOAS-FESTAS; assim sendo, improvisei-o, aqui mesmo. Ei-lo, abaixo:

BOAS-FESTAS lhe desejo
Neste NATAL de inflação.
À sua família almejo: SAÚDE, ARROZ E FEIJÃO.
Uma coisa puxa a outra:
I
Foi a CAUSA da INFLAÇÃO
Esse Parlamentarismo...
A ele, eleitor, diga: NÃO.
Viva o Presidencialismo.

20. Jango pede ao papa

Se todos pedem, João Goulart também pedirá. Não é difícil imaginar o quanto terá pesado a decisão de incomodar um dos homens mais importantes do mundo com uma demanda particular. Como intermediário do filho de um professor e amigo, ele pedirá ao papa João XXIII que liberte uma ovelha do seu rebanho. Num estilo rebuscado, até mesmo confuso, o presidente Goulart arrisca:

> Brasília, 6 de agosto de 1962.
> Augusto e Soberano Pontífice.
> Permita Vossa Santidade que lhe solicite e considere com particular benignidade a petição que, pela Sagrada Congregação dos Sacramentos, a Vossa Santidade endereçou o Presbítero Carlos Roberto Velho Cirne Lima, a fim de alcançar a redução ao estado laico, com absolvição dos ônus anexos àquela condição eclesiástica.
> Cuida-se de um brasileiro filho de antigo professor meu na Universidade do Rio Grande do Sul, o pai desse sacerdote, que o ter viajado à Europa, com a esposa, para assistir à ordenação sacerdotal do filho, dando, assim, ao evento a feição de uma solenidade familial indeclinável, haja sido o motivo preponderante que, àquele, o determinou a receber as ordens sacras, na cidade Innsbruck, a 31 de julho de 1956. Teria, ao pai, informado o filho que, naquela ocasião, hesitara longamente sobre a decisão a tomar.

A MEMÓRIA E O GUARDIÃO

À paternal solicitude de Vossa Santidade, confio estas palavras de simpatia, que me inspiram as circunstâncias desta penosa situação.

Respeitosamente, rogo a Vossa Santidade, para meu país, minha família e para mim próprio, o preciosíssimo dom da Benção Apostólica e, agradecendo, a Vossa Santidade, o inavaliável tempo que lhe tenho arrebatado, honro-me de poder exprimir-lhe os sentimentos de profunda veneração, meus, dos meus e de todo o povo brasileiro.

O catolicismo de João Goulart, que seria recebido no Vaticano durante o seu exílio, exibe-se por inteiro nessa carta em favor do amigo gaúcho, depois filósofo renomado, Carlos Roberto Velho Cirne Lima. O presidente brasileiro lhe pede favor para o seu protegido, a liberação dos votos religiosos sem os ônus previstos, mas aproveita para também pedir algo para si e sua família, "o preciosíssimo dom da Benção Apostólica". O estilo retorcido das frases da carta, com palavras pouco usadas, fora do padrão habitual de João Goulart, praticamente mostra o nervosismo do presidente ao dirigir-se ao papa. É "inavaliável" o esforço feito para ser tão reverente!

De onde terá tirado expressões como "cuida-se de um brasileiro"? Carlos Roberto Velho Cirne Lima* – que se tornaria um importante estudioso da obra de Hegel, cujos equívocos pretende ter corrigido –, filho de Rui Cirne Lima, professor e advogado, tornara-se sacerdote jesuíta. Seria colega de certo Joseph Ratzinger, conhecido depois como Bento XVI, e aluno do teólogo Karl Rahner, com quem teria tido uma divergência a respeito do conceito de Deus, o que o levaria a largar a batina. Rahner foi um dos pilares do revolucionário Concílio Vaticano II, sob o papado de João XXIII, que modernizou a Igreja católica Romana. Rahner acreditava numa autocomunicação de Deus.**

---

* Ver <http://www.ihuonline.unisinos.br/artigo/3955-carlos-roberto-velho-cirne-lima-2>.
** "Karl Rahner e as religiões". In *Karl Rahner em perspectiva*. Pedro Rubens Oliveira e Paul Claudio (orgs.); Cf. TEIXEIRA, Faustino (2004, p. 58): "Mediante uma tal autocomunicação 'ontológica', Deus se avizinha do ser humano, sem deixar de ser o mistério absoluto e a realidade infinita."

JANGO PEDE AO PAPA

Rui Cirne Lima foi secretário da Fazenda do governador gaúcho Ildo Meneghetti. Apoiou o golpe militar de 1964 sob o compromisso de que a intervenção militar não durasse mais de um ano. Deixou o governo quando percebeu que o tempo da ditadura não se media pelo mesmo calendário. Concorreu, em eleição indireta, em 1966, ao governo do estado do Rio Grande do Sul. Sete deputados oposicionistas foram cassados para que a Arena, partido da ditadura, pudesse vencer. Jango via tudo do exílio.

Se até João Goulart pedia, mesmo que fosse a um sumo pontífice e para o filho de um mestre inesquecível, o marechal Mascarenhas de Moraes, comandante da Força Expedicionária Brasileira e figura militar consagrada, que lutou na Itália, na Segunda Guerra Mundial, pediria desculpas pela recusa de um convite muito especial:

> Excelentíssimo Senhor Presidente:
> Cumpro o grato dever de expressar a V. Exa os meus melhores agradecimentos pelo honroso convite para integrar a Missão Especial que, acompanhando V. Exa, assistiu em Roma à coroação de SS o Papa Paulo VI.
> De tão dignificante convite, entretanto, fui obrigado a declinar – pelo que rogo a V. Exa aceitar minhas sinceras escusas – em face de motivo particular superveniente, que impediu-me de ter a honra de participar da comitiva de V. Exa e de assistir à sagração do sucessor de João XXIII.

Mascarenhas de Moraes ficou ao lado dos seus quando os canhões ameaçaram dobrar por João Goulart, que caiu ao final do desastroso março de 1964. João XXIII, chamado de "papa bom" e rotulado de herege e de comunista por sua ação ecumênica e sua perspectiva social, morreu antes, de câncer no estômago, em 3 de junho de 1963. Ele foi o papa das encíclicas sociais que influenciaram João Goulart.

Carlos Roberto Velho Cirne Lima casou-se com a austríaca Maria Tomaselli, nascida em Innsbruck. Ela se mudou para o Brasil em 1965, onde se tornou conhecida artista plástica, trabalhando como gravurista e pintora.

21. Roberto Marinho indica – laços com a imprensa

A imprensa sempre foi o grande problema do trabalhismo brasileiro. No Estado Novo, Getúlio amordaçou rádios e jornais. No seu governo democrático, tomou o troco. A *Tribuna da Imprensa*, de Carlos Lacerda, empurrou-o para fora do governo. Não esperava que se suicidando Getúlio virasse o jogo e abrisse caminho para um herdeiro, que seria João Goulart. Vargas tentou furar o bloqueio midiático incentivando Samuel Wainer a criar o jornal *Última Hora*. Enfrentou uma CPI por causa disso. Jango tentaria manter sem sucesso uma relação amistosa com os grandes veículos. Todos recorreriam a ele nas horas difíceis, e todos, exceto os jornais de Wainer e Danton Jobim, trabalhariam com êxito para derrubá-lo. O golpe de 1964 seria midiático-civil-militar. Poucas vezes um presidente da República seria tão atacado por jornais.

A correspondência guardada por Wamba Guimarães mostra, contudo, João Goulart sendo cercado pelos interesses dos grandes jornais e dos seus proprietários. Em 21 de fevereiro de 1962, Jango recebeu uma lista de nomes, junto com o cartão de visitas de Roberto Marinho, dono do jornal *O Globo*, com sugestões para a presidência do Conselho Nacional do Petróleo: "Sylvio Froes da Fonseca, diretor do Instituto de

Tecnologia; Antônio Viana de Souza, consultor jurídico da Companhia Siderúrgica Nacional; Adão de Freitas, advogado do Banco do Brasil e da Companhia Siderúrgica Nacional."

Danton Jobim, diretor do *Diário Carioca*, em 21 de novembro de 1963 escreveu: "Caro Presidente, peço-lhe o obséquio de chamar-me assim que dispuser de alguns minutos. Tenho urgente necessidade de falar-lhe. Se preferir à noite, mande telefonar-me a qualquer hora. Estarei em casa ou no DC o dia todo a suas ordens." Na época, receber fora da agenda era normal. Jornal de posições, fundado em 1928, o DC apoiou a Revolução de 1930 e logo se levantou contra o governo provisório de Vargas. Em 1932, foi "espastelado" pelos seus ex-amigos. Na sua trajetória engajada e contraditória, ficou com Eduardo Gomes contra Getúlio em 1950. Fez oposição cerrada ao vitorioso e sofreu novo ataque depois da morte de Vargas. Ganhou com JK e perdeu com Lott contra Jânio. Colocou-se ao lado de Jango e morreu com a instalação do regime militar. Teve três proprietários: José Eduardo Macedo Soares, Arnon de Mello e Danton Jobim.

O jogo só podia ser pesado. Em papel timbrado da Câmara dos Deputados, Jango recebe uma pressão violenta:

> Conversei, ontem, com o Primeiro-Ministro Tancredo Neves a respeito do canal de TV para Belo Horizonte. Disse-me ele que há dois outros pedidos para esse canal – que é o único que resta, pois ele já concedeu dois outros – sendo o primeiro cedido dos Diários Associados e o segundo ao D. João Rezende Costa.

O reclamante, deputado Milton Reis, o mesmo que pediria cargos para alguns protegidos, não tem papas na língua. Sabe o que quer e também o que não quer, por considerar privilégio aquilo que beneficia o concorrente:

> Ocorre, entretanto, Presidente, que a TV-Itacolomi de Belo Horizonte pertence aos Associados, e o que pretendem, tudo indica, não é instalar

ROBERTO MARINHO INDICA – LAÇOS COM A IMPRENSA

outra Televisão naquela capital, porém, evitar competidores, como até agora conseguiram. Quanto ao pedido feito pelo mencionado e ilustre príncipe da igreja, desconheço as razões, bem como as pessoas que constituem a sociedade.

Os Diários Associados eram de Assis Chateaubriand, o velho de guerra do jornalismo brasileiro desde 1930. Quase tudo ele abocanhava. O salesiano D. João Rezende Costa galgaria os altos postos da hierarquia religiosa, abençoaria em sigilo o golpe comandado civilmente por Magalhães Pinto em 1964 e se aborreceria com a ditadura em repúdio à tortura de três religiosos franceses. O deputado que escrevia a Jango por um canal de televisão não perdia tempo. Sabia que tudo dependia de relações:

> No que me tange, já mantive contatos com o Max e com o Sr. Mario Simonsen, dependendo, apenas, do Senhor confirmar a autorização para, em seguida, concluir os entendimentos com aqueles nossos amigos. O Dr. Tancredo disse-me, entretanto, que iria ouvi-lo e faria o que o senhor achasse conveniente. Está, portanto, em suas mãos. Esperando ser atendido, reitero-lhe os meus agradecimentos.

Milton Reis perdeu a parada. Em 13 de março de 1962 seria inaugurado o segundo canal de televisão de Belo Horizonte, a TV Alterosa. Em 1964, ela passaria diretamente ao controle dos Diários Associados. Chatô, o magnata da imprensa, com seus mil instrumentos de sedução, conseguiu driblar a regra e ter dois canais na mesma cidade. Uma parceria inicial com o jornal *Estado de Minas*, por meio do repórter Nélson Sellman, abriu-lhe mais uma das portas do paraíso televisivo em ascensão.

O jogo é o de sempre. Em 8 de fevereiro de 1962, Sérgio Vasconcelos é indicado para diretor da Rádio Nacional. Noutro patamar de sugestões, a assessoria do presidente da República recomenda condecorar jornalistas:

Presidente, seria uma ótima promoção, que a exemplo da condecoração concedida ao jornalista Roberto Marinho, de O GLOBO, fossem também condecorados os seguintes jornalistas de diversos Estados: Paulo Maranhão, da "Folha do Norte", Pará; Aníbal Fernandes, "Diário de Pernambuco"; F. Pessoa de Queirós, "Jornal do Commercio", Pernambuco; Wilson Calmon (?), "A Tarde", Bahia; Samuel Wainer, "Última Hora".

Visivelmente, os assessores queriam contrabalançar a homenagem a Roberto Marinho. O ponto de interrogação diante do nome de Wilson Calmon sugere que eles não tinham certeza quanto à pertinência da sugestão. Apareciam ainda três vagas pontilhadas para jornalistas de São Paulo, três para Porto Alegre e duas para Belo Horizonte. O diretor do *Correio da Manhã* deveria ser condecorado, embora faltasse apurar seu nome. João Calmon, dos Diários Associados, e d. Ondina Portela, do *Diário de Notícias*, são citados nominalmente para a operação.

A necessidade de melhorar ou de fortalecer as relações do governo com a imprensa transparece nas mais diferentes medidas. Luiz Ferreira Guimarães, presidente do Sindicato dos Jornalistas Profissionais do Estado da Guanabara, enviou telegrama para agradecer pelo alongamento do "financiamento casa própria", pela Caixa Econômica Federal, a "sargentos Forças Armadas", com a extensão do "benefício já alcançado a jornalistas" e "outras classes leais" de "fiéis colaboradores" na "defesa de instituições democráticas". No final dos anos 1960, já na ditadura, jornalistas seriam agraciados com o privilégio de pagar só 50% do preço de passagens aéreas. Em julho de 1964, porém, passaram a pagar imposto de renda, encargo do qual estavam livres desde 1934.

Os vínculos de Jango com Samuel Wainer foram intensos. Todo presidente parece necessitar de um aliado na mídia. A chamada solidão do poder requer, de certo modo, uma relação estreita com alguém capaz de traduzir os ecos do mundo exterior. Wainer era palaciano desde o retorno de Getúlio Vargas ao poder, em 1951. Numa carta sem data para o amigo Jango, o jornalista confidencia:

ROBERTO MARINHO INDICA – LAÇOS COM A IMPRENSA

Meu caro J.
A viagem de dez ou quinze dias que vou fazer, como você deverá imaginar, será para mim como se fora um internamento num sanatório. Espero em Deus que o remédio que procuro surta algum efeito. Assim mesmo, caso você ache útil a minha presença aqui a qualquer momento, pode mandar a ordem de retorno e ela será imediatamente obedecida.

O uso da inicial "J" para designar o destinatário revela, ao mesmo tempo, intimidade e cuidado com vazamentos e indiscrições. O remetente apresenta-se como um soldado da causa pronto a atender qualquer ordem ou chamado. O cansaço admitido exprime a tensão da época. O desenrolar da carta acentua a proximidade entre o jornalista influente e o presidente da República:

Pretendo aproveitar o eventual repouso para meditar e planificar melhor minhas ideias e preparar a ação de nossos jornais para os assuntos que já debatemos. Continuo e estou cada vez mais convencido que, efetivamente, algo tem que ser feito já, o mais depressa possível, para ajustar o País às suas condições reais. Quanto mais demorar uma mobilização nacional de todas as forças do progresso para essa revisão e reformulação de nossos valores, maiores os riscos e perigos de uma subversão, cujo ponto de partida não seria difícil identificar, mas cujo ponto de chegada é absolutamente impossível prever.

Fica-se sabendo que Jango e Wainer debatem os rumos do país e estabelecem estratégias comuns na busca de rumos. Ao falar em "nossos jornais", Samuel refere-se aos veículos da sua empresa, mas também ao fato de que seus jornais são também os do presidente e do seu governo. Embora não se tenha a data em que redigiu e enviou a sua mensagem, fica evidente que muita água já rolou para o governo, exposto aos "riscos e perigos de uma subversão". Onde tudo começaria? Nas reformas de base. Onde tudo acabaria? No longo túnel escuro da ditadura militar.

A MEMÓRIA E O GUARDIÃO

Para quem se interessa pelo papel da imprensa, de influência ou manipulação, a carta de Samuel Wainer é uma confissão de arrogância, de autoconsciência ou de ilusão:

> Sei o papel que nossos jornais podem representar em tudo isso e estou disposto a tomar a posição de vanguarda que a nossa autoridade, independência e confiança popular nos autoriza e obriga mesmo a assumir.

Ele se dispunha a produzir a mobilização nacional necessária para salvar o governo da bancarrota. Como poderia, quase tão isolado quanto João Goulart, apesar da popularidade de ambos, enfrentar um cartel ideológico? Aguerrido, Samuel propunha-se a atuar em várias frentes. Era e seria a pena voluntária de Jango nas páginas da *Última Hora*. Prontificava-se também a servir de embaixador, de mediador, de seu articulador político:

> Vou conversar em Paris com nosso amigo. Espero influir em seu espírito no nosso sentido, pois acredito sinceramente que sua participação nessa nova arrancada poderá ser extremamente importante. Como ele deverá retornar antes de mim, acredito que, na conversa que vocês terão naturalmente, você já sentirá os efeitos de minha troca de ideias com ele. Falarei em seu nome, conforme você me autorizou. Pretendo também procurar o A., mas com este a conversa será outra e mais indireta. Seus resultados lhe serão comunicados pelo João. Quanto ao mais, fica o João com plenos poderes e permanência a seu lado, para receber ordens a qualquer hora do dia e da noite. Sobre demais assuntos, o João lhe transmitirá pessoalmente meus pedidos. Abraços. Samuel.

João era certamente João Etcheverry, um dos mais importantes colaboradores de Samuel Wainer na *Última Hora*. Toma-se conhecimento do grau de confiança de Jango em Samuel. Ele o autoriza a falar em seu nome. Por seu turno, Samuel deixa um preposto pronto a receber ordens de Jango "a qualquer hora do dia e da noite". Se aceita as ordens do presidente, o jornalista também tem vontades. O seu João "transmitirá pessoalmente" os pedidos ao outro João, o Goulart, presidente do Brasil.

O topo da pirâmide midiática, onde se esparramavam donos de jornais e profissionais da opinião de confiança dos donos, bombardeava Jango. A base tinha outras ideias. Em 2 de março de 1963, um recado, apesar de incompleto, sugere que Jango era admirado no rés do chão jornalístico. Ou simplesmente que jornalistas também pediam ao presidente: "Alberto, estou dando às tuas mãos mais uns pedidos para serem feitos ao presidente. Desta vez, entre eles, vai o meu também. São todos nossos companheiros de O GLOBO. Deus que proteja ao Presidente, ao Caillar e a você por mais estes inestimáveis favores."

Navegante em mar agitado e infestado de "tubarões", João Goulart era um comandante em apuros lutando para chegar a bom porto. Os agrados a jornalistas não seriam suficientes para adoçá-los ou convertê-los. Nessa guerra declarada, a cabeça do presidente estava a prêmio. Colunistas disputavam quem batia mais no governante de plantão. Uma nota datilografada, com a letra de Jango em vermelho superposta ao texto dizendo "urgente, Evandro", indica o grau de combustão das relações entre o governo e a imprensa mesmo quando ainda havia vontade de agradar:

> Os juízes estão concedendo liminares em mandados de segurança, assegurando aos jornais um prazo de adaptação ao novo valor do dólar (câmbio livre) para a compra de papel. Esse prazo é assegurado pela Lei de Tarifas [sublinhado em vermelho]. Não significa, portanto, nenhum arranhão nas Instruções 204 e 208, mas, tão somente, sua aplicação em consonância com a Lei de Tarifas. A medida judicial é um desafogo para os jornais, até que o Governo possa adotar medidas de auxílio à Imprensa. Sua revogação não é conveniente. O Ministro da Fazenda instituiu um Grupo de Trabalho para estudar as medidas de amparo aos jornais.

A imprensa dependia do governo para comprar papel importado.* No arquivo de Wamba Guimarães encontram-se dezenas de relações de valores e garantias para compra de papel pelas grandes empresas jornalísticas da época. A radiografia da relação entre imprensa e governo aparece no extrato dos empréstimos garantidos pelo Estado.

> Bloch Editores s.a. – Rio
> Operações normais
> Valor............ Cr$ 99.600.000,00
> Espécie: desconto de duplicatas
> PAPEL DE IMPRENSA:
> Valor............ Cr$ 100.000.000,00
> Garantia: contrato de empréstimo, por conta do Governo Federal, referente ao 1º período, que vai de abril/62 a março/63, com promessa de garantia real, ainda não concretizada, reforçada pela fiança dos diretores da empresa, em situação normal.
> Valor............ Cr$ 50.000.000,00
>
> Espécie: desconto de promissória a título de antecipação sobre o financiamento do papel de imprensa refere te ao 2º período de abril/63 a março/64.

---

* Esta citação ajuda compreender a questão do papel de jornal importado e as instruções da Superintendência da Moeda e do Crédito – Sumoc – n. 204 e n. 208, de março e junho de 1961: "Num período de cinco anos e cinco meses, de fevereiro de 1958 a julho de 1963, a alta do preço do papel importado para a imprensa foi de mais de 3.294%; de mais de 5.744%, se for considerado período mais largo, dois decênios, de 1943 a 1963. A ascensão do preço do dólar para tal importação foi vertiginosa: até 14 de fevereiro de 1958 custava 18,82 cruzeiros; daí até 10 de junho desse mesmo ano, passou a 51,32; daí até 14 de fevereiro de 1959, passou a 58,38; daí até 13 de março de 1961, passou a 100 cruzeiros, por força da famigerada Instrução 204 da Sumoc; daí até 30 de junho desse mesmo ano passou a 200 cruzeiros (dobrou em três meses); daí até 28 de dezembro desse mesmo ano passou a 263 e 310 cruzeiros, por força da extinção do câmbio preferencial pela Instrução 208 da Sumoc; daí até 17 de maio de 1962, passou a 318; daí até 6 de julho desse mesmo ano, passou a 359; daí até 14 de agosto desse mesmo ano passou a 365; daí até 5 de setembro desse mesmo ano passou a 417; daí até 23 de abril de 1963 passou a 475; daí até 14 de agosto desse mesmo ano passou a 620 cruzeiros" (Nelson Werneck Sodré. *História da Imprensa no Brasil*, 2011, p. 601).

ROBERTO MARINHO INDICA – LAÇOS COM A IMPRENSA

Eis o quadro: empréstimos no Banco do Brasil, garantidos pelo governo federal, com promessas de garantia real não concretizadas. Uma dependência explícita com plena liberdade de crítica. A situação se repete da "A" a "Z", de Artes Gráficas Gomes de Souza, do Rio de Janeiro, com um empréstimo de Cr$ 70.100.000,00, a Casa Editora Vechi, devedora de Cr$ 40.000.000,00, "por conta do Governo Federal, com promessa de garantia real".

É longa a lista dos devedores garantidos pelo governo com promessa de garantia real não concretizada: Boa Leitura Editora; Gazeta de Pinheiros, São Paulo; Antena Empresa Jornalística; Revista do Rádio Editora Ltda.; Saraiva S.A.; Livreiros Editores S.A.; Selbach & CIA, de Porto Alegre; Nascimento Júnior & CIA, de Santos; Livraria Martins Editora, de São Paulo; Jornal dos Sports, do Rio de Janeiro; CIA Editora Nacional; CIA Jornalística Castelar; CIA Editora Fon Fon e Seleta; Editora O Estado do Paraná; Editora LEP; Editora Impressora de Jornais e Revistas S.A.; Ary Mills, União da Vitória (PR), Ao Livro Técnico S.A.; Tenório Cavalcanti – Luta Democrática; Sociedade Comercial e Representações Gráficas, de Curitiba, S.A.; Jornal do Brasil (Cr$ 100.000.000,00), S.A.; O Estado de S. Paulo (Cr$ 70.000.000,00); O Povo, de Fortaleza; Empresa Jornalística PN, do Rio de Janeiro; Diário Popular, de São Paulo; Empresa Jornalística Comércio e Indústria; Empresa Gráfica da Revista dos Tribunais S.A.; Empresa Gráfica Correio do Sul, de Bagé, RS (Cr$ 750.000,00); Folha da Manhã, de São Paulo (Cr$ 100.000.000,00); O Livro Vermelho dos Telefones; Shopping News do Brasil Editora; Editora Abril Ltda. (Cr$ 70.000.000,00); Conquista Empresa de Publicações Ltda.; Editora das Américas; Editora Brasil América; Edibrás; Editora Brasiliense; Gazeta Mercantil; Editora O Pensamento; Efecê Editores; Ersol S.A.; Paraná Esportivo; Edigraf, J.C. Barros, de Porto Alegre; e J. Câmara, de Goiânia.

Em alguns casos, como o da Editora Americana, em concordata, os avalistas estavam sendo acionados por um empréstimo de Cr$ 1.708.000,00. Os processados formavam a fila dos inadimplentes que dificilmente mudariam de posição. A empresa Editora Gráfica

Bandeirantes S.A. era devedora em dois empréstimos. No primeiro, de 1951, recebera Cr$ 1.646.000,00. As chances de pagamento estavam restritas ao "prosseguimento do executivo contra a devedora, caso esta ainda possua algum bem penhorável". No segundo, de Cr$ 699.000,00, o caso foi considerado encerrado com o recebimento de Cr$ 500.000,00.

O Grupo Georges Galvão tinha títulos vencidos desde 1950/52. O valor total de um dos empréstimos era de Cr$ 27.796.000,00. *Os coobrigados*, *O sol*, *O Radical* e outros estavam falidos. O quadro era este: "Perspectiva de recuperação de apenas Cr$ 6.000.000,00, referente à parcela privilegiada de nossos créditos." Das Empresas Reunidas de Publicidade, cuja dívida era de Cr$ 3.594.000,00, o governo só esperava receber o que a Massa Falida pudesse pagar. A Empresa A Noite, devedora de Cr$ 20.391.000,00, era caso perdido: "Até o momento, resultaram infrutíferos os entendimentos que, para regularização da matéria, se mantiveram não só com a 'Superintendência', como também junto ao Ministério da Fazenda." Dever e não pagar era parte dos negócios.

A Cia Editora Fortaleza dera um calote de Cr$ 9.233.000,00. O credor lamentava: "Prejuízo sem qualquer perspectiva de recuperação. A empresa falira. Os coobrigados não tinham bens a penhorar. Certas vezes, como no caso da empresa paulista A Voz Trabalhista, que tomara emprestado Cr$ 8.134.000,00, o 'prejuízo' fora jogado para cima dos ex-administradores, citados Ricardo Jafet e José Esteíno. Os mesmos foram acionados em relação ao débito de O Tempo S.A. Eles aparecem novamente no débito de O Homem Livre Editores S.A., cujo avalista, Hamilton Barata, falecera. Eram campeões de cobranças. Jafet aparece também, na condição de ex-presidente, depois da 'cobrança judicial sem resultado', na dívida de Cr$ 12.121.000,00 da carioca Rádio Clube do Brasil. Ei-lo novamente, junto com José Esteíno, como ex-administradores, nas execuções das dívidas de A Tribuna de Ribeirão Preto e A Pátria, de São Paulo, depois de movidas ações judiciais 'sem nenhum resultado positivo'."

ROBERTO MARINHO INDICA – LAÇOS COM A IMPRENSA

Poucos, como a Editora Senhor, tinham uma linha como observação: desconto de duplicata. Ou, como A Tarde S.A. de Salvador, a clareza das garantias para uma dívida de Cr$ 20.700.000,00: "Penhor industrial das máquinas da empresa, reforçada pela fiança de seus diretores." O mesmo valia para a S.A. O Malho, do Rio de Janeiro: "Fiança dos diretores da empresa." A Empresa Gráfica Diários Reunidos Ltda. devia, sob a rubrica "Operação Anormal", Cr$ 1.571.000,00, com "garantia hipotecária avaliada em Cr$ 3.908.824,00" e "ajuste firmado em 18.7.56, vencível em 3.1.1964". Detalhe: "Prestações em dia." Era, sem dúvida, uma enorme "anormalidade". Na mesma categoria "anormal" estava a Asapress, devedora de Cr$ 1.050.000,00, com ajuste firmado em 1959 e prestações em dia. Com "novo esquema de liquidação dentro do prazo contratual", negociado em 22.8.1962, e prestações em dia estava a Sociedade Rádio Emissoras de Piratininga, que tomara um segundo empréstimo, de Cr$ 500.000,00, para pagar o 13º salário instituído pelo governo João Goulart.

Rara era a ficha, como a das Artes Gráficas – Indústrias Reunidas e a da S.A. Gazeta de Vitória (ES), com a seguinte anotação: "Garantia: fiança dos diretores da empresa, em situação normal." Ou esta da Editora José Aguilar: "Aval ou fiança dos cotistas da empresa." Ou estas da Editora Monumento, de São Paulo, e da Gráfica Lux, do Rio de Janeiro: "Fiança dos diretores da empresa." Na mesma situação sadia se encontrava a Cia Jornalística Caldas Júnior, de Porto Alegre, dona do *Correio do Povo*, que tomara empréstimo de Cr$ 75.500.000,00, à base de "penhor industrial, reforçado com a fiança dos diretores da empresa, em situação normal". Também podiam se orgulhar de situação equivalente as Livrarias El Ateneo e Freitas Bastos.

A Organização Victor Costa, Rádio e Televisão Ltda. e Rádio Excelsior tomaram Cr$ 30.000.000,00 dando como garantia suas máquinas. A São Paulo Editora S.A. pegara um empréstimo de Cr$ 23.700.000,00 e descontava normalmente suas duplicatas. O credor, certas vezes, precisava contar com a sorte. Para recuperar parte do emprestado às Publicações Sombra teria de esperar a venda

A MEMÓRIA E O GUARDIÃO

do título da revista. A Fundação Casper Líbero, em dois empréstimos, tomara Cr$ 150.000.000,00, com "penhor industrial de máquinas e fiança de diretores da empresa". Tudo corria bem. A Cartográfica Francisco Mazza herdou dívida da Asapress. Estava em dia com as "prestações pactuadas". Caso raro. O Grupo Rubens Berardo Carneiro da Cunha tentava renegociar para dez anos um empréstimo de Cr$ 39.818.000,00. Sem oferecer garantias, não emplacava.

E os grandes da imprensa da época? Não poderiam faltar nessa fileira de devedores. Grupo Última Hora, Grupo Assis Chateaubriand, Grupo Diário de Notícias, S.A. Diário Carioca, S.A. Editora Tribuna da Imprensa. As fichas das operações de crédito são ligeiramente diferentes na apresentação dos dados. Um exemplo:

S.A. Editora Tribuna da Imprensa
Em milhares de Cr$
Papel de Imprensa
Valor............ Cr$ 15.000
Espécie: desconto de promissória a título de antecipação sobre o financiamento de papel de imprensa
Operação Anormal
Valor.............. Cr$ 206
Espécie: composição de dívidas firmadas em fevereiro de 55, vencível em fevereiro de 65, com garantia de penhor industrial no valor de Cr$ 2.820 mil e fiança de Carlos Lacerda e Aluísio Alves. Prestações em dia.

_____
15.206.

O Grupo Roberto Marinho, que se tornaria esteio do regime militar, devia em três frentes, em milhares de cruzeiros: Empresa Jornalística Brasileira S.A. (Cr$ 100.000); Rio Gráfica Editora S.A. (Cr$ 87.200), contratos "por conta do Governo Federal com promessa de garantia real, ainda não concretizada, reforçada pela fiança dos diretores da empresa em situação normal"; Rádio Globo S.A. (Cr$ 10.358), "Operação Anormal", dívida com ("garantias reais no valor de Cr$ 70.809". Pagamento em dia. Vencimento final em 1964). Total: Cr$ 197.558.

ROBERTO MARINHO INDICA – LAÇOS COM A IMPRENSA

A S.A. Diário Carioca tomara três empréstimos no valor total de Cr$ 43.319. O primeiro, de Cr$ 10.000, para pagar o 13º salário; o segundo, para compra de papel de imprensa, ainda sem garantia real, de Cr$ 30.600; o terceiro, em "Operação Anormal", de Cr$ 2.719, com "penhor industrial" e prestações em dia.

As dívidas do Grupo Assis Chateaubriand preenchem cinco páginas. Os Diários Associados tomaram Cr$ 105.000, em "Operação Normal", dando como garantia contratos de publicidade, para pagamento do 13º salário. Em "Operações Anormais", tomaram, em 22 de março de 1961, Cr$ 178.620, "mediante garantia hipotecária e fidejussória, no total de Cr$ 247.200, para composição e consolidação de dívidas vencidas". Noutro empréstimo, pegaram Cr$ 166.584 para, conforme ajuste de 30 de dezembro de 1960, pagar em 84 prestações. Detalhe: haviam sido pagas "apenas as prestações correspondentes aos meses de janeiro e fevereiro de 1962".

O total a transportar era de Cr$ 450.204. A Empresa Gráfica O Cruzeiro S.A., do magnata Assis Chateaubriand, engrossava as dívidas, uma delas, de Cr$ 40.000, "mediante garantia de ações da Indústria Química e Farmacêutica Schering", outra, para compra de papel, de Cr$ 200.000, "por conta do Governo Federal, referente ao 1º período de financiamento (abril de 62 a março de 63), com promessa de garantia real ainda não concretizada"; outra, ainda, de Cr$ 200.000, para papel, referente a abril de 1963 a março de 1964, "mediante garantia do penhor de máquinas no valor de Cr$ 675.000". O total a transportar atingia a módica soma de Cr$ 959.246.

A Gráfica Editora Jornal do Comércio aprofundava o buraco das dívidas, sendo um dos empréstimos com "aval do Sr. Francisco de Assis Chateaubriand Bandeira de Melo". O *Diário de Pernambuco* seguia o bloco. O valor a transportar chegava a Cr$ 1.045.446. *O Jornal*, do Rio de Janeiro, acrescentava à dívida global Cr$ 70.000, com aval de Chateaubriand; *O Diário da Noite*, de São Paulo, afundava o Grupo em mais Cr$ 130.700, com aval do dono e penhor industrial de maquinaria. O montante a transportar alcançava Cr$ 1.246.146.

A Editora O Diário S.A., de Natal, ainda não concretizara garantias para seu financiamento de papel no valor de Cr$ 1.000. A Rádio Club de Pernambuco equilibrava-se como podia. Pedira um financiamento de Cr$ 1.500 – numa "Operação Anormal" – sob "hipoteca de todo o conjunto, inclusive prédios e terrenos", mas vinha "amortizando a dívida com regularidade". Assis Chateaubriand devia tudo. Derrubar um presidente da República era o mínimo que queria fazer.

O Grupo Diário de Notícias, do Rio de Janeiro, sob o comando de Almir Ribeiro Dantas e Ondina Portela Ribeiro Dantas, assumira dívidas no valor de Cr$ 68.082. Em 6 de junho de 1962, a diretoria "autorizou a unificação dos débitos do Grupo, em situação anormal, para pagamento em cinco anos. O ajuste, porém, ainda não foi assinado".

O Grupo Última Hora devia menos do que os Grupos Assis Chateaubriand e Roberto Marinho: Cr$ 193.694.000,00. Eram quatro empréstimos, sendo duas "Operações Normais", uma da Editora Última Hora S.A., do Rio de Janeiro (Cr$ 73.200.000,00), e outra da Cia Paulista Editora e de Jornais (Cr$ 76.500.000,00), ambas "com promessa de garantia real ainda não concretizada, reforçada pela fiança dos diretores da empresa", e duas "Operações Anormais", ambas da S.A. Erica, uma de Cr$ 18.028.000,00, "saldo correspondente a valores excluídos da remição hipotecária feita em juízo pela devedora, o qual está sendo cobrado através de ação ordinária", e outra de Cr$ 25.966.000,00, com "desembolsos efetuados pelo Banco do Brasil em decorrência de fiança prestada para importação de papel" e "prejuízo verificado, objeto de ação de ressarcimento contra o ex-presidente Ricardo Jafet, responsável pela concessão irregular da fiança".

As "Operações Anormais" são aquelas em "default" há mais de sessenta dias.* Ricardo Jafet, cunhado de Paulo Maluf, destacou-se

---

* Cf. CAMARGO, Patrícia Olga. *A evolução recente do setor bancário no Brasil*, p. 155. Pela classificação atual, de acordo com os riscos, operações de crédito "são consideradas como de curso anormal, podendo resultar em perdas parciais, depois de esgotados os métodos de cobrança cabíveis".

como financiador da campanha de Getúlio Vargas na eleição de 1950. Tornou-se presidente do Banco do Brasil em 1951, cargo que exerceu até 1953. Foi acusado em CPI que abalou o governo democrático de Vargas de favorecer a criação do jornal *Última Hora*, de Samuel Wainer, com empréstimo especial garantido "mediante caução de contratos de publicidade",* o mesmo que podia fazer Assis Chateaubriand sem qualquer problema.

No ocaso do governo João Goulart, a imprensa defendia o próprio papel. Brigava contra os subsídios perdidos e contra a disparada do dólar. O ambiente para os negócios era ruim. A imprensa precisava conciliar sua necessidade de lucro com a sua missão de ser independente. Nessa luta sem quartel, ajudaria a levar os militares ao poder. Não faria um *mea culpa* à altura dos seus editoriais contra Jango. O orgulho não permitiria. Nem os interesses.

Mídia e poder vivem de relações promíscuas, incestuosas e sempre no fio de uma afiada navalha. Cortejar e trair fazem parte do mesmo jogo de sedução. Nenhum desses dois parceiros é confiável. O poder quer domesticar a imprensa, que deseja usufruir da proximidade com os poderosos de plantão. O cinismo tende a prevalecer. Pode haver pior, o jornalismo "chapa branca", aquele que se transforma em porta-voz de algum governo ou partido. A imprensa não amava João Goulart, que era obrigado a garantir as suas dívidas crescentes sob pena de morrer antes do tempo, o que não conseguiria evitar.

---

* Ver <http://cpdoc.fgv.br/producao/dossies/AEraVargas2/biografias/ricardo_jafet>.

22. Sinais do golpe fatal e informes secretos

A guerra estava em curso por todos os meios. Em 31 de janeiro de 1963, Jango orientara seu gabinete sobre a necessidade de criação de um "serviço especial" para a organização dos "discursos pronunciados na Câmara", uma "assessoria especial" para que "no máximo em 48 horas" os deputados tivessem a informação e o resultado das "solicitações" feitas. No dia anterior, o deputado Adauto Lúcio Cardoso criticara, "por ouvir dizer", o Conselho Superior das Caixas Econômicas Federais, "que estaria infringindo o plano de distribuição de bilhetes da Loteria Federal, através de 'dumping' de bilhetes no Estado da Guanabara". Jango queria que esclarecimentos fossem prestados rapidamente com informações precisas.

Todo o esforço seria em vão. Política e economia conspirariam contra a estabilidade do governo. Em 22 de novembro de 1963, o prefeito de Belo Horizonte, Jorge Carone Filho, soou o alarme. Precisava de ajuda urgente:

> Um crédito rotativo, junto ao Banco do Brasil, no montante de Cr$ 300.000.000,00 (trezentos milhões de cruzeiros), em favor dos Armazéns Reguladores da Prefeitura de Belo Horizonte, com o qual

se torne possível a constante renovação dos nossos estoques de gêneros e, consequentemente, o atendimento às imperiosas necessidades da população pobre.

Em 30 de janeiro de 1964, Nilo Coeli, presidente do Banco do Brasil, informava a João Goulart que o financiamento ainda não fora autorizado por não ter o representante da prefeitura de Belo Horizonte, apesar de várias visitas, apresentado "a proposta indispensável ao exame da operação". O urgente patinava na burocracia. Se em 1961 todos eram rápidos nas indicações, como a bancada paulista na Câmara dos Deputados em apoiar o nome de Dagoberto Sales para a presidência da Petrobras, o futuro seria de correspondências trazendo listas de comandos militares hostis ao governo: na 2ª Zona Aérea (Nordeste) figuravam o brigadeiro João Adil de Oliveira (Recife), algoz do varguismo na República do Galeão, em 1954, o tenente-coronel João Paulo Moreira Burnier (Natal), chefe da revolta de Aragarças contra a posse de JK, e outros inimigos fardados do trabalhismo visto como comunista.

As greves grassavam. Um informe secreto do Ministério da Guerra, de 18 de dezembro de 1963, sobre uma paralisação na Companhia Siderúrgica Nacional, em Volta Redonda, permite compreender o clima que se instalara:

> No dia 11 do corrente a Siderúrgica foi surpreendida com a paralização [sic] total das obras empreitadas, excetuando, apenas, a do Escritório Central, que se manteve no ritmo normal, isto é, trabalho as 24 horas por dia. As reivindicações apresentadas pelos grevistas visavam a [sic] obtenção de 65 a 85% de acréscimo aos seus salários e mais o pagamento de gratificação já homologada pela Justiça do Trabalho como justa. Citadas vantagens foram aceitas pelas Cias Empreiteiras, mas somente deveriam ser pagas se a CSN, reformulando os contratos, lhes garantisse majoração correspondente ao acréscimo reivindicado. Razões contábeis impediam que, de pronto, imediatamente, a Siderúrgica desse solução ao problema.

SINAIS DO GOLPE FATAL E INFORMES SECRETOS

Uma greve naquele contexto era um barril de pólvora que já explodira. O confronto com as forças militares fazia parte de uma espécie de roteiro ideológico.

> Os grevistas, exaltadíssimos, quando se viram face a face com os efetivos do 1º BIB, derivaram pela provocação, ora tentando tomar a metralhadora de um PE, ora apupando (abaixo o Exército – Fora com os Oficiais usurpadores dos operários, etc.) indiscriminadamente.

Acirrado o conflito, tomadas providências de várias ordens, inclusive com a satisfação das empreiteiras pela siderúrgica, os militares receberam a visita do chefe:

> Durante o passeio pode o Sr. Gen. Braga alinhar elementos para julgar do vulto da greve e da justeza ou não, das decisões tomadas pelo Comando do BIB. A visita de S. Excia. não somente veio consolidar a missão do BIB na área de sua jurisdição, mas também fortalecer o moral dos seus oficiais e praças, carentes, no momento mais crítico, da compreensão e da palavra amiga de seu Chefe natural.

Na leitura atenta do informe, redigido com minúcia e paixão, o presidente João Goulart podia ver os sinais de uma ideologização que já não podia ser contornada. A interpretação dos fatos indicava o desfecho próximo:

> A greve que eclodiu no dia 11 do corrente, em Volta Redonda, não difere das demais desfechadas em outras unidades da Federação: planejamento, desencadeamento e manutenção nitidamente comunistas, embora apoiada em reivindicações justas, para a satisfação de um teto mínimo de melhoria de vida para o operário; sua direção, por incrível que aparenta ser, coube a dois elementos destacados da cúpula da CSN, isto é, os Srs. Wandir de Carvalho, Diretor Secretário, e Othon Reis, Diretor Social. Ambos foram assessorados por destacados comunistas, oito ao todo, dos quais apenas um pertencente ao meio local, sendo os demais perfeitos agitadores, treinadíssimos no mister, provenientes de grandes centros do País.

A MEMÓRIA E O GUARDIÃO

Segundo o informe, os grevistas pretendiam invadir o quartel do batalhão encarregado da repressão ao movimento. Para Jango a mensagem era clara: os militares consideravam que o país estava tomado por greves de comunistas. Nenhum segredo para o presidente da República. Os jornais diziam o mesmo. O informe do Ministério da Guerra diagnosticava o estado de ânimo dos garantes da ordem. Não havia mais espaço para ilusões.

A verdade é que Jango sempre tivera consciência do atoleiro em que se encontrava. Num esboço de mensagem ao Conselho de Ministros, ainda durante o parlamentarismo, ele examinara todos os problemas que se agravariam:

> Em consequência da situação social e econômica do país e diante dos clamores populares que se fazem ouvir cada vez mais fortes, reclamando providências do Governo – manifesta-se uma crise de autoridade, uma crise de confiança, da qual nasce um estado psicológico de instabilidade, expectativa e insegurança. As atividades gerais do país, administrativas e econômicas, sofrem o impacto desse clima, de que se aproveitam elementos oportunistas e gananciosos para pressionar o governo, que acreditam enfraquecido, quer através de manobras especulativas, quer estimulando reivindicações inoportunas e mesmo abusivas. Dele também se prevalecem os agrupamentos políticos e militares descontentes, que aguardam o agravamento da inquietação social para aplicar soluções de força, isto é, a conquista do poder por um golpe de direita.

Nada mais exato. Os legalistas se dividiriam, a inflação causaria danos profundos e o clima se deterioraria. Na época dessa mensagem, Jango acreditava que uma pauta de reformas salvaria o governo e o país:

> Deve o governo programar tarefas imediatas, destinadas a restabelecer no país um clima de unidade administrativa, de autoridade, pela presença atuante na eliminação *dos* focos causadores do descontentamento popular e da insegurança, com o que, também, se restabeleceria no exterior a confiança abalada pelos últimos acontecimentos.

SINAIS DO GOLPE FATAL E INFORMES SECRETOS

O diagnóstico era correto. A referência era a renúncia de Jânio Quadros. O problema é que a recuperação da autoridade e da confiança no exterior não viria. Jango sabia quais eram os passos indispensáveis a dar:

> Indispensável, pois, fixar um prazo curto para uma ação administrativa, que seria realizada através de um governo em que estejam perfeitamente definidos: a) as atribuições e responsabilidades; b) os métodos de trabalho e as relações entre os membros do Governo, com o preenchimento imediato de todos os cargos e funções, num esforço extraordinário para a normalização da vida burocrática nacional.

O esforço de ocupação dos cargos acabou tragado pela voragem do clientelismo dominante. O presidente pensava fazer um "extraordinário esforço para a normalização da vida burocrática nacional", mas apenas contribuía para saciar o apetite dos comedores de verbas e de cargos.

Rui a ideia, disseminada por alguns, de que João Goulart teria chegado ao governo sem ter noção do que o aguardava. Ele estava consciente de cada problema:

> Dentro de um indispensável programa geral, a longo prazo, elaborar um plano de trabalho de emergência, de aplicação imediata em cada setor governamental, com a fixação de uma hierarquia prioritária de providências. Independente do programa de longo alcance, a verdade é que não podem mais tardar as medidas de pronta contenção dos preços de gêneros e de serviços de primeira necessidade.

Com os pés no chão, Goulart enunciava os dilemas que teria de enfrentar e que o devorariam no caminho, especialmente quando decidisse acelerar as reformas:

> Embora acreditemos nas medidas de saneamento financeiro em execução, com alteração para melhor dos termos da balança cambial, não se deve perder de vista a situação das populações consumidoras, que sofrem o encarecimento constante da alimentação, dos medicamen-

A MEMÓRIA E O GUARDIÃO

tos, dos transportes e do vestuário. O povo não tem condições, nem materiais nem psicológicas, para aguardar tranquilo e confiante as medidas, embora acertadas e necessárias, para a retomada do processo de desenvolvimento econômico do país. O desespero popular anularia qualquer boa intenção do governo programada para longo prazo.

De fato, a população pobre tinha pressa em ver reformas básicas para melhorar um padrão de vida miserável, ao mesmo tempo que nelas não acreditava, pois eram eternas promessas de políticos. O desespero popular batia à porta diariamente. As reações a reformas consequentes, porém, derrubariam porões para manter os privilégios. A voz de Jango não sensibilizaria seus opoentes: "O governo não pode assistir, em meio aos desentendimentos internos e pessoais, ao crime da sonegação sistemática de gêneros essenciais, agravando a alta do custo de vida em proporções jamais verificadas no Brasil." Era o caso.

Num ponto, Jango estava enganado. Mais do que isso, perigosamente iludido, pronto a dar armas aos inimigos:

> Use o governo os poderes de que dispõe – e que se consultadas as leis vigentes verificar-se-á que são amplos – para uma ação imediata enérgica. Se tais poderes não forem suficientes, o Congresso certamente concederá outros mais eficientes, pela delegação de poderes.

As leis existentes não eram suficientes. A reforma agrária dependeria de alteração da Constituição de 1946. O Congresso Nacional não lhe concederia mais poderes. Esse desejo seria explorado como tentação golpista. Jango, diga-se de passagem, cutucava onça com vara curta. Um esboço manuscrito de discurso ou de mensagem para seus ministros, da época do parlamentarismo, mostra-o queimando como um vulcão inconformado: "Não podemos ficar na constatação verbal da miséria porque esta constatação não encerra em si nenhuma solução concreta."

Havia realismo, indignação e força naquilo que anotava. Uma postura teórica parecia-lhe "absolutamente inconsequente". Queria

SINAIS DO GOLPE FATAL E INFORMES SECRETOS

soluções "efetivas e urgentes" para problemas que se eternizavam. Subia o tom recorrendo a uma velha imagem: "Isto sob pena de repetirmos o gesto do avestruz, que enterra a cabeça na areia na ilusão de assim conseguir vencer a tempestade." Exaltava-se: "Eu não voltarei as costas à realidade." Assumia perigosamente as suas responsabilidades: "Não me deixarei empalhar nas prateleiras das soluções jurídicas."

O que pretendia?

Comprometia-se sem temor de chocar os poderosos: "Os trabalhadores me terão ao seu lado [...] ainda que esta atitude venha a desagradar certas elites defuntas historicamente superadas que não têm nenhuma mensagem a transmitir ao povo." Ponderava: "A minha rápida experiência no poder, embora amputada, me permite afirmar que o exercício do governo nas atuais circunstâncias brasileiras reclama novos instrumentos." O disponível, segundo ele, não atendia mais "aos imperativos e às realidades da vida presente". Ousava: "Ao longo da história vemos que os movimentos revolucionários foram todos eles gestados no seio de ventres insatisfeitos."

Jango avançava em meio ao perigo: "Os primeiros acordes da Marselhesa nasceram de vagidos intestinais de fome." Depois da provocação, alertava: "E para que não digam que estou a incorrer nos mesmos erros das constatações teóricas, entendo que é oportuno trazer ao exame do povo as soluções adequadas [...]. Sem perda de tempo." Seria cobrado por esses arroubos revolucionários.

Dava pistas de que podia sair dos trilhos e derrapar.

23. Reforma agrária, uma ideia revolucionária

Ousadia e projetos não faltaram. Em 1963, a equipe de João Goulart montou dois projetos agressivos e úteis. Um decreto de compra de ações da Companhia Telefônica Brasileira pelo Banco Nacional de Desenvolvimento Econômico (BNDE) e o projeto de reforma agrária.

As três páginas do decreto de compra das ações da Telefônica amparavam-se em justificativas que se pretendiam sólidas, "considerando que o Banco Nacional de Desenvolvimento Econômico é instrumento e serviço público federal" e que "pelo Decreto n. 640, de 2 de março de 1962, artigo 1º, os serviços de telecomunicações, para todos os efeitos legais, são considerados indústria básica, de interesse para o *fomento da economia do país* e de relevante significação para a segurança nacional".

Considerava-se ainda que "80% do volume dos serviços de telecomunicações" pertenciam à Companhia Telefônica Brasileira, que se encontrava sob intervenção federal, sendo necessário dar "solução urgente para esse caso, em função do esquema de recomposição financeira externa e da vigência do Código de Comunicações". Para o governo, a "grave crise de telecomunicações" estava "afetando a boa marcha dos negócios públicos, a segurança nacional e a normalidade

A MEMÓRIA E O GUARDIÃO

do desenvolvimento econômico do país". A estatização era o caminho. As ações adquiridas passariam depois a "órgão público a ser criado de acordo com o disposto no artigo 42, da lei n. 4.117, de 27.8.1962".

O governo JK nacionalizou a CTB, mas a canadense Light continuou proprietária do negócio. No Rio Grande do Sul, Leonel Brizola, cunhado de Jango, encamparia a subsidiária da Companhia Telefônica Nacional (CTN), controlada pela norte-americana International Telephone and Telegraph (ITT). A questão da CTB passava pelo controle das telecomunicações. Governador da Guanabara e adversário dos trabalhistas, Carlos Lacerda entraria na disputa tentando evitar a federalização da telefonia. Foi derrotado pelo Decreto n. 814, de 31 de março de 1962. A compra da CTB só aconteceria em 1966, já com a Embratel constituída.* O governo João Goulart agira para evitar um segundo atoleiro nos moldes daquele gerado por Brizola.

O Anteprojeto de Lei da Reforma Agrária, rabiscado por João Goulart e conservado por Wamba Guimarães, tem quinze páginas e 54 artigos. Os seus objetivos continuam atuais:

> I – Criar meios de acesso à terra própria aos trabalhadores rurais e às pessoas capacitadas a explorá-la, proporcionando a todos condições materiais e sociais de vida digna;
>
> II – Corrigir os defeitos da atual estrutura agrária, eliminando formas antieconômicas e antissociais de propriedade e de uso da terra;
>
> III – Criar, pela colonização, condições para o aumento do número das unidades agrícolas do tipo familiar;
>
> IV – Proporcionar incentivos ao desenvolvimento nacional das empresas agropecuárias, quando organizadas em bases técnicas e econômicas;
>
> V – Ampliar e diversificar a oferta de produtos agrícolas, em função do crescimento dos mercados interno e externo;

---

* Cf. IACHAN, Ana Christina Saraiva: "Uma história da telefonia no Rio de Janeiro (1930-1962)". Disponível em: <http://www.hcte.ufrj.br/downloads/sh/sh3/trabalhos/Ana%20Christina%20S%20Iachan.pdf>.

REFORMA AGRÁRIA, UMA IDEIA REVOLUCIONÁRIA

VI – Adaptar a posse e o uso da terra às características ecológicas e econômicas regionais, às necessidades da técnica da produção agrícola e às solicitações dos centros de consumo;

VII – Incorporar ao desenvolvimento econômico nacional áreas de terras virgens, inexploradas ou cultivadas de forma inadequada;

VIII – Preservar as matas cuja permanência se impuser para as tarefas de conservação do solo e outros fins econômicos;

IX – Estimular e promover a organização dos agricultores e suas famílias em formas associativas.

Era tecnicamente perfeito. O projeto protegia os pequenos agricultores e aqueles que exploravam a terra própria. Os problemas, num contexto altamente polarizado, com o medo da ameaça comunista sendo brandida a todo momento, começavam aqui: "Art. 3º – A aquisição de terras, para atender aos objetivos desta lei, será efetuada mediante: I – Desapropriação por interesse social; II – Doação." A função social da terra não entrava na mente de proprietários de latifúndios. Mas o grande problema mesmo aparecia no art. 9º: "A desapropriação por interesse social será feita mediante indenização dos bens desapropriados, em títulos especiais da dívida pública, e paga pelo valor nominal dos mesmos."

Jango anotou à mão ao lado do artigo: "Reforma art. 141, parágrafo 16 e do art. 147." Remetia para a Constituição Brasileira de 1946. O artigo 12 do anteprojeto aprofundava o problema: "Para efeito de pagamento da indenização, devida ao expropriado, serão emitidos pela União títulos especiais, resgatáveis no prazo de 20 (vinte) anos, em parcelas anuais, iguais e sucessivas, de valores nominais fixados por ato do Poder Executivo." Jango, mais uma vez, anotou: "Idem art. 141-147." Os títulos auferiram juros de 6% ao ano, correção inflacionária limitada a 10% e poderiam ser usados, após vencimento, para pagamentos de impostos federais. A guerra seria declarada. Não haveria trégua.

A MEMÓRIA E O GUARDIÃO

O artigo 54 era uma utopia na forma mais comum da linguagem jurídica: "Essa lei entrará em vigor sessenta dias após sua publicação e será regulamentada em igual prazo, revogadas as disposições em contrário." As disposições em contrário foram mais fortes. Jango cairia dezoito dias depois de tornar público o seu belo projeto.

O parágrafo 16 do artigo 141 da Constituição Federal era música aos ouvidos dos latifundiários: "É garantido o direito de propriedade, salvo o caso de desapropriação por necessidade ou utilidade pública, ou por interesse social, mediante prévia e justa indenização em dinheiro." A previsão de desapropriação por interesse social, embora parecesse insuportável para muitos, não era novidade. Estava na letra morta da Carta Magna. Reformar a determinação da indenização em dinheiro é que era a declaração de guerra. O artigo 147 era apenas uma redundância: "O uso da propriedade será condicionado ao bem-estar social. A lei poderá, com observância do disposto no art. 141, § 16, promover a justa distribuição da propriedade, com igual oportunidade para todos."

A reação dos proprietários cabia numa frase: "Sem *cash*, não." Ao abraçar a grande reforma, a mãe de todas as reformas, João Goulart, o fazendeiro rico de São Borja, selou o seu destino. Colocou a sua cabeça a prêmio. A conspiração, que dava os seus sinais por todo lado, encontrou o estopim que lhe faltava. A reforma agrária era uma ideia revolucionária num país rural, de alta concentração de terras e ainda marcado pela ideologia da escravidão, que findara apenas 76 anos antes. Homens cujos avós eram proprietários de homens não viam muito sentido, salvo por um bom preço em dinheiro vivo, em dividir terras com quem devia existir para servi-los.

Acostumado a realizar os desejos de tantos pedintes engalanados por seus títulos, diplomas eleitorais, poderes e biografias, João Goulart, ao tentar impor a sua vontade mais benéfica ao país, esbarrou numa cerca de arame farpado. Unificou os seus inimigos numa causa comum: a manutenção da ordem "natural" das coisas.

24. Todos escrevem ao presidente

O tempo de Jango encurtava. Todos lhe escreviam pedindo alguma coisa ou agradecendo por algum favor. Em 27 de outubro de 1962, quando tudo ainda era possível, recebera uma carta de Batista Luzardo, chamado de "o último caudilho", veterano das lutas políticas e militares do Rio Grande do Sul. O velho embaixador, com elegância, pleiteava uma promoção para um ex-colaborador:

> Leio no Diário do Congresso que o Itamaraty já obteve, das Comissões de Finanças da Câmara dos Deputados e do Senado Federal, recursos para promover a conservação e manutenção dos terrenos onde se localizou o "Cemitério Militar Brasileiro de Pistoia", em cujos jardins pensa erguer, com o assentimento das autoridades locais, um marco com os nomes dos nossos heróis, engrandecendo, assim, o significado político e moral da participação militar do Brasil na luta pela libertação do continente europeu. Isso em verdade é um complemento da decisão do caro Presidente, que em 1959 ou 1960, no exercício da direção do Senado, concedeu recursos para a construção de uma Capela em Pistoia. Quanto ao autor da ideia de se prosseguir na esteira do rumo presidencial, foi ele o Murillo Pessoa, cujos entusiasmos em torno do assunto se robusteceram ao estímulo da palavra do próprio Presidente, quando da sua estada de há três anos em Montecatini e Florença.

A MEMÓRIA E O GUARDIÃO

Ao transmitir tão boa-nova, acho de justiça situar esse fato e dele dar-lhe conhecimento. O Murillo Pessoa, que foi nomeado para a Carreira pelo Doutor Getúlio e que ganhou sua primeira promoção por merecimento em ato do mesmo e inolvidável Presidente, e um servidor que há *mais de 11 (onze) anos* ininterruptos exerce funções de chefia no Itamaraty, situação, aliás, de que não desfruta qualquer outro de seus colegas do Quadro; em *1951*, foi o encarregado do preparo da Mensagem do Presidente Getúlio Vargas ao Congresso Nacional, na parte do Ministério das Relações Exteriores; figura, já há dois anos, no Quadro de Acesso, por indicação unânime dos treze membros da Comissão de Promoções; foi o único Chefe de Divisão que não pôde ser promovido quando da reforma do Itamaraty; enfim, é o 17º *no seu Quadro* de Acesso e foi preterido 19 vezes na Carreira. O Presidente conhece da lealdade dele e posso eu depor, como aqui deponho, em relação à excelência da sua folha de serviços porque ele trabalhou seis anos como meu direto colaborador, nas Embaixadas em Montevidéu e Buenos Aires.

Para quê *[sic]* dizer mais?

Já restabelecido da minha enfermidade e prestes a seguir para a estância, permito-me oferecer-lhe tais testemunhos de justiça em favor do nosso Murillo Pessoa, às vésperas do preenchimento de três vagas na promoção a Ministro de 2ª. classe, porque entendo que também é essa uma forma de servir ao Presidente.

Assim se pedia ou indicava quando se tinha muito prestígio. O governador do Rio Grande do Sul, Ildo Meneghetti, escrevia ao presidente com frequência. Em 28 de abril de 1963, Jango determinou que fosse remetido a Ney Galvão um assunto do interesse do governador gaúcho: um empréstimo de 1 bilhão de cruzeiros a ser concedido pelo Banco do Brasil, tendo como fiador o Banco do Estado do Rio Grande do Sul, "que se compromete a liquidar o débito mediante depósitos diários do principal, juros e comissões", vinte dias úteis por mês, durante um ano. O dinheiro tentaria evitar a paralisação dos serviços da Comissão Estadual de Energia Elétrica (CEEE).

TODOS ESCREVEM AO PRESIDENTE

Em 5 de agosto de 1963 o assunto CEEE continuava em pauta. A ideia era transformar a "autarquia estadual em sociedade de economia mista". Vantagens: "Flexibilidade na administração, possibilidade de receber participação acionária da Eletrobras e estruturação contábil em novas bases." Era urgente sanear as finanças da CEEE e "consolidar os empréstimos com o BNDE". O relatório garantia que, se as medidas sugeridas fossem adotadas, "a situação energética do Rio Grande do Sul" ficaria "tranquila". A dívida com o Banco do Brasil era de 4 bilhões, com vencimento em dois anos, "acrescido de mais 2 bilhões a médio prazo (5 a 6 anos)". Assim se faziam e se rolavam as dívidas. Alguma novidade no front?

Três dias depois, Ildo Meneghetti escrevia a João Goulart para expressar "o pensamento oficial do Rio Grande do Sul sobre a atualidade política nacional". Era mais um sinal de que algo grave estava acontecendo. O governador fazia questão de externar suas preocupações: "São preocupações ditadas pela própria natureza dos problemas que enfrentamos e pela experiência que adquiri nos meus longos anos de vida, dos quais não poucos foram dedicados à causa pública." O tom era de severo sermão.

Meneghetti declarava-se triste por ver "a Pátria dilacerada por antagonismos profundos", tornando "homens públicos irreconciliáveis, dificultando, até irremediavelmente, a solução dos problemas" e impedindo o crescimento. Jurava trabalhar pelo entendimento: "De mim não se tem ouvido senão palavras de apelo à tolerância, à concórdia ao bom senso, à compreensão, enfim, à fraternidade entre irmãos de uma mesma Pátria." O governador apresentava-se como um apóstolo da "aproximação dos brasileiros" e lembrava que, "só num clima de paz, de tranquilidade, de ponderação, de bom senso", seria possível encontrar solução para "os graves problemas que afetam o Brasil de nossos dias".

Qual era o grave recado de Meneghetti? Este: "Vivemos, ilustre Presidente, um dos momentos mais difíceis da história da Pátria Brasileira, e de nós depende, nesta angustiosa encruzilhada, a escolha do rumo certo, rumo que decidirá o futuro de nossos filhos, de nossos

A MEMÓRIA E O GUARDIÃO

netos, das gerações que hão de vir." Qual era o problema? Excesso de antagonismos. O governador destacava que a divisão de então seria atropelada pela História e que as escolhas erradas pesariam sobre os ombros daqueles que cometessem "erros irremediáveis". Em bom português, Meneghetti acusava João Goulart de dividir o país.

Exigia conjugação de esforços, o que significava, nas entrelinhas, não caminhar para reformas que contrariassem os interesses de uns ampliando divisões concretas:

> Por isto mesmo não participo de blocos, de esquemas, de composições políticas que possam agravar os antagonismos na vida brasileira. Ao contrário. Tudo tenho feito para situar-me fora de uma competição que julgo prejudicial às aspirações do povo brasileiro, sem afastar-me, porém, de participar de qualquer iniciativa que vise [sic] pacificar a família nacional.

Pacificar rimava com não mudar. Meneghetti dizia postular uma "política de integração econômica nacional" e buscar um "denominador comum" pacificador baseado em "concessões mútuas de um espírito de tolerância, de um espírito democrático e, sobretudo, de respeito às leis". A mensagem era clara: "dar uma pausa no debate político partidário." Frear o ímpeto mudancista. Dialogava com o pensamento de Jango expresso na sua crítica aos teóricos?

> Acredito, antes de tudo, que discutido um problema, escolhido um caminho, é necessário e indispensável que se tente a experimentação prática, que se tomem as medidas para concretizar as soluções, para que a Nação possa sair do debate teórico e marchar para a aplicação de um planejamento avançado, dinâmico e progressista.

A questão era definir o que cada um considerava "avançado, dinâmico e progressista". Esse era o elemento divisor que talvez o governador gaúcho não percebesse. Meneghetti, em sua carta, porém, oscilava entre o medo das "agitações" e a pretensão ao reformismo em pauta:

Não é necessário que certas reivindicações nacionais se transformem em campo de batalha partidária. Não é necessário que soluções óbvias sejam tomadas como ponto de partida para discórdias, para agitação, para a falsa demagogia. E isto só o conseguiremos através de um plano que signifique levar à prática, efetivamente, nos limites das leis e da Constituição – inclusive reformando-a se necessário – as reformas de base, há tanto tempo reclamadas e há tanto tempo existentes apenas na cogitação dos políticos como um triste cortejo ao eleitorado e um terrível engodo às massas populares.

Prometia, de acordo com a decisão do PSD, na chamada declaração de Brasília, cerrar fileiras com Jango: "Para levar à prática um plano arrojado que signifique a realização das reformas de base que todos nós reclamamos, Vossa Excelência poderá contar com o apoio do meu Governo." A carta, contudo, emitia o seu grito de alerta:

A Nação, Senhor Presidente, está cansada, está exausta, e o povo está desesperançado. Não podemos nesta quadra da vida trair a confiança dos brasileiros. Hoje, como ontem, o Rio Grande não fugirá à sua destinação histórica. O meu apelo à pacificação, que faço à Nação por intermédio de Vossa Excelência, e o Governo equilibrado e orgânico que procuro realizar são as contribuições que posso dar, neste momento grave, para que todos os brasileiros unam seus esforços em prol da grandeza do Brasil.

O governador gaúcho, como se sabe, formou bloco com os golpistas e ajudou a dividir profundamente o país no final de março de 1964. A carta de Ildo Meneghetti e o manifesto de parlamentares do PSD, enviado a Ernani do Amaral Peixoto, presidente da sigla, revelam a complexidade da situação do governo de João Goulart.

Só mesmo os que não querem ver ou, conscientemente, defendem os próprios privilégios não enxergam a necessidade urgente e indeclinável de reformas estruturais no velho e obsoleto mecanismo jurídico, político, econômico, financeiro e administrativo do País. Somente estes, os cegos de espírito e de sentimentos, os que negam a realidade

> brasileira ou os que põem os seus próprios interesses acima do bem
> comum, poderão nesta hora fugir à contingência de marchar em prol
> das reformas democráticas, exigência inadiável do povo brasileiro.

Os signatários do manifesto conclamavam todos os integrantes do PSD a ter "firme posição na defesa das reformas de base". Não seria assim. Ernani do Amaral Peixoto, genro de Getúlio Vargas, entrou numa estranha neutralidade quando os tanques saíram às ruas. Depois, ingressou no MDB. Na saída da ditadura, filiou-se ao PDS, sucessor da Arena. Ranieri Mazzilli, presidente da Câmara dos Deputados, assumiria o lugar de Jango antes mesmo de o presidente deixar o Brasil. Ficavam para trás os tempos em que Mazzilli pedia e Jango atendia: "Para a criação do posto da Samu em Caconde diga que tenho compromisso com Mazzilli." Caconde era a terra natal do pessedista. Mazzilli mandava telegramas a Cailar Ferreira: "Agradeço caro amigo gentileza meu pedido favor Dirceu Kanitz."

A crise avançou com Jango de olhos bem abertos. Estava a par de tudo, ou quase. Alertas não faltavam. Pipocavam informes. Saída de emergência é que não existia. Fizera a sua escolha e morreria com ela. Para dar um salto o Brasil precisava dividir, especialmente terras, e isso significava dividir o país por algum tempo entre reformistas radicais e extremistas conservadores. O conselho de Ildo Meneghetti era inócuo. Os antagonismos não vinham do nada, mas justamente das propostas reformistas que até o conservador governador gaúcho e parte do seu campo político apoiavam ou diziam fazê-lo.

Todos escreviam ao presidente sem se importar com seus dramas ou dilemas. Até certo João Havelange, que se tornaria o homem mais poderoso do futebol mundial presidindo a Fifa, mandava o seu telegrama como representante da Confederação Brasileira de Desportos, do Comitê Olímpico Brasileiro e das "demais confederações", e no seu próprio nome. O cartola agradecia "profundamente sensibilizado" pela liberação de verbas para os "desportos", um cheque de "94 milhões de cruzeiros".

TODOS ESCREVEM AO PRESIDENTE

O cardápio da crise não oferecia muitas opções de desafogo. Em 17 de março de 1964, duas semanas antes do último ato, o menu presidencial foi bastante discreto:

Filet de Peixe à Cardeal
Tournedos à Jardineira
Sorvete de Creme
Café
Vinho rosado Georges Aubert
[riscado com cinco barras]

25. Diplomata agradece

Pedir e ser atendido rimavam com agradecimento. Em todos os níveis sociais, uma concessão presidencial tinha o dom de arrancar demorados aplausos. Em 9 de novembro de 1961, uma cartinha manuscrita plena de encantamento e devoção exemplifica a linguagem e o estilo diplomáticos:

> Excelentíssimo Senhor Doutor João Belchior Marques Goulart – D. D. Presidente da República dos Estados Unidos do Brasil.
>
> Senhor Presidente
>
> Tenho a honra de dirigir-me a Vossa Excelência a fim de agradecer--lhe a generosa confiança em mim depositada, através da recente promoção ao quadro dos Primeiros Secretários, no Ministério das Relações Exteriores.
>
> Buscarei merecê-la com todas as minhas forças, batendo-me pela plena realização de uma política externa independente, realista e patriótica, de que Vossa Excelência e o meu ilustre amigo, ministro San Thiago Dantas, são mentor e executor dignos e avisados.
>
> Aproveito a oportunidade para apresentar os meus protestos do mais profundo respeito com que me subscrevo.
>
> De Vossa Excelência
>
> Afonso Arinos de Mello Franco, filho.

A assessoria de Jango aconselhara o presidente no resumo da correspondência: "Vale a pena ler a carta." Um elogio na melhor forma. Um exemplo a ser seguido. Afonso Arinos pertencia a uma família de políticos influentes desde o tempo do Império. Em 1960, tornara-se deputado constituinte no estado da Guanabara pela UDN.* O agradecimento fora justamente feito em papel timbrado da Assembleia Legislativa da qual o remetente era membro.

As promoções no Itamaraty eram obviamente muito cobiçadas. O deputado Alencastro Guimarães indicara dois nomes para ascensão, os primeiros-secretários Jorge de Carvalho e Silva e George Alvarez Maciel. Jango despachou: "Responder em consideração o pedido." Na verdade, na sua linguagem resumida: "R q. tomarei consideração pedido." A burocracia das elites também dependia do aval do presidente da República, que mandava pessoalmente nomear ou promover do contínuo do Banco do Brasil ao mais alto escalão da diplomacia de carreira.

Havia demandas singulares. O embaixador do Brasil no Panamá em 1962, depois de contato com Lutero Vargas, filho mais novo de Getúlio, pedia a João Goulart apoio para medidas que considerava simples e eficazes:

> Quando ministro do Brasil na Finlândia (1952-1954) tomei a iniciativa de propor a criação de um cargo de adido Naval na Escandinávia, onde não tínhamos um só observador militar, área de agudos ensinamentos em relação com a guerra fria ou científica e de progresso vertiginoso em armamentos. Tive a grande satisfação de ver acolhida minha sugestão, tendo sido escolhida a embaixada em Estocolmo para a realização desse objetivo. No Panamá, venho insistindo desde 1959 junto ao Itamaraty por medida semelhante, sem lograr o desideratum, de palpável alcance para a política exterior do Brasil, especialmente a hemisférica.

---

* Ver <http://www.fgv.br/cpdoc/acervo/dicionarios/verbete-biografico/afonso-
-arinos-de-melo-franco-filho>.

Alertava também para a "absoluta necessidade de passagem, ainda que esporádica, de um navio mercante brasileiro por estas costas". O embaixador tinha excelentes argumentos. Queria esclarecer "que a Zona do Canal é uma dependência do Pentágono norte-americano, sendo a sede do comando Geral Norte-Americano das Caraíbas, cuja jurisdição cobre todo o Continente menos os Estados Unidos e o Canadá". O Panamá seria base americana de treinamento de agentes para reprimir movimentos de esquerda e guerrilhas nos anos 1960 e 1970.

26. Um maestro faz seu pedido

A arte também precisava de ajuda. Não poderia ser diferente. A cultura não andava fora de tom. O maestro Eleazar de Carvalho, em agosto de 1963, enviou carta manuscrita, com bela letra de forma, em papel timbrado da Juventude Musical Brasileira, entidade da qual era fundador, pedindo apoio para viajar a Nova York.

Meu Presidente
Um dia, no elevador do edifício da avenida Delfim Moreira, nº 896, quando eu subia para o 1º andar onde resido e V. Excia para o segundo, a fim de visitar a saudosa e venerável Dona Vicentina, disse-me o senhor que o procurasse quando necessitasse de alguma coisa.
Chegou o momento.
Irei emigrar para o estrangeiro porque não encontro, no Brasil, meios para exercer condignamente a minha profissão. Desejo, por isso, fazer-lhe um pedido: uma ordem para a Varig fornecer-me três passagens – para mim, minha mulher e uma pessoa da família, e 1 meia passagem para o meu filho, com o itinerário Rio – New York – Rio.
No estrangeiro irei içar a bandeira no mastro da cultura artística internacional, onde estarei, no entanto, de prontidão para regressar ao

A MEMÓRIA E O GUARDIÃO

meu país, quando for convocado a prestar serviços à cultura popular do nosso povo.

Agradecendo a simpatia e o auxílio de V. Excia, subscrevo-me, com o maior respeito.

O presidente deu prosseguimento: "Caillar, pedir ao Berta em meu nome." O gaúcho Rubem Berta era o dono da Varig. À época, o maestro, nascido em 1912, já era consagrado internacionalmente. No Rio de Janeiro, era vizinho da mãe de Jango. A sua carta revela três aspectos interessantes: Jango oferecia ajuda; mesmo um artista renomado, por não ter alcançado independência financeira, não hesitava em aproveitar a oportunidade, "chegou o momento", de pedir ajuda a um político poderoso; fazia parte do imaginário social, mesmo na mente de um homem de alta cultura, que o presidente podia manejar facilmente recursos para satisfazer interesses privados. O maestro pedia que Jango desse "uma ordem para a Varig" fornecer-lhe três passagens. O que queria dizer com "ordem"? Que o presidente da República enviasse uma autorização de emissão, uma ordem de pagamento ou determinasse ao empresário a execução de sua vontade presidencial?

Sem esses poderes todos, Jango teve de usar o seu prestígio junto a Rubem Berta. Pedir era também uma das atribuições presidenciais. A situação de Eleazar de Carvalho é um diagnóstico da situação da cultura erudita naqueles dias difíceis de um país atolado nas suas deficiências. O maestro queria voltar um dia. Amava o Brasil, considerava que o seu lugar era no seu país, mas sofria com a falta de apoio e de interesse dos brasileiros pela sua arte. Em 1963, ele se tornaria doutor em música pela Universidade de Washington.

Não se pode negar que Jango era uma máquina de relacionamentos. Certamente a sua forma de agir não se diferenciava da forma de atuar de outros presidentes, na medida em que o sistema impunha a sua dinâmica. O pesquisador que primeiro apenas passa os olhos nos documentos guardados por Wamba Guimarães se espanta com a quantidades de favores prestados e com a diversidade de nomes atendidos.

UM MAESTRO FAZ SEU PEDIDO

Um telegrama de fevereiro de 1962, assinado por João Goulart, endereçado a Edmundo Monteiro, faz pensar: "Atendi pedido embaixador Chateaubriand. Favor Alexandre Loeb trazido por Nazário." Monteiro era braço direito de Chatô. Dirigiu os Diários Associados. Loeb ficou conhecido como joalheiro. Nazário tornou-se apenas um nome num desvão silencioso da história. A música clássica do sistema só tinha duas notas: dar e receber. Esse era o ritmo da república naqueles tempos.

A engrenagem funcionava a partir do princípio elementar da lealdade política: aos amigos tudo, aos inimigos a lei. Mas não só. Como se viu, Jango procurava aproximar-se de adversários atendendo seus pedidos. Avisos, porém, não faltavam para denunciar infiltrações. Um telegrama de Alberto Ratto, funcionário do Banco do Brasil, em julho de 1963, alertava o presidente para não levar Nilo Medina à presidência do Banco do Brasil. "Em mais de uma vez a mim se manifestou inimigo declarado do PTB usando palavras de baixo calão quando se referia aos integrantes do partido", dizia Ratto. Mais: "Sobre o grande e saudoso presidente Vargas o citava como um indigno e o considerava o maior corrupto dos homens públicos." A prova do crime: "Na primeira oportunidade, mandou tirar de seu gabinete de trabalho na gerência de São Paulo o retrato do saudoso presidente." O recado chegou a Jango com uma anotação manuscrita: "O signatário é um dos funcionários mais categorizados e antigos da agência de São Paulo." Jango não deu ouvidos ao modesto admirador. Nilo Medina Coeli* tornou-se presidente do Banco do Brasil em 1963. Ficou no cargo até 27 de março de 1964, quando pediu demissão por discordar de decisões do governo. Quatro dias depois, os sinos dobrariam pelo projeto desenvolvimentista e nacionalista de Goulart. Talvez se tenha ouvido um réquiem por uma bela utopia.

---

* Ver <http://www.fgv.br/cpdoc/acervo/dicionarios/verbete-biografico/coeli-nilo-
-medina>.

27. Juízes escrevem e também pedem

Alguém poderia imaginar membros do poder judiciário totalmente alheios a esse sistema de alianças em torno das generosas "tetas" do Estado, esse poderoso totem republicano? Impossível. Todos navegavam no mesmo bote e surfavam nas mesmas ondas encapeladas. Em agosto de 1963, o desembargador Elmano Cruz pediu que seu filho, Dilermando Cruz, secretário de embaixada, fosse incluído "na delegação da ONU". Jango mandou Cailar falar sobre o assunto com o ministro das Relações Exteriores. Toga impunha respeito. Não se deixava de atender tão singelo pedido.

Judiciário e executivo naqueles tempos tratavam de assuntos a portas fechadas, como se vê nesta carta:

> PODER JUDICIÁRIO
> JUSTIÇA DO DISTRITO FEDERAL
> TRIBUNAL DE JUSTIÇA
> 1.3.62
> Meu caro amigo e eminente Presidente.
> Com um forte abraço pelo seu aniversário aqui vão os votos de uma perene felicidade com os que lhe são caros, e também pela felicidade do Brasil sob sua firme e tolerante direção.

Rogo-lhe que mande me avisar de sua volta a [sic] Guanabara, pois mais urgente do que nunca é a solução do assunto de que temos tratado. Há um inimigo comum, ao qual é preciso opor uma frente unida e votada aos reais interesses do Brasil. Conto com sua boa vontade e patriotismo. Abraços do Elmano Cruz.

Aquele que pediria já havia oferecido amparo. Não havia presente sem passado. A remuneração dos juízes e promotores já era um problema causador de polêmicas e de grandes insatisfações. Em 27 de janeiro de 1964, três juízes mineiros – Francisco Vani Bemfica, Astolpho Tibúrcio Sobrinho e o aposentado Márcio dos Reis Motta – e um promotor, Eugênio Paiva Ferreira, agradeciam a João Goulart pela concessão de salvador aumento salarial.

> Os juízes e representantes do M.P. de todo o país, beneficiados com o recente decreto lavrado por Vossa Excelência no intuito de aumentar-lhes os vencimentos, ficarão a dever-lhe assinalado serviço e generoso conforto prestados à classe a que pertencem.

O que chama a atenção em mais esse documento é a retórica do favorecimento em função do voluntarismo bondoso do presidente da República. O discurso não comemora um direito alcançado. Os favorecidos "ficarão a dever" ao presidente o "assinalado serviço" e o "generoso conforto". A lógica, porém, é sindical. O "generoso conforto" satisfaz a "classe a que pertencem", os felizes membros do judiciário e do MP aquinhoados com o aumento. Colocar um poder em dívida com outro é republicano? Os signatários tinham uma justificativa para o que diziam:

> O propósito elevado que transparece desse documento é, sem dúvida, com proporcionar recursos e meios de subsistência aos que servem à justiça, compatíveis com a quadra dura que atravessamos e com a missão de responsabilidade que lhes compete, reparar uma situação injusta que se vinha prolongando e agravando há anos, não raro com vexames e humilhações para os atingidos.

JUÍZES ESCREVEM E TAMBÉM PEDEM

A retórica sindical do judiciário não parece ter mudado de 1964 para cá: poder vergado sob o peso de imensas responsabilidades que, não raro, é submetido a "vexames e humilhações" por causa da "injusta situação" de vencimentos insuficientes. O que dizer, então, do restante da população, da sua parte menos favorecida, numa época de enormes dificuldades econômicas? Cada "classe" lutava pelos seus interesses. Algumas tinham maior poder de pressão. Ganhava mais quem podia mais.

O fecho da carta dos juízes e do promotor de Varginha permite refletir sobre outro aspecto da conjuntura brasileira da época. Eles ignoravam tudo?

> Daqui de Minas, onde repercutiu e foi compreendido o gesto nobre do seu Governo, enviamos a Vossa Excelência, com nossos agradecimentos, votos sinceros para que Deus o inspire a levar a bom termo a sua administração e a destinos grandiosos a pátria que é de todos nós.

Ignoravam, em janeiro de 1964, que o governo estava cercado? Minimizavam as críticas a Goulart expressas diariamente na imprensa? Apostavam no respeito à Constituição? Os "votos sinceros para que Deus o inspire a levar a bom termo a sua administração" permitem duas interpretações contraditórias ou complementares: havia dúvida quanto a essa possibilidade e crença de que ainda era possível a Jango conduzir a "destinos grandiosos a pátria que é de todos nós". Em outras palavras, os dados ainda não pareciam definitivamente lançados. É possível que João Goulart tenha concedido o aumento para aparar uma aresta e aplacar a pressão de um setor mobilizado.

Na crise, acossado por todos os lados, era fundamental desarmar alguns setores e cooptar aliados. Membros do judiciário escreviam ao presidente e manifestavam o que sentiam. O juiz José Rossi enviou telegrama para agradecer pela assinatura de um decreto, declarando-se "contente por participar ingente esforço em prol bem-estar do povo e desenvolvimento da nação" e para colocar-se ao "inteiro dispor" do chefe da Nação.

A roda do poder girava conforme a capacidade de cada ator social de impulsioná-la. Todos faziam suas apostas. Nada que não se possa imaginar a partir da leitura de jornais ou das experiências pessoais com a burocracia pública. Os documentos do arquivo de Wamba Guimarães, porém, com amostragens maiores ou menores, transformam especulações em realidades concretas, fornecendo um mapa do jogo estabelecido nos subterrâneos governamentais. A teoria encontra na prática a sua mais acabada expressão. As "classes" lutavam por seus interesses. A força coletiva buscava superar a falta de prestígio individual.

28. Agradecimentos, homenagens, conselhos

Talvez João Goulart apreciasse mais a retórica simples dos desconhecidos, ou nem tanto, que lhe enviavam agradecimentos por favores pessoais ou por políticas de grande alcance. Antônio Carlos Cotrim, em telegrama, agradecia pelo aumento do número de vagas nos exames vestibulares. Entre as reformas de base estaria a da Educação. A universidade era território exclusivo de uma rarefeita elite branca disposta a tudo para conservar os seus privilégios. Temia-se a revolução da igualdade.

Em 5 de agosto de 1963, Galvão Machado escreve de Porto Alegre para agradecer por nomeação para o IAPC. Explica que ficara sabendo que telegramas não chegavam ao destino em Brasília. Por isso, escolhera escrever uma carta. Era, enfim, procurador do IAPC. O seu agradecimento revela a lógica da obtenção da segurança:

> Não tenho palavras para agradecer, do âmago de minha alma, a alegria que tive de saber que já não faltaria à minha família a convicção de obter o pão para o dia seguinte; pois muitas vezes, nem para isso havia. Minha situação havia ficado alicerçada para o futuro, com a dita nomeação.

A MEMÓRIA E O GUARDIÃO

Lealdade empregatícia, futuro alicerçado, pão garantido, fidelidade ideológica. Uma mão lava a outra:

> Felizmente, foi retirada a máscara do IBAD – que o inquérito em andamento extermine esse quisto maligno, e a UDN, reacionária gratuita, que o foi em todas as épocas, vai-se esfacelando até o próprio enterro. Então a compreensão e a bonança voltarão a reinar em nosso País.

Ledo engano. O futuro do país não estava garantido nos termos do governo João Goulart. A UDN e o Instituto Brasileiro de Ação Democrática ganhariam o jogo. Não haveria compreensão e bonança por duas décadas e meia.

Arranjar um emprego era o grande sonho do brasileiro. Gilson Almeida, de Ibirataia, agradecia pela providência tomada pelo presidente da República para que ele tivesse um posto na Sudene. Justino de Sousa Farias, de Palmeira das Missões, no Rio Grande do Sul, agradecia pelo posto de datilógrafo no IAPC, em Cruz Alta. Em tom quase ingênuo, o signatário destacava que tinha a "certeza da nomeação" por conhecer o "trabalhismo desde a 'campanha do saudoso Alberto Pasqualini' e por ter sido demitido de cargo obtido no governo estadual de Leonel Brizola pelo seu sucessor 'por questões políticas locais'". Uma inquietação assolava o datilógrafo: a pressão da imprensa contra as nomeações políticas. Temia perder o emprego. Pedia que o presidente o esclarecesse sobre o "fundamento de tais notícias". Queria respirar e dormir tranquilo.

O mineiro Luiz Gonzaga da Cunha e Silva teve sorte de virar estatística no apagar das luzes. Na sua carta de agradecimento, assinala que teve sua nomeação para estatístico do IBGE publicada no Diário Oficial em 14 de janeiro de 1964, tendo tomado posse em 6 de fevereiro.

Não era tarefa fácil livrar-se de um padrinho disposto a ajudar um protegido. O deputado federal pernambucano Adelmar Carvalho, eleito pela Frente Popular Democrática (PSD/UDN), pediu a transferência do fiscal de Imposto de Renda Carlos Azevedo Travessa de João Pessoa

AGRADECIMENTOS, HOMENAGENS, CONSELHOS

para o Rio de Janeiro, de modo a reunir o afilhado à família. As vagas existentes foram preenchidas por outro. O padrinho abespinhou-se e cobrou em termos mais duros:

> Fui ainda informado de que existe uma, ou duas vagas, no Serviço de Repressão ao Contrabando na Guanabara, e, como apesar do prometido pelo Dr. Lins e Silva, fui tapeado pelo mesmo, como se vê pelo resumo das ocorrências sobre o assunto que também remeto em anexo, muito grato ficaria ao prezado amigo se determinasse a transferência daquele funcionário.

O histórico da indicação fracassada estava mesmo anexado desde a manifestação de Walther Moreira Salles, ministro da Fazenda. Em 2 de março de 1962, a transferência foi autorizada por três anos. Wamba Guimarães também colhia agradecimentos. José Martins, em 14 de janeiro de 1964, escreve para agradecer pela correção de uma injustiça. Conseguira, enfim, graças à interferência do assessor de Jango, a sua promoção de nível 10 para 12, retroativa a 1959, na Rede Ferroviária Federal: "Quisera agradecer pessoalmente o que vós fizestes por mim. Não tenho palavras que traduzam meu agradecimento." Ficava ao "inteiro dispor" do benfeitor.

A crise política não distraía Jango dos seus deveres de amizade e muito menos de suas antigas lealdades. Em 16 de janeiro de 1964, Vicente Paim Brites, de Alegrete, no Rio Grande do Sul, agradece pela solidariedade prestada à sua família no momento da morte do seu pai, "grande e leal amigo" do presidente da República até o suspiro final. A generosidade de Jango é destacada. Em 8 de julho de 1963, frei Isidro Gonzalez, do ginásio carioca Santo Agostinho, com bonita letra, agradecia pela passagem Rio de Janeiro – Lisboa – Rio de Janeiro concedida por João Goulart a pedido "de sua boníssima irmã, D. Lila".

Cabia, certas vezes, a Goulart agradecer. Foi o que fez em relação a Carlos Aníbal Correia, presidente do Tribunal de Contas da Bahia, pela doação de "fazendas da sua propriedade" para a construção do

A MEMÓRIA E O GUARDIÃO

conjunto petroquímico da Petrobras. Quem ainda não agradece reforça indicação. Jango recebeu de Nova York carta datada de 27 de setembro de 1963 insistindo na promoção do conselheiro "Carlos dos Santos Veras em uma das três vagas de Ministro de Segunda Classe, a serem preenchidas no fim do corrente mês". Argumento de ordem meritória:

> Sobre a carreira do meu candidato e os trabalhos que o mesmo prestou ao Itamaraty melhor do que eu pode falar-lhe o Ministro Araújo Castro, que o conhece desde sua entrada na Casa. Permito-me apenas lembrar que ele hoje está colocado em número 27 num quadro de antiguidade de 140 colegas, razão por que sua promoção representará um acesso normal ao posto seguinte de sua carreira.

Argumento de ordem política para não deixar dúvida e tornar sempre mais claro o fundamento do sistema vigente:

> Desejo também acentuar, Presidente, que a promoção do Conselheiro Veras constitui justa reivindicação do Governador do Piauí e dos seus representantes no Senado, aos quais juntam-se com todo interesse os da representação do Maranhão.

Agradecimentos de calar fundo no coração talvez fossem aqueles relativos às políticas adotadas. Em 28 de fevereiro de 1964, quando Jango precisava certamente de retorno dos cidadãos, o aposentado Januário Paulino da Silva, de Ibiá, Minas Gerais, toca em dois pilares do governo, o 13º e a recomposição salarial:

> Cumpre-me informar que acabo de receber o décimo-terceiro (13º) mês salarial, e no ensejo desta aproveito para apresentar em nome de todos os Aposentados e Pensionistas, da sede de Ibiá, juntamente com suas respectivas famílias, os nossos sinceros agradecimentos; principalmente pelo esforço despendido e o inestimável apoio que nos concedeu, e em retribuição dos expostos acima, informo em nome de todos que colocamos a vossa inteira disposição em torno de vosso nome ou a quem por V. Excia. for indicado.

AGRADECIMENTOS, HOMENAGENS, CONSELHOS

Outrossim, mais uma vez sou solidário com V. Excia., e em tempo venho agradecer mais uma vez em nome de todos os já expostos acima a Decretação, por V. Excia, dos novos níveis salariais. Sem mais para o momento coloco-me à inteira disposição do grande presidente.

Se a base de João Goulart foi minada, não lhe faltaram manifestações de apoio. Câmaras de Vereadores conferiram-lhe o título de cidadão honorário. Formandos convidaram-no para ser paraninfo de suas turmas. Homenagens sucediam-se. Aracaju concedeu-lhe o título de cidadão da capital sergipana já em 9 de outubro de 1960, quando Jango era vice-presidente da República. Em carta de 6 de outubro de 1961, reclamava-se da falta de resposta do homenageado, que fora distinguido pelos "serviços que vem prestando ao operariado nacional". Destacava-se também a sua "proverbial interferência" para a aprovação da Lei n. 3.807, de 26 de agosto de 1960, a Lei Orgânica da Previdência Social, "estatuto básico dos benefícios e amparo a que deveriam de há muito se encontrar desfrutando os homens de todas as condições sociais que fazem do trabalho o progresso da Pátria".

Em 15 de fevereiro de 1962, a Câmara de Vereadores de Mutunópolis, em Goiás, concedeu a João Goulart o título de "cidadão do Médio Norte". O distinguido agradeceu em março do mesmo ano. Itapetininga, em São Paulo, também distinguiu o presidente com o diploma de "cidadão itapetiningano". Petrópolis, no Rio de Janeiro, fez o mesmo em março de 1962 "pelos esforços despendidos e providências tomadas para a instalação da Universidade Católica Petropolitana". Os mineiros foram além e concederam ao presidente o título de cidadão do estado de Minas Gerais. A cerimônia, com recepção no aeroporto, almoço no Automóvel Club e consagração na Assembleia Legislativa, foi programada para 18 de outubro de 1961. A Câmara de Vereadores de Guaíra, no Paraná, aprovou a sua distinção a João Goulart em 17 de março de 1962.

Nem só de agradecimentos e homenagens se fazia a correspondência enviada a João Goulart. Em 23 de março de 1962, agradecendo

A MEMÓRIA E O GUARDIÃO

ao presidente da República pelo recebimento de um exemplar da sua Mensagem ao Congresso, José Maria Whitaker, fundador do Banco Comercial de São Paulo, dava alguns conselhos em tom de votos de êxito:

> V. Ex. tem toda razão de ser otimista. Nossas dificuldades não provêm de calamidades da natureza, mas de erros de homens, possíveis de corrigir, o que V. Ex. está tentando, e oxalá não o contrariem as paixões, ou interesses dos políticos. Se V. Ex. conseguir conter o Banco do Brasil, regularizar as autarquias, libertar totalmente a exportação, convencer o Congresso de que não serão cumpridas leis de despesas que não provejam recursos correspondentes, terá conseguido metade da recuperação.

A receita do banqueiro era simples: conter os gastos, regular a despesa pela receita, segurar os apetites, submeter a política à economia. Apenas isso. Nem sempre os conselhos seriam auspiciosos. Numa carta que não resistiu ao tempo, tornando-se incompleta, o signatário, falando de problemas de economia, alertaria:

> Devo repetir-lhe, senhor Presidente, que da maneira que vai, ao chegarmos ao impasse, só haverá uma solução: a queda do governo. Veja o exemplo hoje nos credores da Argentina aprovando, independente da ilegalidade em que vive o país, um crédito de 400 milhões de dólares com o governo espúrio, mas novo, do senhor Guido. Não me queira mal, meu caro Presidente, por ter sido tão brutal. Falo porque tenho a certeza de que ao dizer-lhe essas coisas estou cumprindo com o meu dever de cidadão e, se me permite, de seu amigo.

Em meio à pressão sempre maior, um pedido sincero e sem interesse escuso. De Alegrete, João Melgarejo, em 31 de janeiro de 1964, solicitava que o presidente se dignasse a honrar a sua coleção com o seu autógrafo, "que considero valioso". Explicava: "Não escrevi antes porque achava que não iria se importar em responder, mas agora acredito que irá e esperarei

AGRADECIMENTOS, HOMENAGENS, CONSELHOS

a sua resposta." O que teria mudado? Por que acreditava que o presidente responderia naquele momento? Prenúncios do fim ou de novo começo?

Uma cartinha, com a ingênua menção "confidencial" em letra desenhada, trazia o agradecimento pela nomeação de Ema Rodrigues para auxiliar de enfermagem no IAPTEC: "Foi uma grande oportunidade que foi concedida a essa moça, inclusive por trabalhar na profissão que escolheu, mesmo porque trata-se de pessoa de bom caráter e boa formação, além de muito esforçada, vai continuar estudando, pois pretende formar-se em medicina." Jango leria tudo isso?

29. O que se discute no Conselho de Ministros?

O fim aproximava-se? Como tudo havia começado? Que expectativas havia nos primeiros tempos? As atas das primeiras oito reuniões do Conselho de Ministros, na vigência do regime parlamentarista, sob a batuta de Tancredo Neves, revelam os bastidores do governo. Na primeira reunião, discutiu-se, por exemplo, a política do café e a relação polêmica com o mundo comunista.

> Quanto ao reatamento das relações diplomáticas com a União Soviética decidiu o Conselho prosseguir nas gestões iniciadas pelo Governo Jânio Quadros e nas negociações para a conclusão de um convênio limitativo das franquias diplomáticas, dentro das sugestões já apresentadas pela Secretaria do Conselho de Segurança Nacional, com a cláusula de reciprocidade.

As questões internas precupavam ainda mais. As Forças Armadas respeitariam a Constituição e o governo?

> O Conselho ficou ciente, pela comunicação do titular, de que a situação do Exército é de plena integração nas suas funções constitucionais. Segundo comunicação do titular, é também normal e satisfatório o

ambiente da Aeronáutica. O Ministro Clóvis Travassos pediu a atenção do Conselho para os problemas da aviação civil, que expôs em linhas gerais. Disse o Almirante Nolasco que a situação das forças navais é de absoluta tranquilidade e deu conta das medidas administrativas que pretende pôr em execução na sua Pasta.

Os problemas essenciais foram abordados desde o primeiro dia. As reformas estavam em pauta desde a primeira reunião ministerial:

> O Ministro do Trabalho abordou assuntos referentes à reorganização do seu Ministério, apresentando os principais problemas pertinentes, entre os quais salientou os relativos a reajustamentos salariais. Acentuou o titular que o Governo deve tomar a iniciativa de examinar o problema da Reforma Agrária para depois encaminhar soluções ao Congresso Nacional.

A grande preocupação era a inflação. O ministro da Fazenda, Moreira Salles, "disse que a situação econômico-financeira do país requer medidas legislativas urgentes, algumas das quais para esterilizar o excesso de recursos bancários e evitar seus inflacionários". O todo estava na parte. O governo de Jango seria um holograma desse primeiro instante. Tudo só se ampliaria.

Na segunda reunião do Conselho de Ministros, realizada em 21 de setembro de 1961, a equipe entraria mais fundo nos dilemas que enfrentaria:

> Reunião do Conselho de Ministros, no Palácio do Planalto, nesta cidade de Brasília, Distrito Federal, sob a presidência do Primeiro Ministro, Senhor Tancredo Neves, ocupando cumulativamente a Pasta de Justiça, e presentes os seguintes Ministros: André Franco Montoro, Ministro do Trabalho e Previdência Social; Ângelo Nolasco, Ministro da Marinha; Antonio de Oliveira Brito, Ministro da Educação e Cultura; Armando Monteiro, Ministro da Agricultura; Clóvis Travassos, Ministro da Aeronáutica; Gabriel Passos, Ministro de Minas e Energia; João Segadas Viana, Ministro da Guerra; San Thiago

O QUE SE DISCUTE NO CONSELHO DE MINISTROS?

Dantas, Ministro das Relações Exteriores; Souto Maior, Ministro da Saúde; Ulysses Guimarães, Ministro da Indústria e Comércio; Virgílio Távora, Ministro da Viação e Obras Públicas; e Walther Moreira Salles, Ministro da Fazenda.

O primeiro-ministro divulgou os quatros eixos fundamentais do Plano de Governo a adotar:

> a) desenvolvimento, porque a única maneira de salvar o povo da miséria é enriquecer a Nação; b) estabilidade, para que a inflação não devore, por um lado, o que o desenvolvimento cria por outro; c) integração, para que parte da Nação não se alimente na miséria de irmãos de outras regiões; e d) justiça, para que o trabalho e a privação de muitos dos seus filhos não sejam fontes de lucro excessivo e de ócio improdutivo de alguns poucos.

Não era pouco. Era tudo. Como, porém, atingir tais metas? A terceira reunião, em caráter extraordinário, aconteceu no dia seguinte. A quarta reunião seria em 5 de outubro de 1961. Nela, o primeiro-ministro expôs "os motivos que levam o Governo a apressar os estudos relativos à elevação dos níveis vigentes do salário mínimo e as providências que, para isso, já vêm sendo tomadas". Na ocasião, "decidiu o Conselho promover em curto prazo a revisão dos níveis mínimos de salários".

Tudo era efervescência e pressa: "O Senhor Presidente da República externou seu ponto de vista favorável à venda dos imóveis de Brasília a seus inquilinos, aumentando o ritmo das construções, a fim de evitar o desemprego na Capital." Tudo era urgência e necessidade: "Por proposta do Ministro da Indústria e Comércio deliberou-se constituir um Grupo de Trabalho para coordenar as medidas necessárias à contenção do custo de vida e à regularização do abastecimento de gêneros de primeira necessidade." Tudo era improvisação: "Ficou assentado que seriam elaborados dois planos de estabilização do custo de vida, um com caráter de emergência e outro para aplicação a longo prazo."

A MEMÓRIA E O GUARDIÃO

Na quinta reunião do Conselho do Ministros, no dia seguinte à anterior, medidas concretas seriam adotadas:

- Elevação de 40 por cento dos atuais níveis de salário mínimo em todo o Território Nacional, nos termos do decreto que será encaminhado à publicação, para vigorar a partir do dia 16 do corrente mês;
- Envio de Mensagem ao Congresso Nacional instituindo o salário--família para os trabalhadores, em cumprimento ao preceituado ao inciso 1º do Artigo 157 da Constituição Federal;
- Aproveitamento dos estoques já adquiridos pelo Governo através da Comissão de Financiamento da Produção, a fim de, sem qualquer majoração dos preços de compra, transporte, armazenamento e expurgo, colocá-los nos centros de consumo e distribuí-los através de cooperativas, entidades governamentais e sem lucro de cadeias de distribuição do comércio tradicional;
- Adoção de medidas para estabilizar o preço do petróleo e derivados;
- Tomada enérgica de posição no setor da produção em geral, com o maior estímulo ao produtor, assegurando-lhe garantias efetivas de preço, para os produtos agrícolas essenciais, e no setor da distribuição de gêneros alimentícios, com a eventual intervenção do Poder Público, na formação e redistribuição dos novos estoques, evitando-se a especulação;
- Concessão de facilidades de crédito a quantos efetivamente colaborem no esforço de produção e de contenção de preços;
- Prioridade excepcional de transporte para as utilidades destinadas a satisfazer as condições mínimas de vida da população;
- Convocação da Indústria de alimentação, a fim de que, convenientemente assistida pelo Governo, adote medidas tendentes a tornar seu custo mais acessível ao povo.

Podia ser mais concreto e mais urgente? Aumento do salário mínimo, salário-família, estímulo à produção. O Brasil pareceria o mesmo cinquenta anos depois. O plano de governo de João Goulart era ousado demais para o seu tempo. Na sexta reunião do Conselho de Ministros, realizada em 12 de outubro de 1961, o ministro da Fazenda detalhou a situação econômico-financeira da nação. Na sétima reunião, uma

O QUE SE DISCUTE NO CONSELHO DE MINISTROS?

semana depois, foram debatidas as formas de atuação dos componentes do Conselho de Ministros. Era preciso criar as regras do novo jogo.

O presidente da República apresentou aos ministros quatro "memoriais" entregues a ele pelo "Movimento Feminino contra a alta do custo de vida", segundo Goulart, "talvez o mais penoso dos encargos governamentais que estamos atravessando". Dois pontos básicos eram a "fixação dos aluguéis de casa e apartamentos, em função do metro quadrado habitável, nos principais centros urbanos, pois há neles grande número de moradias desalugadas, em razão dos altos preços exigidos, inacessíveis às grandes camadas populares", e "limitação das taxas de arrendamento das terras em todo o território nacional". Era o DNA das reformas de base.

Na oitava reunião, de 26 de outubro de 1961, proclamou-se que o incipiente governo não era responsável pelo descalabro vigente e decidiu-se conclamar a população e os governantes estaduais a participarem de um esforço de recuperação nacional das condições de vida. Ficou acertado que o primeiro-ministro iria à Câmara dos Deputados na primeira quinzena de novembro para detalhar a calamitosa situação. O quadro seria apresentado assim: o aumento do custo de vida era consequência da inflação, culpa de governos que não haviam feito a necessária reforma cambial, "processo inflacionário muito agravado pela recente crise político-militar (que forçou o Governo a emitir, em poucos dias, cerca de setenta bilhões de cruzeiros"; as "medidas para debelar a crise" não seriam de "efeito pronto e rápido"; o trabalho inicial agiria para coibir a "ganância desenfreada".

As medidas de austeridade eram prometidas como brutais e incontornáveis: "restringir ao máximo as nomeações, inclusive nas entidades autárquicas; proibir qualquer nova missão ao estrangeiro, respeitados os compromissos já assumidos pelo país; tomar providências para a supressão de cargos desnecessários no serviço público, no exterior e no país"; suspender transferências de servidores; impedir, por seis meses, o começo de novas obras e só dar prosseguimento às obras de extrema necessidade; "suprimir, em quaisquer circunstâncias, o supérfluo e o suntuário em

A MEMÓRIA E O GUARDIÃO

obras públicas"; impor economia de meio aos organismos públicos; fixar tetos salariais para o funcionalismo; estimular a exportação; abrir novos mercados; reprimir o contrabando; combater a especulação com gêneros alimentícios; impedir qualquer aumento nos combustíveis; concluir estudos sobre reformas orçamentária e tributária. Um pacote de impacto.

Um pacote, nos termos atuais, de viés neoliberal? Ou um freio de arrumação numa casa totalmente desarrumada? Nada de novo no front? Medidas que iam no sentido do que seriam os conselhos do banqueiro Whitaker? Adotou-se de imediato uma política de preços para o arroz, com o "suprimento de um milhão de sacas" para cidades como Rio de Janeiro, São Paulo e Belo Horizonte, com "preços favoráveis"; levantamento dos estoques de milho e feijão; estudo das possibilidades de estocagem de ovos; medidas para uma segunda ordenha na bacia leiteira; análise das condições para fixação de preço mínimo para a farinha de mandioca; e outras medidas de desafogo e de oxigenação.

As oito primeiras reuniões do Conselho de Ministros são um mapa dos anseios e projetos do governo João Goulart. Não seria fácil cumprir o projetado. Em 26 de abril de 1963, com o presidencialismo reimplantado, o presidente do Instituto de Aposentadoria e Pensões dos Marítimos, Antônio da Silveira Thomaz, pedia em nome da sua autarquia autorização para contratações de urgência:

> Com a crescente descentralização dos serviços, em função dos ditames da Lei Orgânica da Previdência Social e de seu regulamento geral, e ainda em face das reiteradas recomendações de Vossa Excelência no sentido de que a Previdência Social amplie ao máximo suas atividades em benefício das classes que congrega cada Instituição, agrava-se progressivamente a situação criada com a falta do elemento humano necessário. Em face dessa situação, não vê esta Presidência outra solução senão a de vir a presença de Vossa Excelência para solicitar que, em caráter excepcional, e para atender situação do fato que se nos apresenta, seja autorizada a contratação de servidores pela Consolidação das Leis Trabalhistas, em todas as Delegacias Estaduais na seguinte ordem:

O QUE SE DISCUTE NO CONSELHO DE MINISTROS?

Atendentes............................. 30

Enfermeiras Auxiliares............40

Serviçal.................................. 30

Escrevente datilógrafo.............40

Motoristas............................. 30

A máquina tinha lógica própria. Não era a primeira demanda de Thomaz. O país precisava de mais serviços públicos, que exigiam mais funcionários, gerando mais despesas. Jango sabia que a saída não estava em asfixiar a população nem em encolher radicalmente o tamanho do Estado, mas em redistribuir riqueza, fortalecer o mercado interno e gerar crescimento. Essa consciência, que se tornaria mais aguda com o tempo, custar-lhe-ia o cargo.

30. Carta de uma estrela

O começo do governo, sob certos aspectos, havia sido auspicioso e emocionante. Um presidente jovem e rico, casado com uma mulher linda e muito jovem, chegava ao poder depois de alguns dias de filme em que a tentativa de golpe militar para impedir a sua posse seria pulverizada pela resistência popular comandada por Leonel Brizola, governador do Rio Grande do Sul, através de uma cadeia de mais de cem emissoras, com a Rádio Guaíba, de Porto Alegre, como cabeça dessa "Rede da Legalidade".

Até a imprensa havia ficado do lado de João Goulart. Tudo parecia sorrir para ele depois da tensão. Ele, o herdeiro político de Getúlio Vargas, amparado pela aguerrida determinação de seu cunhado Leonel Brizola, chegava ao poder nos braços do povo, muitos dispostos a lutar com armas pelo seu direito de substituir Jânio Quadros. Aclamado pela massa, mas sob a desconfiança dos militares anticomunistas envenenados pela Guerra Fria e por superiores educados no conservadorismo. Grandes e evidentes seriam os obstáculos a enfrentar. Maior ainda era o entusiasmo inicial com a enorme vitória obtida.

Uma carta de Janet Leigh de 13 de novembro de 1961 mostra o prestígio de Jango nessa época frenética.

A MEMÓRIA E O GUARDIÃO

Dear Mr. President,
My friends and I wish to express our thanks for your kindness to us
in Brasília. The use of your plane was very helpful, and we are deeply
indebted to you for your thoughtfulness.

It is a wonderful country, where you find such warmth and friend-
liness exemplified by its President as well as every individual you
meet. I am sorry we did not have the opportunity to talk, but I will
look forward to that on my next visit.

*With much appreciation and admiration for you and your country.**

Janet Leigh era uma celebridade mundial. Havia atuado num filme, um ano antes, que faria "algum" sucesso internacional: *Psicose*, de Alfred Hitchcock. Ela é a moça assassinada no chuveiro. Uma das cenas mais famosas de todos os tempos no cinema. Por esse papel, seria indicada ao Oscar de atriz coadjuvante e ganharia um Globo de Ouro. Antes disso, atuara em muitos filmes, inclusive em *A marca da maldade*, de Orson Welles. Tinha 34 anos. Estava no auge. O avião era do próprio Jango.

Em determinado momento da sua bem-sucedida vida de empresário do agronegócio, João Goulart teria cinco aviões. Na gíria da época, cinco teco-tecos. Nos termos e tecnologias de hoje, seriam cinco jatinhos. Generoso, podia emprestar o que lhe pertencia e arrancar, por sua hospitalidade, elogios de uma mulher como Janet Leigh.

Jango gostava de ser generoso. Ele, que chegara a atuar nos juvenis do Sport Club Internacional de Porto Alegre, adorava apoiar iniciativas esportivas. Em 21 de novembro de 1962, ganhou o "Certificado de Bem-Visto", com o "título de colaborador" por ter contribuído para

---

* Prezado Sr. Presidente: / Meus amigos e eu desejamos expressar nossos agradecimentos pela sua bondade conosco em Brasília. O uso do seu avião foi muito útil e estamos profundamente em dívida pela sua consideração. É um país maravilhoso, onde se encontra uma cordial simpatia bem exemplificada pelo seu presidente, bem como por todas as pessoas que conhecemos. Desculpe, não tivemos a oportunidade de conversar, mas aguardo com expectativa a minha próxima visita. Com muito apreço e admiração por você e pelo seu país.

CARTA DE UMA ESTRELA

a construção da praça de esportes PROF. HONORIO ARMOND, em Barbacena, Minas Gerais. O tempo, porém, das cartas simpáticas e das homenagens ingênuas cederia cada vez mais lugar às correspondências pesadas, às análises inquietantes, mesmo quando carregadas de elogios e de palavras de confiança, e aos diagnósticos categóricos: o paciente, o Brasil, fraquejava. Era preciso revigorá-lo com terapias de choque antes de uma metástase anunciada. Os dias sombrios desabariam sobre o governo cruamente, tão ásperos quanto podem ser os golpes de todos os tipos, militares, judiciais, todos com apoio da mídia.

31. Afonso Arinos observa, general Kruel se despede

O tempo das verdades duras seria, talvez, dissimulado pelas grandes esperanças e pelos arroubos do governo. Em 19 de janeiro de 1963, em papel timbrado do Hotel Continental, 3, rue de Castiglioni, Paris, Afonso Arinos escreveu uma carta de onze páginas para João Goulart. O senador Afonso Arinos de Mello Franco (UDN), ex-ministro das Relações Exteriores de Jânio Quadros, o mesmo que se notabilizara pedindo o fim do Estado Novo e, como deputado federal, com a lei, aprovada em 1951, contra a discriminação racial, assim como pelo discurso, de 9 de agosto de 1954, exigindo a renúncia de Getúlio Vargas, tinha observações a fazer e opiniões a oferecer.

Arriscava-se em previsões: "Creio que atual legislatura do congresso brasileiro ficará na história como uma demonstração da capacidade política do nosso poder legislativo." O futuro diria o contrário. Os tanques nas ruas selariam outra perspectiva. Arinos defendia o parlamento sem deixar de diminuí-lo: "Parece mesmo patente que se o congresso é um órgão insuficiente – talvez inoperante – do ponto de vista da legislação administrativa, é, no entanto, extraordinariamente útil no terreno da legislação política, sobretudo a de emergência." Era uma forma indireta de criticar João Goulart por alguma suposta ou

A MEMÓRIA E O GUARDIÃO

comentada vontade de livrar-se da "inoperância" do parlamento? Era um aviso?

Arinos lembrava que o Brasil havia resolvido seus problemas, em 1961, quando da renúncia de Jânio Quadros, e, em 1962, quando da discussão relativa ao plebiscito sobre a volta do presidencialismo, sem romper a ordem constitucional, algo de que nem a França teria escapado. Para o Brasil avançar, o experiente político recomendava alcançar "autoridade e força suficiente para despertar a confiança do povo e adquirir instrumentos de ação rápida e eficaz. A "raposa" mineira sonhava em resolver o problema da quadratura do círculo: "A confiança é necessária nos círculos conservadores e a esperança, nas massas populares." Num ponto, ele não se enganava:

> O erro da grande imprensa, do alto clero e dos grupos reacionários em geral – inclusive no Congresso – é supor que um país nas condições atuais do Brasil pode se estabilizar somente através da confiança dos mais poderosos e menos numerosos sem criar perspectivas à esperança dos mais numerosos e menos poderosos.

Num surto de sinceridade, Afonso Arinos permitia-se declarar que não invejava a sorte de João Goulart:

> Presidente, permita-me dizê-lo, a sua responsabilidade é terrível. Eu não gostaria nunca de estar na sua situação. Mas o dever impõe-lhe, acima de todos os sacrifícios, o de não recuar, o de não desistir e principalmente o de acreditar.

Era um novo momento do governo. Jango acabava de recuperar seus poderes presidencialistas. Arinos destacava a necessidade de enfrentar logo os problemas básicos e de "reformar as instituições". O básico era controlar a inflação "sem sacrifício do desenvolvimento". O liberal tinha preocupações para além da economia: "A palavra desenvolvimento abrange aspectos econômicos e sociais (inclusive saúde e educação)." Elogiava o ministério especulado, com Carvalho

AFONSO ARINOS OBSERVA, GENERAL KRUEL SE DESPEDE

Pinto na Fazenda e "Santiago ou Hermes para o Exterior". Externava a sua fórmula de sucesso: "O grande segredo está na união de todos em torno do Plano sob a orientação de V. Excia."

Para um udenista, Afonso Arinos mostrava-se heterodoxo: "O Plano é a única contribuição real que os regimes totalitários forneceram às democracias." Citava um livro de Pierre Mendès-France, *Por uma república moderna*, para sustentar o vínculo entre "plano" e progresso. O principal recado de Afonso Arinos parecia ser o seguinte: Jango precisava mexer na Constituição para "institucionalizar o presidencialismo". Eis o grande problema: "O Brasil atingiu um desenvolvimento e uma complexidade que se tornaram incompatíveis com o presidencialismo tradicional, do tipo caudilhista."

Como fazer? Jango não era um caudilho tradicional, mas a dinâmica do poder que exercia era, como se viu ao longo deste livro, paternalista. Todos pediam, todos esperavam ser atendidos, tudo era relacional. O poder estava em dar para receber. Arinos remexia a ferida:

> Presidentes como Rodrigues Alves ou Campos Sales (donos de casa), Washington, Bernardes ou Vargas (caudilhos no bom sentido da palavra) não poderiam mais governar sem uma máquina impessoal. Essa máquina não pode ser improvisada ao sabor das combinações políticas. Precisa ser institucionalizada. Neste particular, o exemplo dos Estados Unidos é magnífico. A recente institucionalização do presidencialismo americano é notável e há estudos modernos e magistrais sobre a matéria.

O que seria um "caudilho no bom sentido da palavra"? O senador propunha uma revolução dos costumes políticos brasileiros, o que significaria desmontar a engrenagem clientelista vigente. Qual partido aceitaria? Para Afonso Arinos, conforme a sua carta, democracia se faz com eleições livres, mandatos temporários, oposição e liberdades individuais. Mais um alerta contra tentações? Dito isso, a sua mensagem podia aquecer o coração de Jango: "Fora disso, o governo deve ser forte e o Estado, intervencionista." O que se deveria fazer? Reformar as instituições. Segundo Arinos, o orçamento era uma "falsidade". Ele defendia o controle das autarquias, reformas tributária e agrária, mudanças estruturais. Para ele o povo se mostrava "mais corajoso do que as elites, presas pelo egoísmo grosseiro, pela cupidez impiedosa ou pelo pânico histérico e boçal". Jango saberia liderar essas elites para que elas compreendessem o seu dever?

Quantas vezes João Goulart terá lido essa carta forte vinda de Paris? Quantas vezes terá encontrado nela a expressão dos limites ao seu poder e, ao mesmo tempo, o conforto ao seu "plano" de reformar as instituições e constituir um governo forte e intervencionista? Quantas vezes terá se deliciado com a definição da elite como egoísta, cúpida e tomada pelo "pânico histérico e boçal"? Afonso Arinos de Mello Franco apoiou o golpe de 1964.*

Se Afonso Arinos, em 1963, incitava João Goulart a tomar as rédeas das mudanças e a não desistir apesar dos obstáculos, o general Amauri Kruel era sacado da linha de frente. Compadre de Jango, ele era um elemento importante no "dispositivo militar" do governo. Chefe do Gabinete Militar da Presidência da República de 1961 a 1962, quando, em 18 de setembro, assumiu o Ministério da Guerra, onde permaneceu até 23 de junho de 1963, foi demitido depois de defender prisão para o sargento Gleci Rodrigues Correia, que pronunciara um violento discurso contra a desigualdade da ordem social dominante.**

Ao cair, Kruel redigiu longa carta aos militares fazendo um balanço da sua gestão. Na missiva, apresenta-se como um modernizador do Exército e como uma espécie de líder sindical eficaz. Afirma ter deixado pronto o estudo para a implantação da "Lei de Organização Básica para o Exército". Informa ter fortalecido os "órgãos de cúpula do Exército" pelos "frequentes contatos pessoais" que manteve com os seus chefes "a fim de colocá-los a par dos trabalhos em curso e solicitar-lhes prestimosa colaboração para o atendimento das necessidades da nossa

---

* Ver <http://cpdoc.fgv.br/producao/dossies/AEraVargas1/biografias/afonso_arinos>.
** Ver <http://www.fgv.br/cpdoc/acervo/dicionarios/verbete-biografico/kruel-amauri>.

AFONSO ARINOS OBSERVA, GENERAL KRUEL SE DESPEDE

instituição". Essa proximidade com os altos comandos transformaria Amauri Kruel em fiel da balança quando a crise atingisse o seu ponto de ruptura e de não retorno.

Na sua prestação de contas, Kruel lembra que se ocupara em preparar a atualização das "Leis de Promoção de Oficiais e de Inatividade de Militares". Pretendia também que sargentos e subtenentes pudessem ser promovidos com maior rapidez. Informava ter-se empenhado no reaparelhamento do Exército a partir da produção nacional de armamentos, munições e viaturas.

Toca num ponto sensível à classe:

> O problema da casa própria para os militares foi também uma das minhas preocupações como administrador. O Excelentíssimo Senhor Presidente da República autorizou, por intermédio da Caixa Econômica, o financiamento da aquisição de moradia para os militares e, atualmente, a Diretoria de Assistência Social estuda o atendimento deste anseio da parte dos nossos companheiros.

Cada um cuidava dos seus interesses. Os militares também se sentiam esmagados pela inflação e pelo aumento do custo de vida. Kruel informava que a Caixa Econômica Federal financiaria também, com autorização do presidente da República, a construção de "casas funcionais" para militares transferidos. Jango tentava cativar as Forças Armadas. O ministro demitido destacava a sua decisão de levar para a nova capital, a bem situada Brasília, "alguns órgãos da alta administração do Exército".

Representante classista, o general Amauri Kruel mostrava-se um aliado dos seus até então subordinados:

> Como responsável direto pelo atendimento das aspirações dos meus comandados, pude bem sentir as dificuldades financeiras da família militar face ao aumento do custo de vida. Em consequência, antecipando-me aos acontecimentos, dirigi-me ao Excelentíssimo Senhor Presidente da República, solicitando-lhe as providências do Executivo,

A MEMÓRIA E O GUARDIÃO

que foram transformadas em projeto de lei submetido à consideração do Congresso Nacional. A orientação traçada para os meus assessores foi a de obter um aumento compatível com as necessidades da classe militar e as possibilidades do erário público.

Restava ao ex-ministro valorizar o seu compromisso com a democracia, assegurando sempre ter prestigiado o livre funcionamento de todos os poderes constituídos. Kruel gabava-se de ter mantido o Exército coeso sem, contudo, tolerar atentados à hierarquia nem transigir com "os extremados de direita e de esquerda" que "tentaram subverter a ordem pública, dividir as Forças Armadas ou o Exército através de intrigas, felonias e tentativas de desmoralização de seus chefes e componentes".

Nesse ponto, parecia anunciar as razões do seu futuro e decisivo afastamento do amigo Jango: "Não lhes permiti esta ação desagregadora, que, se consumada, poria em perigo a estabilidade do regime democrático e abriria caminho para a implantação de formas de governo contrárias à índole e às tradições do povo brasileiro."

Tudo está aí. O anticomunismo permeava também o imaginário do militar amigo de Goulart. A sua posição no final de março de 1964 podia ser deduzida dessa anotação em tom ressentido. Um parágrafo ainda parecia antecipar o desfecho do curto governo do gaúcho João Goulart: "Finalmente, bati-me pela manutenção do princípio da autoridade, exigindo obediência, hierarquia e disciplina, que representam as condições básicas para o funcionamento de qualquer organização, seja política, administrativa ou militar." Não se costuma ser profeta antes do acontecido. A prestação de contas de Amauri Kruel, guardada na correspondência do presidente da República, delineava o futuro. O governo de Jango seria acusado pela imprensa, pelas elites civis dominantes e por militares conservadores de permitir a quebra da hierarquia e de flertar com a "implantação de formas de governo contrárias à índole e às tradições do povo brasileiro". O até então fiel colaborador do presidente colocava as cartas na mesa e anunciava como se posicionaria se a situação se agravasse. Desejava que o sucessor,

AFONSO ARINOS OBSERVA, GENERAL KRUEL SE DESPEDE

general Jair Dantas Ribeiro, conseguisse cumprir as "missões que lhe são outorgadas em nossa Carta Magna". Apenas isso.

Amauri Kruel, no final de março de 1964, anunciaria por emissoras de rádio o que se vislumbrava na sua carta de 1963: "O ii Exército, sob o meu comando, coeso e disciplinado, unido em torno de seu chefe, acaba de assumir atitude de grave responsabilidade, com o objetivo de salvar a pátria, livrando-a do jugo vermelho."* Em 2014, na Comissão Municipal da Verdade de São Paulo, o coronel aposentado do Exército Erimá Pinheiro Moreira acusou Kruel de ter sido subornado pela Federação das Indústrias do Estado de São Paulo, por US$ 1,2 milhão, para trair Jango. O dinheiro teria sido entregue em 31 de março de 1964, o dia "D" da queda de João Goulart, por Raphael de Souza Noschese, então presidente da Fiesp.**

O general Kruel pode ter traído Jango por dinheiro, mas não traiu a si mesmo nem aos seus quanto à ideologia professada: ele era um homem do pior do seu tempo, acossado pelos fantasmas do comunismo, manipulado pela propaganda disseminada pelos Estados Unidos na imprensa e nas casernas. Trairia de graça por uma questão de doutrina. Tudo estava escrito. Não se lê cedo demais.

---

* Cf. SILVA, Juremir Machado da. *Jango, a vida e a morte no exílio*, p. 165.
** Cf. *O Globo*, 18 fev. 2014, ou o *Relatório da Comissão Municipal da Verdade de São Paulo*.

32. General Jair Dantas Ribeiro reivindica

O tempo das costuras e expectativas estava esgotado. Na virada para o seu último ano no poder, João Goulart escreveu sem atalhos a Ney Galvão, ministro da Fazenda:

> Abstive-me de sancionar a Lei de Meios para 1964, votada pelo Congresso Nacional. Não me restava outra alternativa, uma vez que o Orçamento aprovado e, finalmente, promulgado pelo Poder Legislativo afigurou-se-me inteiramente inadequado às presentes condições econômico-financeiras do País. De um lado, resultando numa lei altamente deficitária, sem indicar recursos para cobrir inúmeras e vultosas despesas, a execução do Orçamento, tal como se encontra, implicará, necessariamente, em emissões que agravariam sobremodo o processo inflacionário, o que irá refletir-se, em particular, sobre as massas trabalhadoras, as primeiras a receber os impactos negativos dessas emissões.

Em seis páginas, Goulart pedia equilíbrio monetário, "captação de recursos internacionais ociosos", "equilíbrio entre a receita e a despesa total", corte de gastos públicos em todos os níveis e rigor. Num conjunto minucioso de recomendações, pedia a estimação de uma taxa inflacionária como "hipótese de trabalho", indicação de "fontes de

A MEMÓRIA E O GUARDIÃO

financiamento do déficit de caixa do Tesouro", "promover, periodicamente, reajustamentos de tarifas e de subsídios à importação de forma a eliminar as subvenções como critério geral", mas tendo presentes "as necessárias correções de salários a fim de manter-lhes o poder aquisitivo e, ainda, assegurar a participação dos trabalhadores no incremento da renda nacional", "evitar que a classe trabalhadora seja vítima indefesa da inflação", melhorar a arrecadação e diminuir a evasão.

A tarefa era imensa. João Goulart tinha consciência dos limites da estrutura que geria e que o controlava, reconhecia o atraso no qual se encravava a república:

> Senhor Ministro: estou certo de que Vossa Excelência, interpretando fielmente o pensamento aqui expresso, submeterá, sem tardança, à aprovação do Executivo, o plano financeiro do Governo, consubstanciando as medidas ora recomendadas. Embora dentro do arcaísmo da nossa estrutura administrativa, confio em que Vossa Excelência saberá vencer os obstáculos oriundos desse obsoletismo e agir, com acerto e zelo, assegurando ao País o ritmo de desenvolvimento a que aspira, e a garantia da justiça social daí decorrente.

Era tarde demais para superar tantos obstáculos e resolver tantos problemas considerados corriqueiramente contraditórios como garantir justiça social e equilibrar as contas públicas. Por outro lado, não estancavam os relatórios sobre conspirações contra o governo e os boatos de golpe. As questões militares se multiplicavam. Chegaria também a hora das partidas. Em 17 de março de 1964, o ministro da Indústria e Comércio, o gaúcho Egídio Michaelsen, pediu para ser liberado da função. Queria retomar as suas atividades privadas. Petebista, jurava fidelidade e amizade ao presidente da República. Acreditava que seriam superadas as "perigosas radicalizações", abrindo caminho para a "urgente revisão institucional da nossa débil conjuntura econômica e política". Não houve tempo de atender ao seu pedido.

O tempo da bonança fora chuva passageira. Em 12 de julho de 1963, Argemiro de Assis Brasil escrevia de Buenos Aires na condição de recém-

GENERAL JAIR DANTAS RIBEIRO REIVINDICA

-instalado adido militar na Argentina: "Desejo significar ao prezado chefe e amigo que, eu e Alba, aqui fomos muito bem recebidos pelas autoridades argentinas." Confiante, louvava o Brasil por ser presidido por João Goulart, por ter "a ventura de estar sob sua direção suprema e mais do que equilibrada". Menos de um ano depois, Jango cairia acusado de perder o comando da nação e de se deixar influenciar por radicais e desequilibrados. No mesmo ano em que bajulava Goulart com a sua carta, Assis Brasil foi promovido a general e convidado a ser assessor militar do presidente. Preferiu permanecer em Buenos Aires. Em agosto de 1963, porém, Jango convocou-o a retornar. Em outubro, tornou-se chefe do Gabinete Militar da presidência da República. O seu propalado dispositivo de segurança não se revelaria capaz de impedir o golpe. Restaria a Assis Brasil acompanhar Goulart na sua retirada para o exílio no Uruguai.*

Os quartéis ferviam de inquietação. As mentes ardiam de expectativa e de ansiedade. Nada mais parecia sólido. Em 21 de fevereiro de 1964, Oirasil Werneck, presidente do Centro Social dos Cabos e Soldados da Força Pública do Estado de São Paulo, assinou ofício para agradecer pelas "palavras afetuosas" de João Goulart em telegrama, participar a posse da diretoria para o biênio 1964-1966 e manifestar "um modesto apoio ao digno Presidente para que sejam realizadas as reformas de base". Quem apoiava queria ser apoiado. Pleiteava-se "para que dentro da referida reforma seja incluída a eleitoral, a fim de possibilitar o direito de votar e ser votado aos Cabos e Soldados das Forças Armadas e Auxiliares". Lê-se a tensão daquele tempo em cada correspondência ou documento.

Cada mensagem encobre outra. Cada palavra esconde ou revela outros sentidos. Em 20 de março de 1964, Carlos Meirelles Vieira, presidente do Conselho Nacional do Petróleo, comunicou a João Goulart que os conselheiros do CNP haviam "aprovado por unanimidade de votos, de autoria do Senhor Conselheiro Domingos Francisco Spolidoro,

---

* Ver <http://www.fgv.br/cpdoc/acervo/dicionarios/verbete-biografico/argemiro--de-assis-brasil>. Ver também SKIDMORE, Thomas. *Brasil: de Getúlio a Castelo.*

A MEMÓRIA E O GUARDIÃO

uma Moção de congratulações a Vossa Excelência, pela assinatura do Decreto n. 53.701, de 13 de março de 1964", declarando "de utilidade pública para fins de desapropriação, em favor da Petróleo Brasileiro S.A. – PETROBRAS, as ações das empresas permissionárias do refino". Essa medida aproximou Jango ainda mais do fim.

A polarização era tão grande que um apoio significava também reconhecer a existência de rejeição. Vieira aprazia-se em transmitir a Goulart "a irrestrita solidariedade dos componentes do Colegiado, que me honro de presidir, às justas e acertadas medidas que vêm sendo tomadas pelo Governo de Vossa Excelência no interesse do povo brasileiro". Só recebe solidariedade quem está sendo alvo de ataques. Jango estava no meio do bombardeio. Cada medida adotada provocava um terremoto de críticas. A medida relativa ao agrado do CNP provocou também um telegrama de agradecimento dos Trabalhadores do Petróleo de Cubatão. Eles queriam mais, "o monopólio integral do petróleo". Em janeiro de 1964, o estremecimento viera da "ocupação temporária, pelo prazo de 60 dias", dos bens e serviços "da Société Anonyme du Gaz de Rio de Janeiro, concessionária dos serviços públicos de fornecimento de gás combustível, no Estado da Guanabara", cujos empregados haviam entrado em greve "com paralisação total das atividades da empresa", deixando a população órfã.

Em meio à turbulência, deputados mineiros, de onde sairia o golpe em poucos dias, continuavam a enxergar só o próprio umbigo. Em 2 de março de 1964, eles comunicavam em nome da Casa que "a Requerimento dos Senhores Deputados Sette de Barros e outros", fora "consignado em ata dos trabalhos da Assembleia Legislativa" um voto de congratulações ao presidente da República "ao ensejo da confirmação do Senhor Manoel Gomes Maranhão na Presidência do Instituto do Açúcar e do Álcool".

O clima, porém, já era outro. O prefeito de Diorama, em Goiás, parecia mais sintonizado com os fatos. Em telegrama, declarava plena concordância com as reformas em curso e disposição para lutar pela "sustentação de Vossa Excelência na chefia suprema da Nação". Em 1963, Jango pedira

GENERAL JAIR DANTAS RIBEIRO REIVINDICA

o levantamento da situação de todos os apartamentos de Brasília. Queria saber quem os estava usando. Na época, exigia que se cumprisse a lei de tabelamento do preço do pão. Em 1964, tudo isso parecia ínfimo, apesar de grave. Era preciso tomar decisões jamais ousadas. Goulart olhava para a América Latina em busca de apoio. Um relatório previa vitória das esquerdas no pleito chileno marcado para setembro daquele ano.

Velhos eram os boatos sobre conspirações. Em 8 de maio de 1963 um relatório informava sobre reunião de Carlos Lacerda, Ardovino Barbosa, Abraão Ginesen, Armando Falcão e o Grupo de Aragarças, na Cinelândia, no Rio de Janeiro, para tramar a queda de Jango, que deveria acontecer em "48 horas", depois de pronunciamento à nação do marechal Denys, o mesmo que tentara impedir Jango de tomar posse em 1961. O informe afirmava que Adhemar de Barros e Carlos Lacerda haviam participado de encontro em Minas Gerais (Uberaba e Ouro Preto) para conspirar.

Outro informe, de 14 de maio de 1963, falava de intrigas, da censura a um jornalista e do temor dos "gorilas" de o golpe acontecer "tendo o ministro Suzano na Pasta e o Almirante Aragão com as tropas". Pedro Paulo de Araújo Suzano, ministro da Marinha até 14 de junho de 1963, teria seus direitos políticos cassados por dez anos depois de 31 de março de 1964. Cândido da Costa Aragão, chamado de "almirante do povo", comandante dos Fuzileiros Navais, foi um dos mais aguerridos defensores das reformas de base e do governo de Goulart. Amargou quatro meses de prisão na Fortaleza da Laje depois do golpe.

Diante de tantos problemas, João Goulart era amparado com estudos detalhados para tomar as suas decisões e preparar os seus discursos. As reivindicações dos sargentos exigiam resposta imediata e consistente:

> A regulamentação do acesso na carreira constitui uma reivindicação muito justa e que vem sensibilizando o Governo já há algum tempo. Entretanto, o correto equacionamento do problema está condicionado à fixação de determinados princípios básicos, direitos e deveres definidos pelo Estatuto dos Militares. Cogita o Governo de promover a reformulação desse diploma legal para melhor adaptá-lo à evolução social e técnico-profissional ocorrida durante a sua vigência.

A MEMÓRIA E O GUARDIÃO

O casamento de sargentos e marinheiros era uma questão a ser resolvida prontamente: "Regulamentação mais justa e humana para o problema será estudada na reformulação do Estatuto dos Militares." A situação militar era examinada em detalhes. Em 1963, "o MEC concedeu ao Clube de Subtenentes e Sargentos do Exército cerca de 30 milhões de cruzeiros para pagamento de bolsas de estudos". Verba fora liberada também para a "construção de equipamento social e de conjuntos residenciais, em Niterói, São Paulo, Guanabara e Porto Alegre, para sargentos. Era fundamental valorizar essa nova função:

> A clássica figura do Sargento que comandava diretamente um pequeno punhado de homens está ultrapassada, dando lugar àquele que opera e mantém radares, complexos aparelhos de pontaria, de telecomunicações, de navegação ou de interpretação aerofotográfica.

Por que não teriam todos os direitos cabíveis aos demais? Por que deveriam ser cidadãos de segunda categoria? Tudo estava em disputa. A realidade era em preto e branco. Um bilhete para Jango dizia: "Maia, dos Marítimos, informa que Ângelo Mazela – nomeado suplente de delegado do Governo Cons. Administrativo do IAPM – não deve tomar posse por oposição da classe e por ter sido o homem que tentou levar à greve o pessoal do Recife quando da visita do Sr. Presidente." A indicação era do deputado Tenório Cavalcanti, famoso por carregar uma metralhadora que chamava de Lurdinha. Esse era o contexto da época.

Nesse cenário de polarização implacável, o ministro da Guerra, general Jair Dantas Ribeiro, tentava administrar promoções para cativar lideranças. Em 9 de julho de 1962, ainda na condição de comandante do III Exército, baseado em Porto Alegre, Jair Dantas Ribeiro sugerira a promoção a general dos coronéis Genaro Bontempo e Albino Silva. Na ocasião, firmara princípio com base na sua lealdade: "Engajo minha responsabilidade como seu amigo, que tem a cargo uma parcela ponderável da segurança do seu Governo." Permitia-se então dar um pragmático conselho: "Creio que no grave momento que atravessamos, o número de colocação dos coronéis em lista e em condições de serem promovidos,

GENERAL JAIR DANTAS RIBEIRO REIVINDICA

pouco importa." O que importava mesmo? "É capital, isto sim, promover somente aqueles que estão com o Governo e oferecem condições para o preenchimento de Comandos Chave." A lógica era simples.

As Forças Armadas praticavam lobby sem constrangimentos. Uma carta manuscrita, de 25 de junho de 1963, em papel timbrado do Ministério da Aeronáutica – Diretoria de Ensino – Gabinete do Diretor, endereçada ao secretário pessoal do presidente da República, informava sobre vaga disponível, pedia prioridade e sugeria:

> Com a nomeação do Brigadeiro Botelho para a pasta da Aeronáutica, ficou vago o comando da 4ª Zona Aérea, com sede em São Paulo. Tendo eu grande interesse (de ordem pessoal e particular) em sair do Rio de Janeiro, procurei o ministro para saber se já havia sido escolhido o novo comandante.

O interessado obtém uma informação privilegiada. Repassa-a ao andar político superior para melhor pavimentar a sua passagem. Justifica a sua demanda com base em seu interesse de "ordem pessoal e particular".

> Respondeu-me o Botelho que o assunto iria depender do Presidente que, certamente, desejaria colocar no comando em São Paulo pessoa de sua inteira confiança. Como me incluo no grupo dos antigos e constantes amigos do Presidente, penso satisfazer a condição básica para aquela função.

Sob certo ângulo há algo de estarrecedor nessa carta de pedido de promoção e de favor. A "condição básica" para preencher o altamente relevante cargo de comandante da 4ª Zona Aérea, em São Paulo, seria fazer parte do grupo dos "antigos e constantes amigos do Presidente". O remetente indicava como dar andamento ao seu pleito:

> Venho, por isso, pedir o teu especial favor de informar ao Jango de que sou candidato ao comando da 4ª Zona Aérea, esclarecendo que lá, como em qualquer outra comissão, continuarei a lhe prestar meu integral apoio e colaboração.

A lógica de lealdade é confirmada. A relação pessoal impõe-se como o elemento fundamental de mobilidade dentro do sistema. Estratégico, atento e subitamente zeloso em relação à hierarquia, o pedinte faz uma sugestão de rodapé: "Observação: esta informação deve ser dada antes do despacho com o ministro da Aeronáutica." Era essencial que o presidente não fosse surpreendido com outro nome.

Em 22 de julho de 1963, já na condição de ministro da Guerra, Jair Dantas Ribeiro apresenta relatório a João Goulart sobre as condições de operação do Exército:

> A situação do Exército, quanto à munição, é muito crítica. As explosões ocorridas nos depósitos de Deodoro e, posteriormente, nos de Paracambi, em 1958 e 1960, respectivamente, destruíram a maior parte da munição ali estocada. A que foi então salva teve de ser utilizada a curto prazo, dado o seu precário estado de conservação.

Um Exército sem munição era uma preocupação ou um alívio para João Goulart? O ministro da Guerra pintava um quadro de descalabro: um exército incapaz de atirar:

> Por outro lado, o contínuo regime de contenção de despesas não tem permitido o fabrico ou a aquisição de quantidade suficiente para as necessidades correntes da instrução da tropa. A fabricação da quantidade de munição necessária para um ano de instrução corresponde, no momento, a uma despesa da ordem de Cr$ 1,730 bilhões. Entretanto, para os anos de instrução de 1961/1962 e 1962/1963 somente foi possível destinar, respectivamente, verbas no valor de Cr$ 58.358.600,00 e Cr$ 64.955.000,00, ou seja, 4,5% e 5% do necessário.

A força estava armada, mas sem bala na agulha. Mais fazia política do que guerra. Vivia sempre na penúria:

> Verifica-se, portanto, que a situação já assumiria aspecto de gravidade mesmo se dispuséssemos de um nível normal de estoques, porque seriamos [sic] forçados a baixá-lo. Esta situação é, entretanto, sumamente

GENERAL JAIR DANTAS RIBEIRO REIVINDICA

agravada pelo fato de não dispormos de estoques, em consequência da destruição decorrente das explosões acima mencionadas.

Jair Dantas Ribeiro queria "registrar o fato de não poder o Exército dispor de qualquer quantidade de munição para vários tipos de armas para o ano de instrução de 1963/1964". O Exército, que daria um golpe de Estado alguns meses depois, não podia treinar por falta munição. Certas unidades eram abastecidas graças ao "Acordo Brasil-Estados Unidos", o qual, segundo o Ministro da Guerra, estava sendo desativado em "virtude de medidas administrativas adotadas pelo Governo daquele País". Ribeiro clamava para que as demais unidades não fossem desassistidas, o que deveria ocorrer se não fossem, "em curto prazo, revistos os termos do aludido acordo".

Ironias da história: o ministro da Guerra de um governo já sob ameaça e boatos de golpe alertava o presidente da República de que o Exército estava sem munição, dependendo de renovação de acordo com os Estados Unidos, potência que apoiaria a ruptura constitucional, para se preparar e defender. O alerta era cristalino:

> Por essas razões, ficará o Exército impossibilitado de fazer o adestramento de tiro da quase totalidade do seu armamento e – o que é mais grave – materialmente incapacitado para fazer face a uma situação de emergência se prontas e adequadas providências não forem adotadas.

A primeira urgência aconteceria em março de 1964. O Exército estaria, com apoio dos Estados Unidos, armado para depor o governo legitimamente constituído. Jair Dantas Ribeiro pedia um crédito de 3 bilhões de cruzeiros para municiar a sua tropa. Jango enviaria ao Congresso Nacional proposta para atender essa demanda:

> Na forma dos artigos 67 e 75 da Constituição, tenho a honra de encaminhar a consideração de Vossa Excelência, acompanhado da Exposição de Motivos do Ministro de Estados dos Negócios da Guerra, o incluso Projeto de Lei que autoriza o Poder Executivo a abrir ao

A MEMÓRIA E O GUARDIÃO

Ministério da Guerra o crédito especial de CR$ 3.000.000,000,00 (três bilhões de cruzeiros) a fim de suprir as enormes deficiências nos estoques de munição do Exército, sem o que lhe faltarão os meios para arcar com a responsabilidade que lhe é atribuída pela Carta Magna em seu artigo 177.

Invocando a Constituição, João Goulart pediria que o Exército, o mesmo que violaria a Carta Magna, fosse municiado para cumprir o seu dever. No final de março de 1964, quando o golpe midiático-civil-militar botou seu bloco e seus tanques nas ruas, Jair Dantas Ribeiro estava hospitalizado. Jango ficou sem Exército e sem ministro da Guerra. Não queria demitir um homem que estava "com a barriga aberta" na mesa de cirurgia, com um câncer de próstata. Talvez devesse ter relido naqueles dias um informe sobre o momento da sua ascensão ao poder, intitulado "Operação Elefante", que Wamba Guimarães conservaria nas suas malas com os papéis do presidente deposto, no qual se falava também das operações "Boing" e "Caravelle", "que consistiu em apreensão dos dois aparelhos com todos os seus passageiros e os tripulantes, executada pelas Forças do Exército, Marinha e Aeronáutica, na suposição de que em um deles viajasse o Dr. João Goulart". No sistema das lealdades reafirmadas com favores constantes, as Forças Armadas só eram fiéis mesmo ao golpismo e aos seus delírios anticomunistas estimulados pela eficaz propaganda estadunidense.

No dia 1º de abril, Jair Dantas Ribeiro tomou pé dos acontecimentos. Telefonou para Jango e confirmou sua lealdade com uma condição: a extinção do Comando Geral dos Trabalhadores (CGT). Diante da recusa, demitiu-se. Ainda assim, seria cassado e perderia os seus direitos políticos. Trair e conspirar eram coisas tão corriqueiras quanto pedir favores e invocar a amizade como trunfo maior para a ocupação de um cargo público. Que tempos!

33. Guardião até o fim

No arquivo guardado zelosamente por Wamba Guimarães constam seis relações de militares, feitas certamente em 1961, com suas respectivas posições quanto ao governo. A primeira relação lista os "com posição definida e contrária", encabeçada por Cordeiro de Farias, tendo entre os 26 nomes os de Orlando e Ernesto Geisel. Aparece também o nome de Estevão Taurino, aquele mesmo que pleitearia a criação do Serviço Agropecuário do Exército. O gaúcho Emílio Garrastazu Médici está na lista. O general Antônio Carlos Murici teve direito a um parêntese com o epíteto de traidor. Joaquim Justino Alves Bastos, que seria decisivo nas articulações golpistas de 1964 em Recife, também foi caracterizado como traidor. Sizeno Sarmento é vinculado à polícia de Carlos Lacerda.

Na segunda relação, "posição boa", aparecem 28 nomes, começando com Segadas Viana, Nelson de Melo, Américo Braga e José Machado Lopes, o general anticomunista, comandante do iii Exército, que surpreendeu a todos e apoiou Leonel Brizola na campanha da Legalidade, que garantiu a posse de Jango em 1961. A lista da "posição boa" teria surpresas más em 1964, entre elas Amauri Kruel e Olímpio Mourão Filho. Dois nomes, os de Hugo Afonso Carvalho e Luiz Neves, foram classificados como técnicos. Tudo estava mapeado, mas em movimento para o pior.

A terceira relação tratava dos "indefinidos, posição a verificar, posteriormente, quando se tiver conhecimento da atitude que assumiram na emergência". A Legalidade era o parâmetro. A quarta relação tratava dos coronéis com "posição favorável, perfeitamente definida". A quinta relação ocupava-se dos generais do III Exército. A sexta relação enumerava 25 militares que deveriam ser "afastados das Comissões" ou não ser "designados para comissões": de Cordeiro de Farias passando por Justino Alves Bastos, Orlando e Ernesto Geisel, Antônio Carlos Murici, Golbery do Couto e Silva e Newton Tavares.

Tudo era previsível. O ovo da serpente estava no seu ninho desde a chegada de João Goulart ao poder. A eclosão seria uma questão de tempo. João Goulart não resistiria ao impacto que as suas reformas apenas anunciadas provocariam. Wamba Guimarães, o seu fiel assessor de gabinete, passaria o resto da vida zelando por suas malas repletas de correspondências. Viveria para o seu tesouro. Em meio a tantas traições, ele se manteria eternamente fiel. A política de conciliação de João Goulart esbarraria no ódio de classes enraizado na cultura brasileira. Não havia espaço para mudar sem romper.

Homem de bastidores, Wamba soube ser, ao mesmo tempo, presente e discreto, disponível e indispensável, acessível e confiável, a figura a ser acionada em momentos delicados. Um bilhete em papel timbrado do Ministério da Guerra, sem data, dá a medida do papel desempenhado por aquele que se transformaria no mais fiel depositário de uma bagagem sensível. Assinado por E. Resende, o general Estevão Taurino de Resende Neto, o recado toma ar de combinação secreta: "Wamba, quando entregares ao Hermes, meu cunhado, a carta junto, peço-te que recomendes a ele para que leia a mesma na tua residência. Assim poderá conversar ele contigo mais à vontade sobre o assunto da INDOL. Grato e boa viagem."

O que teria a dizer sobre agrotóxicos o general que pretendia revolucionar a agricultura brasileira? A república dependia mais dos homens e das suas vontades que das leis e das suas verdades. A lealdade era o conceito mais importante na arquitetura política da época. Wamba

GUARDIÃO ATÉ O FIM

Guimarães, o pequeno homem na grande história, levou a ideia de lealdade ao extremo. Mais do que lealdade, passou a vida conjugando o verbo "fidelidade". Guardou no seu quarto, na pequena Arujá, em São Paulo, duas malas de documentos enviados a João Goulart, além de outros anotados ou escritos por ele, até morrer. Nunca se separou do seu tesouro. Jamais permitiu que o violassem. Por vezes, certamente, abriria as malas para sentir o cheiro do tempo e voltar aos seus belos dias. Numa estrutura baseada no patrimonialismo e no clientelismo, a lealdade política era o bem supremo. Ao mesmo tempo, toda lealdade podia ser provisória. Jango caiu quando as traições superaram as adesões e permanências. Wamba seria fiel até o fim. Uma fidelidade que seria útil para a história. Guardião da memória.

Quantos sonhos desencadeou o curto governo de João Goulart? Quantos delírios provocou o seu plano de reformas de base? Nas malas guardadas pelo fidelíssimo Wamba Guimarães, uma carta, de 3 de março de 1964, escrita na Quinta da Castanheira, São João de Lobrigos (Douro), Portugal, assinada por José Stuart Terrie e endereçada ao presidente João Goulart, pode servir de fecho para esta história de pedidos, favores, pressões, trocas, golpes, apostas, espertezas, ambições desmesuradas, jogos de interesse, cupidez e loucuras:

> Na qualidade de herdeiro e representante, por procuração, de um grupo de herdeiros do Comendador Domingos Faustino Correia, português, morador que foi no Rio Grande, venho dar o pleno acordo ao plano de expropriações ao longo das vias – Estradas ou Caminhos de Ferro – para o que propunha: 1º – que fossem expropriados, nos bens do espólio do referido Comendador Domingos Faustino Correia, talhões numa frente até cinco quilômetros e numa profundidade de outros cinco, mas que de cinco em cinco quilômetros fosse reservada uma faixa de outros cinco quilômetros de frente para comunicar com o interior das mesmas propriedades e para que estas tivessem as respectivas saídas, faixas estas que, portanto, ficariam integradas nas fazendas e pertença dos respectivos herdeiros.

Que história é essa? Quem fora o comendador Domingos Faustino Correia? De que herança se tratava? O que estava propondo o tal José Stuart Terrie? Em seis itens numerados, estava oferecendo a Jango a desapropriação para fins da reforma agrária das terras herdadas, no Rio Grande do Sul, do famoso comendador Correia, falecido em 1873, cujo testamento fora contestado na justiça, gerando o mais longo processo da história brasileira, sem contar a contenda judicial no Uruguai e na Argentina, que só seria fechado, sem ganho para qualquer herdeiro, em 1984.

Terrie propunha destinar os "talhões" a "casais agrícolas", camponeses sem terra. Em nome dessa nobre causa, reclamava a honra de ser nomeado pelo Ministério da Justiça "cabeça de casal" como parte no inventário. Pedia também que o "produto" correspondente a ele na expropriação fosse depositado no Banco do Brasil à sua ordem. Sempre generoso, sugeria que o montante obtido fosse aplicado no financiamento da instalação nas terras dos referidos "casais agrícolas". Para que negócio tão favorável a todos se concretizasse, pedia a "conclusão do processo de inventário" que se arrastava nos tribunais.

A suposta fortuna do lendário Comendador Correia, terras situadas na região do Taim, no território gaúcho, era disputada por uma legião de autodenominados herdeiros, numa pitoresca corrida ao paraíso perdido. Nada se provava, a justiça não decidia, o processo acumulava milhares de páginas encaixotadas e multidões sonhavam em enriquecer graças a uma sentença favorável.

José Stuart Terrie tentou a sorte.

Nesse golpe Jango não caiu.

João Belchior Marques Goulart cometeu um pecado capital: quis reformar o Brasil a partir do possível e aparentemente mais fácil, a conciliação de interesses divergentes de classes. Homem de bens, foi considerado traidor pela sua classe. Homem de bem, perdeu o poder quando compreendeu que precisava radicalizar as mudanças para diminuir o latifúndio de desigualdade que separava a maioria miserável da minoria privilegiada que parasitava o país. No calor dos

GUARDIÃO ATÉ O FIM

acontecimentos, não poderia perceber que na sua correspondência estava a chave da impossibilidade concreta de consumar o seu projeto. Dele se esperava que gerisse o sistema patrimonialista tradicional e cativasse a clientela com seus favores.

Equilibrista em tempo de grandes sonhos e utopias, Jango acreditou que poderia administrar a política tradicional e arrancar pedaços da riqueza concentrada em poucas mãos para gerar um mercado interno mais sólido e uma sociedade mais digna. Foi derrubado para que as suas ações não subissem à cabeça do povo. O tempo tem provado que estava certo, a ponto que os seus inimigos continuam a combater quem possa pensar como ele. Até quando?

Agradecimentos

Este livro faz parte do meu projeto de pesquisa como bolsista 1B do CNPq, ao qual devo sempre agradecer pelas possibilidades que me tem oferecido ao longo da minha carreira acadêmica. Agradeço também a Ricardo Guimarães, neto de Wamba Guimarães, por me descobrir e dar conhecimento dos documentos guardados por seu avô por cinco décadas. Preciso agradecer penhoradamente à Unimed Federação/ RS – presidida pelo dr. Nilson Luiz May, médico e escritor, homem de cultura e sensibilidade invulgares –, que adquiriu os documentos, franqueando-os para minha investigação em primeira mão. Não posso deixar de citar também o dr. Alcides Stumpf, diretor do Instituto Unimed/RS, outro apaixonado por textos e autores, com quem tratei detalhes da utilização do material. Dedico a eles e a Wamba, que não tive o prazer de conhecer, este trabalho de obstinação e mergulho em generosas fontes primárias, característica que prezo e pratico em meus livros de caráter histórico.

Referências bibliográficas

ABREU, Alzira Alves. "A participação da imprensa na queda do governo Goulart". In: FICO, Carlos; CASTRO, Celso; MARTINS, Ismênia de Lima et al. *1964-2004 – 40 anos do golpe: ditadura militar e resistência no Brasil*. Rio de Janeiro: 7Letras, 2004, pp. 15-25.

_____; BELOCH, Israel; LATTMAN-WELTMAN, Fernando; LAMARÃO, Sérgio Tadeu de Niemeyer (coords.). *Dicionário histórico-biográfico brasileiro pós-1930*. 2. ed. Rio de Janeiro: FGV, 2001.

AFONSO, Almino. *Raízes do golpe: da crise da Legalidade ao parlamentarismo, 1961-1963*. São Paulo: Marco Zero, 1988.

AGEE, Philip. *Dentro da "Companhia": diário da CIA*. Rio de Janeiro: Civilização Brasileira, 1976.

AGUIAR, Francisco Lacerda de, *apud* BORGNETH, Flávio Ferreira. "Memórias do período militar em Vitória antes do AI-5." 2009. 252 f. Dissertação (Mestrado em História) – Programa de Pós-Graduação em História Social das Relações Políticas, Universidade Federal do Espírito Santo, Vitória.

ALVES, Marcio Moreira. *Torturas e torturados no Brasil*. Rio de Janeiro: Cidade Nova, 1967.

ALVES, Maria Helena Moreira. *Estado e oposição no Brasil (1964-1984)*. Petrópolis: Vozes, 1984.

ALVIM, Thereza Cesário. *O golpe de 64: a imprensa disse não*. Rio de Janeiro: Civilização Brasileira, 1979.

ANDRADE, Auro de Moura. *Um Congresso contra o arbítrio: diários e memórias (1961-1967)*. Rio de Janeiro: Nova Fronteira, 1985.

ARNS, Paulo Evaristo. *Brasil nunca mais*. Petrópolis: Vozes, 1990.

A MEMÓRIA E O GUARDIÃO

BANDEIRA, Luiz Alberto Moniz. *A renúncia de Jânio Quadros e a crise pré-64*. São Paulo: Brasiliense, 1979.

_____. *Brizola e o trabalhismo*. Rio de Janeiro: Civilização Brasileira, 1979b.

_____. *João Goulart: as lutas sociais no Brasil (1961-1964)*. Rio de Janeiro: Civilização Brasileira, 1983.

BARBOSA, Vivaldo. *A rebelião da Legalidade*. Rio de Janeiro: FGV, 2002.

BASTOS, Justino Alves. *Encontro com o tempo*. Porto Alegre: Globo, 1965.

BELOCH, Israel (coord.). *Dicionário histórico-biográfico brasileiro: 1930--1983*. Rio de Janeiro: Forense Universitária, 1984.

BENDA, Julian. *A traição dos intelectuais*. São Paulo: Peixoto Neto, 2007.

BENEVIDES, Maria Vitória. *A UDN e o udenismo*. Rio de Janeiro: Paz e Terra, 1981.

BORGES, Mauro. *O golpe em Goiás: história de uma grande traição*. Rio de Janeiro: Civilização Brasileira, 1965.

BRAGA, Kenny. *Meu amigo Jango: depoimento de Manoel Leães*. Porto Alegre: Sulina, 2004.

_____; SOUZA, João Borges de; DIONI, Cleber; BONES, Elmar (orgs.). *Parlamentares gaúchos – João Goulart: perfis, discursos e testemunhos (1919-1976)*. Porto Alegre: Assembleia Legislativa do Rio Grande do Sul, 2004.

CALDEIRA, João Ricardo de Castro; ODALIA, Nilo. *Imprensa Oficial do Estado de São Paulo*. São Paulo: Editora Unesp e Arquivo Público do Estado de São Paulo, 2010.

CAMARGO, Patrícia Olga. *A evolução recente do setor bancário no Brasil*. São Paulo: Editora Unesp, 2009.

CARNEIRO, Glauco. *Lusardo: o último caudilho*. Rio de Janeiro: Nova Fronteira, 1977.

CASTELLO BRANCO, Carlos. *A renúncia de Jânio*. Brasília: Senado Federal, 2000.

CASTELLO BRANCO, Lucídio. *Na memória de um repórter*. Porto Alegre: AGE, 2002.

CHAGAS, Carlos. *O Brasil sem retoque, 1808-1964: a história contada por jornais e jornalistas*. Rio de Janeiro: Record, 2001.

CHAMMAS, Eduardo Zayat. "A ditadura militar e a grande imprensa: os editoriais do *Jornal do Brasil* e do *Correio da Manhã* entre 1964 e 1968." 2012. Dissertação (Mestrado em História Social). FFLCH, USP, São Paulo.

REFERÊNCIAS BIBLIOGRÁFICAS

CHEUICHE, Alcy (org.) *Nós e a Legalidade*. Porto Alegre: IEL/AGE, 1991.

CIRILLO, José; VERTELO, Marcos; WANDEKOKEN, Bruna (orgs.). *Dr. Chiquinho por Francisco Lacerda de Aguiar: a trajetória pública e privada de um ex-governador*. Vitória: UFES, 2015.

COMISSÃO MUNICIPAL DA VERDADE DE JUIZ DE FORA. *Memórias da repressão: relatório da Comissão Municipal da Verdade de Juiz de Fora*. Juiz de Fora: MAMM, 2015. Disponível em: <http://www.camarajf.mg.gov.br/docs/ebook_cmv2015.pdf>. Acesso em: 11 jul. 2019.

COMISSÃO MUNICIPAL DA VERDADE DE SÃO PAULO. *Relatório da Comissão Municipal da Verdade de São Paulo*. São Paulo: Câmara Municipal de São Paulo, 2015.

CROPANI, Elizabeth (supervisora). *Nosso século – Brasil, 1960/1980 (I)*. São Paulo: Abril, 1986.

DEBORD, Guy. *A sociedade do espetáculo*. Rio de Janeiro: Contraponto, 1997.

DENYS, Odylio. *Ciclo revolucionário brasileiro*. Rio de Janeiro: Nova Fronteira, 1980.

DIAS, Mauricio; TENDLER, Sílvio. *Jango*. Porto Alegre: L&PM, 1984.

DINES, Alberto (org.). *Os idos de março e a queda em abril*. Rio de Janeiro: José Álvaro Editor, 1964.

DREYFUS, René Armand. *1964: a conquista do Estado*. Petrópolis: Vozes, 1981.

ENCÍCLICA MATER ET MAGISTRA. Disponível em: <http://w2.vatican.va/content/john-xxiii/pt/encyclicals/documents/hf_j-xxiii_enc_15051961_mater.html>.

FALCÃO, Armando. *Tudo a declarar*. Rio de Janeiro: Nova Fronteira, 1989.

FAUSTINO, Teixeira. "Rahner e as religiões". *Perspectiva Teológica*, Belo Horizonte, n. 36, p. 55-74, 2004.

FELIZARDO, Joaquim. *A Legalidade: último levante gaúcho*. Porto Alegre: Editora da Universidade/UFRGS, 1988.

FERREIRA, Jorge. *João Goulart*. Rio de Janeiro: Civilização Brasileira, 2011.

FICO, Carlos. *Como eles agiam: os subterrâneos da ditadura militar: espionagem e polícia política*. Rio de Janeiro: Record, 2001.

GALVANI, Walter. *Um século de poder: os bastidores da Caldas Júnior*. Porto Alegre: Mercado Aberto, 1995.

GASPARI, Elio. *A ditadura envergonhada*. São Paulo: Companhia das Letras, 2002.

A MEMÓRIA E O GUARDIÃO

_____. *A ditadura escancarada*. São Paulo: Companhia das Letras, 2002b.

GORDON, Lincoln. *A segunda chance do Brasil: a caminho do Primeiro Mundo*. São Paulo: Senac, 2002.

GRAMSCI, Antonio. *Os intelectuais e a organização da cultura*. Rio de Janeiro: Civilização Brasileira, 1979.

GUIMARAENS, Rafael *et al* (orgs.). *Legalidade, 25 anos: a resistência popular que levou Jango ao poder*. Porto Alegre: Redactor, 1986.

HIPPOLYTO, Lúcia. PSD: *de raposas e reformistas*. Rio de Janeiro: Paz e Terra, 1985.

JUREMA, Abelardo. *Sexta-feira, 13: os últimos dias do governo João Goulart*. Rio de Janeiro: Edições O Cruzeiro, 1964.

KUHN, Dione. *Brizola, da Legalidade ao exílio*. Porto Alegre: RBS Publicações, 2004.

LABAKI, Amir. *A crise da resistência e a solução parlamentarista*. São Paulo: Brasiliense, 1986.

LACERDA, Carlos. *O poder das ideias*. Rio de Janeiro: Record, 1964.

_____. *Depoimentos*. Rio de Janeiro: Nova Fronteira, 1977.

LANE, Jonathan. "Functions of the mass media in Brazil 1964 crisis". *Journalism & Mass Communication Quarterly*, v. 44, n. 2, p. 297-306, jun. 1967.

LEITE FILHO, F. C. *Leonel Brizola: El Caudillo, um perfil biográfico*. São Paulo: Aquariana, 2008.

LOPES, José Machado. *O III Exército na crise da renúncia de Jânio Quadros*. Rio de Janeiro: Alhambra, 1980.

LOPEZ, Luis Roberto. *João Goulart*. Porto Alegre: IEL, 1990.

MARCELO, Henrique. *Jânio Quadros sem retoque*. Campinas: Komedi, 2001.

MELO, José Marques de. *A opinião no jornalismo brasileiro*. Petrópolis: Vozes, 1985.

MENEGHETTI, Enio. *A verdadeira história de Ildo Meneghetti*. Porto Alegre: AGE, 2012.

MOREIRA, Cássio Silva. "O projeto de nação de João Goulart: o Plano Trienal e as Reformas de Base (1961-1964)." 2011. Tese (Doutorado em Economia). UFRGS, Porto Alegre.

MOTA, Lourenço Dantas (org.). *História vivida*. São Paulo: O Estado de S. Paulo, 1981.

REFERÊNCIAS BIBLIOGRÁFICAS

MOURA, Plínio Rolim de. *Operação Tempo*. São Paulo: Editora São Paulo, 1963.

NASCIMENTO, Wellington. "O movimento reivindicatório da Polícia Militar no Rio Grande do Norte em 1963." 2004. Monografia (Conclusão do curso de História). UFRN, Natal.

OLIVEIRA, Pedro Rubens; CLAUDIO, Paul (orgs.). *Também em Perspectiva Teológica*, n. 98, p. 58. São Paulo: Loyola, 2004.

PARKER, Phyllis. *1964: o papel dos Estados Unidos no golpe de Estado de 31 de março*. Rio de Janeiro: Civilização Brasileira, 1977.

PILAGALLO, Oscar. *O Brasil em sobressalto: 80 anos de história contada pela Folha*. São Paulo: Publifolha, 2002.

QUADROS NETO, Jânio; GUALAZI, Eduardo Lobo Botelho. *Memorial à história do Brasil*. São Paulo: Rideel, 1996.

RYFF, Raul. *O fazendeiro Jango no governo*. Rio de Janeiro: Avenir, 1979.

SILVA, Hélio. *1964: golpe ou contragolpe?* Rio de Janeiro: Civilização Brasileira, 1975.

_____; CARNEIRO, Maria Cecilia Ribas. *A Renúncia de Jânio: 1961*. São Paulo: Três, 1975.

SILVA, Juremir Machado da. *Getúlio*. Rio de Janeiro: Record, 2004.

_____. *Vozes da Legalidade: política e imaginário na era do rádio*. Porto Alegre: Sulina, 2011.

_____. *Jango, a vida e a morte no exílio: como foram construídos, com ajuda da mídia, o imaginário favorável ao golpe e as narrativas sobre as suspeitas de assassinato do presidente deposto em 1964*. Porto Alegre: Sulina, 2013.

_____. *1964: golpe midiático-civil-militar*. Porto Alegre: Sulina, 2014.

SIMONSEN, Mário H. *A experiência inflacionária no Brasil*. Rio de Janeiro: Ipes, 1963.

SKIDMORE, Thomas. *Brasil: de Getúlio a Castelo*. Rio de Janeiro: Paz e Terra, 1975.

SODRÉ, Nelson Werneck. *História da imprensa no Brasil*. 4. ed. Rio de Janeiro: Mauad, 2011.

_____. *História da imprensa no Brasil*. Porto Alegre: Edipucrs, 2011.

SOUZA, Alda; SOARES, Floriano. *Leonel Brizola*. Porto Alegre: Tchê!, 1986.

SOUZA, Maria do Carmo Campello de. *Estado e partidos políticos no Brasil: 1930 a 1964*. São Paulo: Alfa-Ômega, 1983.

A MEMÓRIA E O GUARDIÃO

TEIXEIRA, Iberê. *Nuvens de chumbo sobre o Cambaí: a queda de João Goulart, um campo de prisioneiros em Itaqui.* Porto Alegre: Martins Livreiro, 2009.

TRINDADE, Sérgio Luiz Bezerra. "Aluízio Alves: populismo nos anos 60." 2003. Dissertação (Mestrado em Ciências Sociais). UFRN, Natal.

WAINER, Samuel. *Memórias de um repórter.* Rio de Janeiro: Record, 1987.

YAZBECK, Ivanir. *O real Itamar: uma biografia.* Belo Horizonte: Gutenberg, 2011.

*O texto deste livro foi composto em Sabon,
desenho tipográfico de Jan Tschichold de 1964
baseado nos estudos de Claude Garamond e
Jacques Sabon no século XVI, em corpo 11/15,5.
Para títulos e destaques, foi utilizada a tipografia
Frutiger, desenhada por Adrian Frutiger em 1975.*

*A impressão se deu sobre papel off-white
pelo Sistema Cameron da Divisão Gráfica
da Distribuidora Record.*